"十三五"国家重点图书出版规划项目
交通运输科技丛书·公路基础设施建设与养护

公路工程三维激光扫描勘测设计

3D LiDAR Survey and Design in Highway Engineering

陈楚江　明　洋　余绍淮　王丽园　著

人民交通出版社股份有限公司
China Communications Press Co.,Ltd.

内 容 提 要

本书主要介绍了公路工程三维激光扫描勘测和设计技术与方法。全书共分为5章,详细介绍了激光扫描测量技术发展与前景、激光扫描测量原理与平台系统、新建公路激光扫描测量技术、改扩建公路激光扫描测量技术、激光扫描测量与公路CAD协同设计等内容。

本书可供公路勘测设计人员学习使用,也可供相关专业的师生参考使用。

图书在版编目(CIP)数据

公路工程三维激光扫描勘测设计 / 陈楚江等著. —北京 : 人民交通出版社股份有限公司, 2016.4

(交通运输科技丛书. 公路基础设施建设与养护)

"十三五"国家重点图书出版规划项目

ISBN 978-7-114-12919-3

Ⅰ. ①公… Ⅱ. ①陈… Ⅲ. ①激光扫描—应用—道路测量 Ⅳ. ①U412.24

中国版本图书馆CIP数据核字(2016)第068787号

"十三五"国家重点图书出版规划项目

交通运输科技丛书·公路基础设施建设与养护

书　　名: 公路工程三维激光扫描勘测设计

著 作 者: 陈楚江　明　洋　余绍淮　王丽园

责任编辑: 李　喆　李　晴

出版发行: 人民交通出版社股份有限公司

地　　址: (100011)北京市朝阳区安定门外外馆斜街3号

网　　址: http://www.ccpress.com.cn

销售电话: (010)59757973

总 经 销: 人民交通出版社股份有限公司发行部

经　　销: 各地新华书店

印　　刷: 北京市密东印刷有限公司

开　　本: 787×1092　1/16

印　　张: 10.75

字　　数: 247千

版　　次: 2016年7月　第1版

印　　次: 2016年7月　第1次印刷

书　　号: ISBN 978-7-114-12919-3

定　　价: 40.00元

总　　序

科技是国家强盛之基，创新是民族进步之魂。中华民族正处在全面建成小康社会的决胜阶段，比以往任何时候都更加需要强大的科技创新力量。党的十八大以来，以习近平同志为总书记的党中央作出了实施创新驱动发展战略的重大部署。党的十八届五中全会提出必须牢固树立并切实贯彻创新、协调、绿色、开放、共享的发展理念，进一步发挥科技创新在全面创新中的引领作用。在最近召开的全国科技创新大会上，习近平总书记指出要在我国发展新的历史起点上，把科技创新摆在更加重要的位置，吹响了建设世界科技强国的号角。大会强调，实现“两个一百年”奋斗目标，实现中华民族伟大复兴的中国梦，必须坚持走中国特色自主创新道路，面向世界科技前沿、面向经济主战场、面向国家重大需求。这是党中央综合分析国内外大势、立足我国发展全局提出的重大战略目标和战略部署，为加快推进我国科技创新指明了战略方向。

科技创新为我国交通运输事业发展提供了不竭的动力。交通运输部党组坚决贯彻落实中央战略部署，将科技创新摆在交通运输现代化建设全局的突出位置，坚持面向需求、面向世界、面向未来，把智慧交通建设作为主战场，深入实施创新驱动发展战略，以科技创新引领交通运输的全面创新。通过全行业广大科研工作者长期不懈的努力，交通运输科技创新取得了重大进展与突出成效，在黄金水道能力提升、跨海集群工程建设、沥青路面新材料、智能化水面溢油处置、饱和潜水成套技术等方面取得了一系列具有国际领先水平的重大成果，培养了一批高素质的科技创新人才，支撑了行业持续快速发展。同时，通过科技示范工程、科技成果推广计划、专项行动计划、科技成果推广目录等，推广应用了千余项科研成果，有力促进了科研向现实生产力转化。组织出版《交通运输建设科技丛书》，是推进科技成果公开、加强科技成果推广应用的一项重要举措。“十二五”期间，该丛书共出版72册，全部列入“十二五”国家重点图书出版规划项目，其中12册获得国家出版基金支持，6册获中华优秀出版物奖图书提名奖，行业影响力和社会知名度不断扩大，逐渐成为交通运输高端学术交流和科技成果公开的重要平台。

“十三五”时期，交通运输改革发展任务更加艰巨繁重，政策制定、基础设施建设、运输管理等领域更加迫切需要科技创新提供有力支撑。为适应形势变化的需要，在以往工作的基础上，我们将组织出版《交通运输科技丛书》，其覆盖内容由建设技术扩展到交通运输科学技术各领域，汇集交通运输行业高水平的学术专著，及时集中展示交通运输重大科技成果，将对提升交通运输决策管理水平、促进高层次学术交流、技术传播和专业人才培养发挥积极作用。

当前，全党全国各族人民正在为全面建成小康社会、实现中华民族伟大复兴的中国梦而团结奋斗。交通运输肩负着经济社会发展先行官的政治使命和重大任务，并力争在第二个百年目标实现之前建成世界交通强国，我们迫切需要以科技创新推动转型升级。创新的事业呼唤创新的人才。希望广大科技工作者牢牢抓住科技创新的重要历史机遇，紧密结合交通运输发展的中心任务，锐意进取、锐意创新，以科技创新的丰硕成果为建设综合交通、智慧交通、绿色交通、平安交通贡献新的更大的力量！

交通运输部部长：杨传堂

2016年6月24日

前　言

公路工程三维激光扫描勘测设计，是一种三维激光扫描测量与公路 CAD 协同和集成的技术。三维激光扫描测量，具有可穿透植被、高精度、高密度等技术优势，可快速、高精度地扫描线路走廊及其环境设施，高效、准确、大范围地获取涵盖影像数据、矢量数据和数字地面模型数据等多尺度、多类别、高精度的数字测绘产品。通过激光扫描测量与公路 CAD 的协同与集成，实现公路三维动态设计，可自动生成公路工程所需的地面线数据，替代人工野外作业，显著提高公路勘测设计的效率和水平，确保工程数量准确、造价可控，不仅有利于路线方案的比选和优化，更为重要的是，确保设计出优质的公路工程方案。

交通运输是国民经济社会发展的重要基础和战略支柱产业。随着“五纵七横”国家主干道、“7918”国家高速公路网计划的实施，我国公路建设逐渐呈现出“改扩建与新建并存、两种建设并重”的局面。新建公路工程多位于地形、地质条件复杂的中西部地区，快速获取公路勘察设计所需的高精度、现势性强的三维地形信息，成为工程建设首要的技术难题；而公路改扩建工程对路面测量的精度提出了更为苛刻要求，不干扰正常交通流的既有道路信息的快速、可靠、精确获取，成为工程亟待解决的瓶颈问题。

交通行业一直高度重视先进空间对地观测技术与交通建设的集成应用研究。中交第二公路勘察设计研究院有限公司，紧紧跟踪空间对地观测技术的发展，继成功研究高分辨率卫星图像测量技术后，再次率先将激光扫描测量技术引入到公路新建、改扩建工程项目中，并深度拓展应用到定测与施工图设计阶段。2007 年，首次将激光扫描测量技术应用于江西省赣州至大余高速公路新建公路工程；2010 年，创新性地将机载激光扫描测量技术应用于京港澳高速公路京石段改扩建公路工程。先后承担了西部交通建设科技项目“桥隧 1∶500 机载激光雷达数字三维测量技术研究”、“机载激光雷达技术在公路勘察设计中的应用研究”，以及“道路改扩建激光扫描勘察设计关键技术与应用示范”等多个省部级科技项目的研究工作，取得了多项国际领先的创新性成果。自 2007 年至 2015 年，已将激光扫描测量技术广泛应用于多条国家高速公路的新建、改扩建重点工程中，累积设计里程超过

2 000公里,为我国新时期公路勘察设计面临的诸多技术难题提供了综合系统的工程解决方案。

本书针对公路交通建设,特别是地形地质条件困难和复杂地区的高精度三维地形信息,以及不干扰正常交通流的既有道路高精度信息的获取难题,围绕公路工程建设三维数字化、智能化勘察设计,系统阐述了公路工程激光扫描测量与设计的方法及工程实践。全书共分5章,由陈楚江组织撰写。第1章绪论,主要介绍激光扫描测量技术的发展、应用现状以及发展趋势与前景,由陈楚江撰写;第2章激光扫描测量原理与平台系统,介绍激光扫描测量的定位原理、误差源分析以及常用的激光扫描测量平台,由王丽园撰写;第3章新建公路激光扫描测量技术,针对新建公路工程,从数据采集、数据处理、3D产品生产方面介绍激光扫描测量技术,最后给出工程应用实例,由余绍淮撰写;第4章改扩建公路激光扫描测量技术,针对改扩建精度要求高的特点,分别从改扩建公路高精度数据采集、测量控制模式、激光数据精化处理以及既有道路特征快速提取方面进行介绍,最后给出工程应用实例,由明洋撰写;第5章激光扫描测量与公路CAD协同设计,从激光点云数据组织管理、任意点高程插值、地面线快速自动生成、公路路线与互通立交CAD协同设计4个主要方面介绍,并展示了实际工程案例,由陈楚江、张霄、余飞共同撰写。全书由陈楚江统稿和定稿。

在本书即将付梓之际,首先要感谢交通运输部对高层次科技人才培养项目的大力支持,感谢中交第二公路勘察设计研究院有限公司为本书的完成提供资金支持和人力保障,还要由衷地感谢公司同仁为本书的工程应用案例提供大量的验证和对比分析数据,对本书的撰写提供了有益的帮助。

限于成书时间仓促和作者水平有限,书中难免存在疏漏和不足之处,恳请读者不吝赐教!

作　者

2016年3月

目　　录

第1章 绪　论

1.1 引　言

公路,作为交通中最为基本的要素,是其他所有交通形式的连接纽带。公路交通,牵涉各行各业的发展和社会大众的日常生活,是交通业务中的重中之重。

自1988年10月31日我国大陆第一条高速公路——沪嘉高速公路(全长18.5km)建成通车以来,我国公路交通建设取得了令世人瞩目的巨大成就。根据交通运输部《2015年交通运输行业发展统计公报》数据显示,截至2015年年底,我国公路总里程达457.73万公里,公路密度为47.68公里/百平方公里,全国高速公路里程达12.35万公里。目前,我国高速公路里程已经稳居世界第一位,"7射、9纵、18横"国家高速公路网已经基本建成。

公路交通的快速发展,有效地缓解了我国交通运输的紧张状况,显著提升了国家的综合国力和竞争力。随着经济社会的发展,我国公路建设事业已经由过去的"大规模新建高速公路"转变为"改扩建与新建并存、两种建设并重"的局面。一方面,国家加快实施区域发展总体战略和主体功能区战略,继续加大对革命老区、民族地区、边疆地区、贫困地区的扶持力度,新建公路的重心逐步向中西部地区转移;另一方面,国家推进新型工业化、信息化、城镇化和农业现代化加快发展,经济结构加快转型,交通运输总量将保持较快增长态势,各项事业发展要求加快重要通道的扩容改造,提高国家公路网的服务能力和水平;此外,交通科技进入21世纪大发展的新时期,对我国交通运输数字化、信息化建设提出了更高的要求。

然而,目前我国的公路勘测,主要采用航空摄影测量辅之于人工测量的方式,存在外业工作量大、易受天气影响、工期无法保证等缺点。近年来,IKONOS、QuickBird、WorldView等高分辨率卫星遥感作为有益补充手段,越来越多地用于公路勘测设计,但是受卫星影像空间分辨率和定位精度的限制,其主要用于工程可行性研究和初步设计阶段的方案比选。对于植被茂密地区以及公路改扩建路面测量,航空摄影测量与卫星图像测量手段无法获取所需的精确地表地形信息,仍需要大量的人工外业测量工作。快速获取能满足新建公路、改扩建公路中定测与施工图设计的高精度基础数据,成为公路建设工作者关心的重点问题。

激光扫描测量技术,是近年来新兴的高新测绘技术。它集成了激光测距、惯性导航系统(Inertial Navigation System,INS)、高精度动态GPS差分定位(Differential Global Position System,DGPS)等先进技术,通过测量激光脉冲的往返时间,结合INS/DGPS提供的定位姿态数据,直接获取高精度的地面三维坐标,即三维激光点云(Point Cloud)。同时,配合高分辨率数码相机获取的真彩色或红外数字影像,增强了对地物的认知能力,弥补了点云数据的不足。在公路勘测设计过程中,利用激光扫描测量技术可以测量线路走廊,这些高精度数据成果在前期的测量设计过程中应用,不仅可以使设计更为准确、尽可能地缩短建设周期、提高效率和节省工程造价,也可以在工程建设完成后的运营管理中进行可视化管理应用,实现交通数字化管理。

公路工程三维激光扫描勘测设计,代表了公路勘测设计的前沿方向,已逐渐被重视和大规模地实践应用。下面,将首先介绍激光扫描测量技术的发展,然后介绍该项新技术在公路工程中的应用现状,并对其发展趋势和前景进行展望。

1.2 激光扫描测量技术的发展

激光探测与测距技术(Light Detection and Ranging, LiDAR),通常称为激光扫描或激光扫描测量技术,早在20世纪60年代就开始应用,包括激光测月和卫星激光测距。到了80年代,激光测高技术取得了突破性的进步,开始发展具有实用性的系统,有加拿大的LARSEN-500、瑞典的FLASH-1等,同期前苏联、法国均进行了同类系统的研究和试验(Brooks等,1998;Lillycrop等,1993;Larocque等,1999)。激光扫描测量技术,被认为是获取被测对象三维空间坐标的最有效方法之一。

根据承载激光扫描硬件系统的平台类型,可以将激光扫描硬件系统分为地面(包括固定式和车载式)激光扫描系统、机载(包括飞机、飞艇、无人机等载体)激光扫描系统和星载激光扫描系统。

星载激光扫描系统,主要用于地理科学研究,如植被垂直分布测量、海面高度测量、云层与气溶胶垂直分布测量以及特殊气候现象监测等方面,不在本书讨论范围。通常,车载地面激光扫描系统被简称车载激光扫描系统,为简便起见,如无特殊说明,后文中出现的地面激光扫描系统指的是固定式地面激光扫描系统。

1.2.1 激光扫描测量系统的发展

欧美国家在激光扫描测量技术行业中的起步较早,始于20世纪60年代。1960年,美国加利福尼亚休斯实验室的科学家梅曼研制成功了世界上第一台红宝石激光器。1965年,英国国防部使用砷化镓半导体实验性激光测高仪测量了空中飞机距离地面的高度,当时的飞行高度为300m,激光测距精度达到1.5m;通过示波器显示的激光脉冲振幅可以很容易地区分出地面和建筑物屋顶。不久之后,首个航空激光剖面测绘仪被引入到商业地形制图作业中,它采用了氦氖气体激光器,发出波长为632.8nm的连续波,利用KDP晶体使得连续波分成1MHz、5MHz和25MHz 3种不同频率,由地面反射回的每种回波信号与参考信号对比后得到各自的相位差,从而计算出实际的距离,这便是最早的相位式激光器。1969年,美国阿波罗11号飞船宇航员在月球“宁静海”登陆后,安置激光反射镜,当来自地球的激光脉冲被反射后就准确地测量出了地球与月球之间的距离。1979年,美国马萨诸塞州的Avco Everett公司采用钇铝石榴石晶体固体式激光测图系统和双轴式陀螺仪测定了飞机的飞行姿态,并用来辅助确定地面激光点的位置。1980年,美国出现了名为PRAMⅢ的激光剖面绘图仪,它的波长为904nm,脉冲重复频率达到4kHz,当时像Honeywell、Litton等著名公司的IMU开始集成到这个系统中,并且一些公司开始提供商业化的地形剖面绘图服务。

1985年,NASA下属的兰利研究中心执行了它的机载激光测量任务,目的是研究大气中存在的水蒸气和气溶胶密度。1973～1994 年,美国国防部成功建立起全球定位系统 GNSS,通过 4 颗以上的 GNSS 卫星就可以准确地测定地物三维坐标。随着 GNSS 的成功应用,机载激光断面测量系统开始了大范围的应用。20 世纪 90 年代初,机载断面测量系统开始被激光扫描系统所代替。1988 年,德国斯图加特大学的 Ackermann 教授进行了机载动态 GNSS 的测量试验,以少量地面控制点成功实现了 GNSS 辅助空中三角测量,同一年,Ackermann 教授展示了利用机载激光测量技术测绘森林地区地形的潜在用途。1989 年,SAAB 公司受瑞典海军的委托开发了一套用于追踪潜艇的测海机载 LiDAR 系统。1992 年,斯图加特大学的 Peter Frieβ 和 Joachim Lindenberger 两位博士成立了 TopScan 公司,1989～1993 年,他们将 GNSS 接收机、惯性测量系统 IMU 以及激光扫描仪集成在一起,并完成了一系列的测量试验,当时的系统就成为现代LiDAR系统的雏形(Zhao 等,1997,1999)。

1993 年,加拿大的 Optech 公司推出了第一套真正意义上的商业化激光扫描仪 ALTM 1020,随后,由 TopScan 公司采集数据对系统进行了评估。激光技术的不断成熟,使机载激光扫描技术得到了蓬勃发展,欧美等发达地区和国家先后研制出多种机载激光扫描系统。现在,有许多国家的公司在从事这方面的工作。这些公司主要包括:德国的 TopScan 公司、TopoSys 公司、加拿大的 Optech 公司、南非的 ALS 公司等(Baltsavias,1999)。全球著名的测绘仪器生产厂家 Leica 公司也推出了机载激光扫描测高仪 Leica ALS40、ALS50 等。

1998 年,NASA 开始使用波形数字化激光扫描仪 LVIS 采集数据;2004 年,奥地利的 Riegl 公司生产出了商业化的全波形激光扫描仪 Riegl LMS-Q560,并与其合作伙伴——德国的 IGI 公司联合推出了 LiteMapper5600 机载 LiDAR 系统。激光扫描系统 Riegl CP560、TopoSys Harrier560 也相继推出,激光扫描已经开始由模拟信号时代进入数字化信号时代。

2006 年,Optech 推出了自己的全数字化激光扫描系统 ALTM3100EA。Leica 公司随后推出了 Leica WDM65 模块,可以集成到 Leica ALS50-Ⅱ和 ALS60 系统中,实现全波形数据的获取。2009 年,IGI 公司在 LiteMapper5600 的基础上,对机载激光扫描系统进一步升级,基于 Riegl 公司的高精度激光扫描仪 LMS-Q680,并集成 CCNS/AEROcontol 系统,形成了完整的高精度机载激光扫描系统 LiteMapper6800。2010 年,Riegl 公司在 CP560 的基础上推出了更加先进的 CP680 机载激光扫描系统。同年,Leica 公司推出了其最新的第四代激光扫描系统 ALS70。

近几年,激光扫描系统开始向更高数据采集效率、更大采集密度以及多样化平台发展,如 Riegl 公司先后推出了高精度激光扫描系统 LMS-Q780 和 LMS-Q1560,以及无人机激光扫描系统 VUX-1。LMS-Q780 系统最高激光发射频率可达 400kHz,采用了多周期回波(Multiple Time Around, MTA)技术,在空中可以同时识别高达 10 个 MTA 分区,可有效提高高空作业时的激光点采集密度。LMS-Q1560 则在集成 LMS-Q780 原有技术优势的基础上,采用了双通道的激光扫描仪,每个激光扫描通道都提供平行扫描线,同时两个通道扫描平行线彼此倾斜 28°,从而有效消除了扫描盲区。其最高激光发射频率可达 800kHz,并以每秒 530 000 点的速度获取扫描数据,所支持的工作海拔高度可达 5 800m,使得用户可在不同的飞行高度进行高密度数据采集工作,非常适用于高空高效率大面积激光扫描数据获取以及复杂的数字城市高密度点云采集工作。VUX-1 系统充分考虑了无人飞行器特殊的硬件特点和飞行特性,轻便小巧、功耗低,采用超高速旋转镜扫描,产生完全线性、单向、平行的扫描线,进而可获得均匀分布的点云数据。

总的说来,国外机载激光扫描技术的重大发展历程,如表1-1所示。

机载激光扫描技术重大发展历程 表1-1

时　间	重 要 事 件
1963~1972年	研发 Airborne Profile Record(APR)和联合平差技术
1980~1988年	开展机载激光扫描技术的可行性研究(美国、德国)
1989~1990年	斯图加特大学成功研发首个机载激光测量系统
1993年	德国首次出现商用机载激光扫描系统 TopScan(ALTM1020)
1999年	全球约有30多个商用机载激光扫描系统
2001年	全球约有60多个商用机载激光扫描系统
2004年	Riegl公司率先研发出数字化全波形技术(LiteMapper5600和CP560) 激光扫描从模拟信号时代进入数字化信息时代
2006~2010年	机载扫描系统 LiteMapper6800(IGI)、CP680(Riegl)、ALS70(Leica)等问世
2010年至今	激光扫描系统 LMS-Q780、LMS-1560、VUX-1 等问世

相比国外,我国的机载激光扫描测量技术的研究起步较晚。20世纪90年代初,中国科学院上海技术物理研究所成功研发了我国首台机载激光扫描测距成像组合遥感器(陈育伟,2003)。北京遥感应用研究所李树楷教授等研发的机载激光扫描测距成像系统原理样机于1996年完成,在总计1 000km^{2}的几个试验区开展了试验应用工作,取得了初步成功(李树楷,2003)。这一集成系统主要包含光机扫描多波段成像装置、GNSS接收机、INS/GNSS复合姿态测量装置、光机扫描激光测距仪、实时监测数据记录及集成技术和数据处理软件。系统通过一个刚性平台将激光测距装置、多光谱扫描成像装置与GNSS和姿态测量装置紧密连接在一起,以同步控制技术确保数据时空同步性,但是该系统离实际应用还有一段距离。华中科技大学在"八五"期间成功地研制出了我国第一套机载激光海洋探测试验系统(昌彦君等,2001)。中国科学院上海光机所研制了我国新一代机载激光测深系统,目标最大测深能力50m(陈卫标,2004)。在21世纪早期,由于我国还没有高精度的INS系统以及性能可靠的激光扫描测距装置,机载激光扫描测距系统还不够成熟(刘经南等,2003)。近年来,我国一些空间信息公司,通过核心硬件集成和自主研发相结合的方式,逐步推出了自己的机载扫描系统,如北京北科天绘科技有限公司在2012年推出了全系统激光扫描产品,型号有AP0500、AP1500和AP3500,并取得了成功应用。

相比机载激光扫描测量系统,车载激光扫描测量系统的研发相对落后,其技术难度也更大。20世纪80年代,相关学者已经开展了车载移动测量技术的理论研究。加拿大的一些省政府及美国州政府提出了移动式高速公路设施维护系统(Mobile Highway Inventory System,MHIS),加拿大的卡尔加里大学研发了Alberta MHIS系统。最早的移动车载系统使用航位推算传感器来获取位置和姿态信息,包括陀螺仪、加速度计和里程计等设备,利用相对定位原理求解点的坐标,汽车上架设相机,拍摄公路设施的现状,及时为公路维护单位提供信息。不过,当时的MHIS定位精度较差,但是其技术前景吸引了大量的学者和工程技术人员。

随着全球定位系统GNSS技术的发展,GNSS能为移动平台提供绝对的位置坐标。1988

年,加拿大 Alberta MHIS 系统首先采用了差分 GNSS 定位技术,并引入惯性导航 INS 系统,但停滞于理论研究和原型设计阶段,未能形成有效的商业产品。1991 年,美国俄亥俄州立大学成功研制完成了第一个现代意义的车载移动测量系统——GPSVan(Bossler 等, 1991)。GPS-Van 的原型设计是使用 GNSS、里程计和直接地理定位来提供导航参数,装配 2 台能连续拍摄的模拟相机,自动快速地获取影像数据,经数据处理与分析,以立体像对的方式采用近景摄影测量原理求解地面点的三维空间坐标。1992 年,第二代的 GPSVan 车载测量系统研制成功,并迈出了将移动测量技术商业化的第一步(He 等, 1994)。1994 年起,加拿大卡尔加里大学成功地将 INS/GNSS 组合系统装载到 Alberta MHIS 系统中(EL-Sheimy 等, 1995),发展成为第一代的车载移动测量系统 VISAT。在美国俄亥俄州立大学和加拿大卡尔加里大学的技术创导下,国外各大科研机构、院校、商业公司也纷纷对车载测量系统的技术进行了广泛和深入的研究。

此外,随着硬件技术的不断进步,出现了 CCD、LiDAR 等新传感器,特别是奥地利的 Rigel、加拿大的 Optech 和德国的 Sick 等激光扫描仪器公司研发的新产品使得获取精密激光扫描仪越来越方便,促使各个科研机构、商家将激光扫描仪与移动车载平台相互集成,形成了车载激光扫描测量系统。

20 世纪 90 年代以来,众多车载移动测量系统相继出现(麦照秋等, 2010)。典型的代表有:日本 Topcon 公司的 IP-S2 系统、美国 Trimble 公司的 Trimble MX 系列车载激光扫描系统、奥地利 Riegl 公司的 VMX-250 车载激光扫描系统、加拿大 Optech 公司的 Lynx 车载激光扫描系统、英国 3DLM 公司和德国 IGI 公司联合推出的商业化的移动测图系统 StreetMapper (Huntner 等, 2006)。

国内许多高校、科研院所及空间信息公司,对车载移动测量系统的研发开展了大量工作。相关产品主要包括武汉大学研发的 WUMMS (Wuhan University Mobile Mapping System)(李德仁, 2006),武汉立德测控技术股份有限公司的 LD-2000™(李德仁等, 2008),山东科技大学、武汉大学、中国测绘科学研究院和同济大学研发的 3Dsurs (3D Survey System)(卢秀山等, 2003;韩友美, 2011),首都师范大学和中国测绘科学研究院联合研发的 SSW (Shoushi Si Wei)(叶泽田等, 2011),南京师范大学和武汉大学合作研发的 3DRMS(3D Road Mapping System)(张卡等, 2008)。广州中海达卫星导航技术股份有限公司于 2013 年推出了 iScan 一体化三维激光扫描测量系统,该系统已成功应用于矢量地图数据建库、三维地理数据制作和街景数据生产。目前,国内研发的这些车载激光扫描系统,已经广泛应用于三维数字城市建设、街景地图服务、城管部件普查、交通基础设施测量、矿山三维测量、航道堤岸测量、海岛礁岸线三维测量等领域。

地面三维激光扫描技术经过几十年的发展,硬件技术已经比较成熟,国外公司生产了许多商用的地面激光扫描测量系统和数据处理软件。这些三维激光扫描仪的扫描距离近到 0.8m (如 Mensi 公司出产的 S25 型三维激光扫描仪),远达 6 000m(如 Riegl 公司出产的 LPM-321 型三维激光扫描仪),部分仪器还内置了数码相机,在获取目标物体空间坐标与反射率的同时,还可获得颜色信息。

目前,地面激光扫描测量系统的生产商主要有 Leica 公司、Trimble 公司, Riegl 公司和 Optech 公司等。其中,Leica 公司在 2001 年收购了 Cyra 公司,开发了 HDS(High Definition Surveying)系列的地面激光扫描测量系统,以及 ScanStation 系列产品。产品型号有早期的 HDS2500、HDS3000、HDS4500、HDS6200、ScanStation、ScanStation2 等,以及现在的 ScanStation C5、ScanStation C10 和 HDS8800 等,各项指标均在不断提高,以满足不同行业的需要。美国的 Trimble 公司于 2003 年收购 Mensi 公司,通过收购形式进入了地面三维激光测量系统领域,在 Mensi 公司的技术支持下,推出了 S 系列激光扫描仪、G 系列激光扫描仪和远距激光扫描仪 Trimble GS100/GS200、GX200、Trimble VX、FX 等。奥地利 Riegl 公司是专门的机载、车载和地面激光扫描设备研究制造商,以生产激光测量设备闻名。其推出的地面激光扫描测量系统有 LMS 系列、LPM 系列和 VZ 系列。早期生产的三维激光扫描仪有 LMS-Z210i、LMS-Z420i、LMS-Z620i 等型号,近几年生产的型号有 VZ-4000、VZ-1000、VZ-400、LPM-321。加拿大 Optech 公司以生产机载激光扫描仪闻名,其生产的地面激光扫描测量系统的型号主要有 ILRIS-36D、ILRIS-HD、ILRIS-LR。其中,ILRIS-36D 是一台完整、完全便携式的激光影像与数字化测图系统,ILRIS-LR 的测距长度能达到 3 000m。此外,生产地面三维激光扫描仪的厂家还有美国的 Faro 公司、德国的 Z + F 公司、英国的 3D Laser Mapping 和澳大利亚的 I-SITE 等。

在国内,2007 年,在中国科学院知识创新工程重要方向项目的支持下,中科院光电研究院研制了一套地面三维激光扫描仪原理样机。2011 年年底,中科院上海光学精密机械研究所与杭州中科天维有限公司联合推出了“地基全视景三维成像激光扫描仪”,并进行了多次扫描试验。然而,这些样机距离用户需要的、具备全套技术解决方案的地面三维激光扫描仪还有较长的路要走。加快具有自主知识产权的硬件设备的商业化和产业化进程,是改变国外产品在国内市场垄断地位、降低其高昂价格的重要途径。随着扫描技术的发展,国内的厂家也会逐渐加入到三维激光扫描仪生产和市场竞争的行列。

1.2.2 激光扫描数据处理技术的发展

随着 CCD、激光器以及计算机硬件技术的不断发展,多种传感器硬件技术和系统集成的问题已经解决,成熟的商用系统不断在市场上涌现,激光扫描数据的获取已经日益便利。但是,由于激光扫描数据处理的复杂性,涉及多传感器系统集成、多传感器几何标定与空间配准、POS 数据处理、激光点云数据处理等带来的一系列问题,激光扫描的数据处理方法相对于硬件技术的飞速发展而言,略显滞后。

激光扫描数据的处理,主要可分为数据预处理和数据后处理两个阶段。数据预处理,主要是将激光扫描测量获得的数据准确地纳入到所需的坐标系中,包括激光数据的定位定向、系统检校、坐标转换以及影像外方位元素解算等步骤,其中系统检校是重要环节。数据后处理,则主要是在预处理的基础上,进行激光点云的管理、滤波、分类、地物提取以及三维建模等。

1)激光扫描数据预处理方法

系统检校主要包括对每个部件的检校以及确定它们之间的空间位置和姿态关系,其最终目标是确定所有的系统误差,并对原始数据进行改正,使得最终数据中只包含随机误差。近 10 年来,国内外学者对系统误差对定位的影响进行了广泛深入的研究,并对系统检校方法进行了深入研究(Huising,1998;Baltasvias,1999;Schenk 2001;黄先锋,2007;Habib,2009)。

激光扫描仪,是激光扫描测量系统的核心设备,其检校问题是影响系统整体性能的关键。国外较早开展三维激光扫描仪检校的是德国的 Boehler,他从工程应用的角度探讨了地面激光扫描仪参数的意义,并对国外常见的地面激光扫描仪给出了定性分析(Boehler 等, 2003);Gielsdorf 利用平面靶标对自己设计的低精度地面激光扫描仪进行了检校,并给出了常见的误差模型(Gielsdorf 等, 2004);Lichti 则对激光扫描仪检校的稳定分析进行了比较深入的研究(Lichti,2007,2008)。

目前,我国主要引进的固定式三维激光扫描仪设备有 Leica 的 HDS3000、Trimble 的 Trimble GS200 等。引进的移动式激光扫描仪有 Lynx 的 360°激光扫描仪,StreetMapper 的 Riegl VQ-250 360°激光扫描仪,Topcon IP-S2 使用的 Sick LMS291-S05 和 LMS291-S14。这些激光扫描仪的检校,一般由商家完成,国内工作者和研究人员没有机会参与该类激光扫描仪的检校工作,主要参与的是系统综合精度的验证研究。虽然国内有一些研究人员进行了一些检校工作,如同济大学的刘春、郑德华、谢瑞等,探讨了 Leica 公司的静态 HDS3000 激光扫描仪的检校问题,利用 Leica 自带的检校标靶对其角度和距离进行了检校(郑德华等, 2005;谢瑞等, 2008;刘春等, 2009);北京建筑工程学院的罗德安对地面激光扫描仪的精度影响因素进行了定性分析,并给出了单点测量数据的精度估算模型(罗德安等, 2005);山东科技大学的韩友美对脉冲式激光扫描仪 RA-360 的检校进行了较为系统的研究(韩友美, 2011)。但是总体而言,由于国外进口激光扫描仪设备对重要信息的封锁,国内关于激光扫描仪的检校仅仅停留在国外提供的几个简单方法上,不够深入和全面。

CCD 相机,是激光扫描系统的另一个信息采集关键部件。数字摄影测量领域,面阵 CCD 可以直接获取二维图像信息,直观方便,但缺点在于像元总数多,每行的像元数少,帧幅率受到限制。线阵 CCD 的优点在于一维像元数可以很多,而且像元尺寸比较灵活,帧幅率高,使得其具有采集频率高、视角宽等优点,为此受到了快速三维信息数据获取系统的青睐。无论是线阵 CCD 相机还是面阵 CCD 相机,都是非量测相机,利用其获取高精度测量成果的前提,就是必须对其检校。常见的传统面阵 CCD 相机检校的方法包括:空间后方交会法、直接线性变换法、基于多像灭点法、自检校区域网平差法等。这些方法主要利用从不同位置获取的相同目标的影像,借助于共线条件方程来计算相机的内外方位元素和畸变。线阵 CCD 相机,可以视为面阵 CCD 的特例,需要探索针对其特点的新的检校方式。目前对线阵 CCD 相机的检校大多是将线阵相机固定位置不动,调整特制靶标的位置来进行检校,代表性的算法为 1993 年 Radu Horaud 等设计了一组直线形成的图形靶标,用该特殊靶标标定线阵 CCD (Horaud 等, 1993)。国内外学者也设计了不同的靶标对 CCD 相机检校进行了深入研究(图 1-1)。

传感器自身的检校,一般由生产厂家在实验室内完成,可以到达很高的精度,但是激光扫描系统处于长期的运动状态中,检定参数和空间关系可能会发生变化。同时,安装过程中,由于安装工艺无法保证传感器之间坐标轴系相互平行并维持稳定的相对关系,系统之间不可避免地存在空间偏心分量和视准轴误差。Inaba 等将系统检校分为激光扫描仪或相机的内参数检校、激光扫描仪与相机融合的检校,以及激光扫描仪或相机与 GNSS/IMU 系统的外参数检校(Inaba 等, 1999)。激光扫描系统的外检校是必不可少的关键环节,检校质量的好坏直接影响获取数据的精度。

安置角误差的系统检校,主要有两类方法:一是传统的手工检校方法;二是基于平差模型计算的方法。手工检校方法主要是根据各系统误差导致的航带变形,通过人眼目视和手工量测航带间同名特征的偏移,采用一定计算公式或者手工调整迭代操作得到检校参数。Thiel 等提出了基于连续波的激光特性，通过简单的公式推导，以迭代方式计算得到了激光扫描仪和IMU部件之间的安置角(Thiel 等,1999)。王成等采用重叠区域统计特征分析的方法对机载LiDAR 数据进行了误差分析与改正(王成等,2007)。张小红提出了一种分步几何法恢复线扫描系统安置角误差的方法(张小红,2007)。手工检校方法的计算公式简单，通过手工操作可完成检校，但是效率低、可靠性差、精度不高。

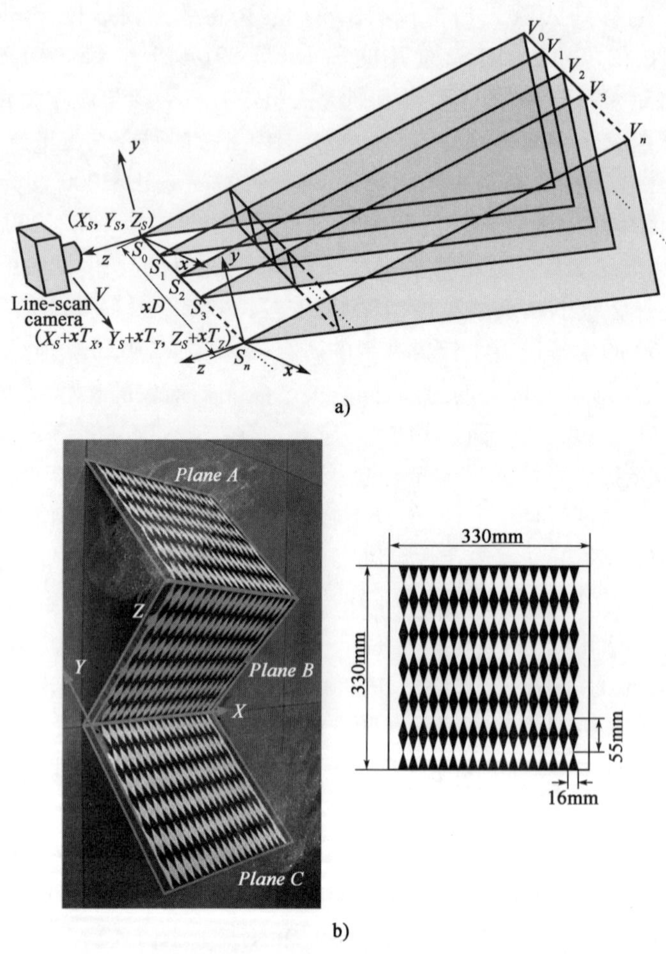

图 1-1 CCD 相机检校的不同标靶

基于平差模型计算的方法，是根据地面控制特征和多个航带间的同名特征，通过建立相应的误差方程，实现安置角误差的检校。Habib 提出了一种类似于传统摄影测量中独立模型法区域网平差的处理方法，并基于平面和线特征实现(Habib,2009)。同时，分析了系统检校对点云相对精度和绝对精度的影响(Habib,2010)。研究发现，即使经过良好的检校，机载LiDAR系统仍可能出现残余系统误差。这些误差可能来源于卡尔曼滤波和安置角检校的不完善，也可能是激光扫描仪本身所引起的。

为此，许多学者提出利用航带平差的方式来降低系统误差的影响，其原理是利用重叠航带对应区域或连接点具有的某些相同的特性(例如高程相同)，求解每条航带的变形参数来进行改正。Kilian 等将航空摄影测量的概念引入，考虑了 12 个变形参数，包括航带间的平移、旋转以及一次多项式的平移与旋转漂移(Kilian 等,1996)。Vosselman 等考虑到航带旋转与线性偏移的强相关,将参数减至 9 个(Vosselman 等,2001)。Morin 等则仅考虑 7 个参数,分别为 3 个航带平移参数、3 个旋转参数和 1 个尺度变化参数(Morin 等,2001)。上述方法可视为基于数据驱动的航带平差方法,均通过对应改正模型来最小化航带间的差异,在数学上为纯粹的拟合问题。还有一种方法是基于几何定位方程的建立,以相应的物理变量为参数。Behan 等以 GNSS 相对于激光扫描仪的偏移量、IMU 姿态偏心、IMU 姿态偏移等 9 个物理参数,利用重叠航带和已知地面控制点进行了平差解算(Behan 等,2000)。邬建伟提出和实现了一个基于平面特征约束和最小二乘平差的严格检校模型(邬建伟,2008)。Ressl 等提出了一种需要 GNSS/IMU 航迹数据的航带平差模型,每条航带包含 5 个参数,分别是 3 个平移参数、1 个滚动角参数和 1 个仿射航偏参数(Ressl 等,2009)。这类基于传感器的检校模型,考虑了机载 LiDAR 的几何定位过程,但是建立的误差模型会存在参数间相关性强的问题。实际应用中,为了保证参数解算的精度和可靠性,往往会简化误差方程模型,导致平差后还存在未知的残余误差。

Nagaim 等将标志点置于玻璃上,对激光扫描仪外参数进行了标定(Nagai 等, 2004)。Manadhar 等对激光扫描仪外参数进行了标定,并应用在车载激光扫描测量系统中(Manadhar 等, 2000)。美国华盛顿大学的机器人研究室研究了激光扫描仪与面阵 CCD 相机的检校问题(Pless 等, 2004)。康永伟等探讨了车载系统激光扫描仪外参数的标定方法,但未结合 GNSS/IMU 进行标定试验(康永伟等, 2008)。

2)激光扫描数据后处理方法

在点云的后处理方法中,点云的滤波、分类和特征提取是当今研究的热点问题。国内外学者已经提出了各种滤波算法,概括来讲可分为形态学滤波法、移动窗口法、线性预测法和基于地形坡度滤波法等。

德国斯图加特大学的 Lindenberger 最早采用数学形态学方法对 LiDAR 点云数据进行了处理,提出了 LiDAR 点云数据滤波的一维数学形态学算法,并利用自回归过程改善了开运算结果。因为自回归过程要求数据点有序,所以它只适用于剖面式的 LiDAR 点云数据。Kilian 等采用数学形态学算法对原始点云数据进行滤波,使用了一个移动窗口对试验区做卷积运算,认为窗口内高程最低的点为地面点,且高程高出该点一定范围的其他点也是地面点,并结合移动窗口的尺寸大小给予一定的权值。重复上述运算,地面点得到较大的权,而非地面点得到较小的权,最后由各点的权值内插出了 DEM(Kilian 等,1996)。

移动窗口滤波法,是用一个尺度适合的窗口在数据区域内移动,搜索并以窗口内高程最低的点作为种子点,用种子点拟合一个曲面或者三角网作为一个粗略的地形模型,通过其与所有点之间的残差进行判断,并以第一步计算的地形模型为参考,滤除所有高差超过给定阈值的点。然后,调小窗口尺寸和阈值,重新遍历数据,生成一个更加精确的地形模型,如此反复进行,直到得到一个非常逼近真实地面的模型位置。Axelsson、Petzold 和 Sohn 等对其进行了深入的研究(Axelsson,2000; Petzold,2000;Sohn,2002)。TopScan 公司的商业软件,即采用了移动窗口滤波法进行 LiDAR 点云数据的滤波(Petzold,1999)。

迭代线性最小二乘内插法,又被称为线性预测法,最早由奥地利维也纳大学的 Kraus 和 Pfeifer 提出(Kraus 等,1997,1998)。该算法已经在 SCOP 软件包中得到实现(Pfeifer 等,

2001)。该算法的基本思想是地形表面上的非地面点的高程高于地面点的高程,经线性最小二乘内插后,离散点云数据的高程拟合残差不服从正态分布,非地面点的高程拟合残差都为正值,且偏差较大。后来,相关学者对该算法进行了改进。Briese 和 Pfeifer 采用了由粗到精的多层次处理策略(Briese 等,2001)。Kraus 和 Rieger 则利用了 LiDAR 点云数据多次反射的信息(Kraus 等,1999)。Kraus 和 Pfeifer 对地形生成过程做了改进,获得了更加平滑的地形(Kraus 等,2001)。Lee 和 Younan 则针对坡度变化较大的森林地区,提出了一种自适应的线性预测方法(Lee 等,2003)。

Vosselman 首次提出了基于坡度的滤波方法,该方法根据两点间的高差来判断点是否为地面点(Vosselman,2000)。高差阈值为两点间距离的函数,即所谓的滤波核函数,一般情况下,滤波函数为非递减函数。给定两离散数据点的高差,如果两点间隔较小,则高差值越大的点属于地面点的可能性就越小。在 Vosselman 算法的基础上,Sithole 以不断变化的斜率为阈值,使其可以适应陡坡地形(Sithole,2001);Roggero 则在考虑局部点位高差和距离权重的基础之上,采用了局部线性回归的方法在内插后的规则格网数据上提取地面点(Roggero,2001)。

对于点云的特征提取,相关学者亦进行了深入的研究。根据各方法所采纳的策略不同,现有算法主要可以分为如下 3 类:基于边的方法、基于面的方法以及基于边和面的混合方法。基于边的特征提取方法,认为采样点的法矢或曲率突变的是区域间的边界。Yang 等提出了基于曲率极值和邻域边链的特征提取算法(Yang 等,1999)。Gumhold 等提出了基于邻接图的点云数据特征提取方法(Gumhold 等,2001)。Pauly 等提出了基于主成分分析和最小生成树的点云线性特征提取算法(Pauly 等,2003)。王永波等提出拓扑 K 邻域的概念,并基于曲率极值和最小生成树进行了点云特征的提取(王永波等,2011)。基于面的特征提取方法,是将具有相似几何特征的采样点划分为同一个区域,在区域划分的基础上实现边界特征的提取。Alrashdan 等认为法矢方向发生突变的点就是边界点,并利用神经网络方法实现了边界特征点的自动提取(Alrashdan 等,1999)。Kraus 等和 Briese 等提出了通过拟合断裂线两侧的平面来估计断裂线精确位置的方法(Kraus 等,2001; Briese 等,2003)。结合基于边、面的特征提取算法的优点,Yokoy 等提出了基于边与面混合的特征提取方法(Yokoy 等,1997),其主要思想是利用双二次曲面拟合测量数据点集,计算采样曲面在各采样点处的高斯曲率和平均曲率,通过这两个参数进行初始区域分割,并用基于边的方法对初始分割区域进行边界提取。

Stamo 等利用建筑物包含大量平面的特点,避免了计算高斯曲率的不准确性和二次曲面拟合的复杂性,进行了建筑物信息的提取(Stamo 等,2000)。Manandhar 等对路面、建筑物信息提取进行了试验,以扫描线为处理单位,对每条扫描线数据分别构建高度直方图,实现了路面信息的提取;首先利用最小二乘法将扫描线内竖直方向的点拟合为竖直线段,再根据线段的方向和重心等条件进行分组,然后对组内相邻线段构建小平面,最后通过平面合并获取建筑物立面信息(Manandhar 等, 2001);通过将扫描点转换为二进制影像,采用 Radon 变换的方法寻找线状物体,并在人造地物中继续进行建筑物及道路等的提取(Manandhar 等, 2002)。李必军等首先将地形数据和地物数据进行分离,然后根据激光扫描的回波信号强度去除无效点,利用中值滤波剔除奇异点,利用曲面拟合去除前端遮挡物,最后对保留的建筑物立面信息进行了特征提取(李必军等, 2003)。王健等首先找出建筑物立面在每列扫描线中的上、下边界点,计算出高度值,然后对高度进行聚类,将不同高度的立面分开,再根据一定法则求出了各立面高度

(王健等, 2004)。Abuharous 等以扫描线为单位,构建了每条扫描线 x、y、z 3 个方向的直方图,从高度直方图中提取出道路信息,包括行车道信息和人行道信息,由于行车道和人行道有一定的高度差别,根据一定的判断准则提取两者的分界线作为公路的边界,并根据边界计算了道路宽度和曲率值(Abuharous 等, 2004)。张爱武等根据同一垂直面上点的水平投影距离相等,计算了每一垂直扫描线上各点的水平投影,利用 Hough 变换检测垂直线,并计算直线长度(以点数记),进行了建筑物立面信息的提取(张爱武等, 2005)。史文中等提出投影密度分割的方法,将三维坐标点直接垂直投影到水平面上,统计和计算了水平面任意位置处所含投影点的个数,然后利用地物的分布特征,选取合适的阈值,实现了对激光扫描数据的平面分割(史文中等, 2005)。相关学者也采用类似方法对车载激光扫描距离图像分割与特征提取进行了研究(卢秀山等, 2007;吴芬芳等, 2007)。Frueh 等以扫描线为单位进行划分,沿扫描方向划分若干狭窄的区间,把扫描点水平投影,按落在各区间内的扫描点数目分布进行了分割(Frueh 等, 2005)。石波等引入了 KD 树数据结构,并充分利用建筑物平面特征的先验信息对 Stamos 的平面分割算法进行了优化改进(石波等, 2008)。李永强等根据公路自身的形态结构特征及其在车载激光扫描数据表达中的特点,提出了公路边界信息提取、路面上车辆信息自动探测、路面以及边坡信息提取的方法(李永强等, 2008)。

基于激光扫描数据的三维建模,一直是近年来的研究热点。传统的三维场景重建主要基于图像信息,主要包括两种方法:一种方法是直接利用一组图像通过合成新的视点来建立三维场景图,从而达到在三维场景中虚拟漫游的效果,其缺点在于真实感较差;另一种方法是基于图像信息的三维重建,根据多视图立体几何原理,重建大规模的三维场景模型,该方法对数据处理有较高要求,存在几何信息不准确、完整,数据处理速度慢等缺点。由于激光扫描仪能够直接获取景物的深度信息,方便快捷,对利用激光扫描获取的散乱点云进行曲面重建,无论在理论上还是实际应用中都有重要的意义。一般说来,激光点云数据的三维建模大多是基于面模型的。点云的表面重建算法研究起步较早,按照不同的准则,可以将表面重建方法分为不同的类别:根据生成的表面是否经过原始采样点,可以将其区分为基于插值的表面重建方法和基于逼近的表面重建方法;根据表面重建过程中各采样点影响范围大小的不同,可以将其区分为基于全局准则的表面重建方法和基于局部准则的表面重建方法;根据表面重建过程中所采用的基本算子的不同,可以将其区分为雕塑法、隐函数法、表面生长法、收缩包装法等(王永波, 2008)。最常用的表面构模技术是基于实际采样点构造 TIN。TIN 方法将无重复点的散乱数据点集按 Delaunay 规则进行三角剖分,形成连续但不重叠的不规则三角网,并以此来描述三维物体的表面(Boissonnat, 1984)。Hoppe 等定义了带方向的距离函数,提出了一种离散点集表面重建算法(Hoppe 等, 1992)。Edelsbnmner 利用 alpha 形状构造有方向的距离函数来建立表面,取得了很好的重建效果(Edelsbnmner,1994)。刘学军等针对公路对数字地面模型的要求,利用以栅格为基础的空间数据索引系统,和基于逐点插入算法的快速构网技术,实现了数字地面模型的整体建立(刘学军等, 2000)。左小清等以公路设计数据为基础,讨论了地形、公路及其构筑物的三维模型构造方法,以 TIN 来表达地形,以三角网表示路面及其构筑物,以特定的模型表示道路附属设施(左小清等, 2004)。针对车载激光扫描数据,很多学者对建筑物表面进行信息提取与重采样后,用 TIN 的形式来表达其表面模型(Zhao 等, 2003; 李必军等, 2003; Frueh 等, 2005)。张爱武等根据自适应采样法获得采样点,然后构建了四边形网格,最后剖分为三角形表面网格模型(张爱武等,2005)。江水等根据带状地物空间形态特征以及车载激光扫描系统对带状地物数据采集的特点,提出了对相邻两条扫描线数据构建三角网,进而完成整个带状地物表面快速重建的方法(江水等,2007)。

目前,激光扫描点云数据处理软件基本是由各自的硬件厂商提供的,如 TopoSys 公司的 TopPIT 软件包、Optech 公司的 REALM(Result of Airborne Laser Mapping) Survey Suite,而且这些软件的算法都是保密的。INPHO 摄影测量系统的 SCOP++模块,为 LiDAR 点云数据的滤波、分类、编辑和质量控制提供了一套完整的解决方案,它由 SCOP++Kernel、SCOP++LiDAR 及 DTM 编辑工具 DTMaster 组成。Leica 公司也推出了"Feature Analyst for ArcGIS"、"LiDAR Analyst for ArcGIS"、"Feature Analyst for Erdas"、"LiDAR Analyst for Erdas"和"Urban Analyst for ArcGIS"。但是,最常用的 LiDAR 点云数据处理软件是由芬兰 TerraSolid 公司基于 Microstation 环境开发的 TerraSolid 系列软件。在国内,也有相关机构进行 LiDAR 点云数据处理软件的研发,在国家 863 高技术研究发展计划项目的基础上,武汉大学牵头研发了具有完全自主知识产权的机载 LiDAR 数据处理软件 LiDAR-Pro(LiDAR Data Processing System)。该系统采用了当前激光 LiDAR 最新的数据处理技术,在可视化、人机交互、易操作性、处理精度和效率等方面,与现有主流商业化机载激光扫描数据处理软件相比,具有一定的技术优势,并提供了灵活方便的、面向行业的二次开发功能,其生产处理成果已应用于国土、交通和水利等领域。长安大学隋立春开发了基于 Microstation 的机载 LiDAR 点云数据后处理软件 TopLiDAR,具有海量数据管理、点云滤波、点云分类等功能。

1.2.3 激光扫描测量技术的应用

不同类型的激光扫描测量系统,其系统特性与技术指标各异,主要应用范围各不相同。下面将分别对机载、车载和地面激光扫描系统的应用情况进行介绍。

1)机载激光扫描系统

机载激光扫描测量技术不受日照和天气条件的限制,能全天候对地观测,发射的激光脉冲能穿透树林遮挡,直接获取真实地面的高精度三维地形信息。这些特点使它在灾害监测、环境监测、资源勘察、森林调查、地形测绘等方面的应用有独特的优势。

迄今为止,机载激光扫描测量技术主要用于获取大范围高精度的数字地面模型以及数字表面模型;测量带状目标地形图;测绘现状地物,如电线等电力设施、输气管道线路或高速公路、城市排水管线、道路等;测制输电线和电线杆(塔)线路图,设计无线电远程通信中继站线路;直接获取森林地区真实地表的高精度三维信息,生成林区数字地面模型以及进行森林植被参数测定,并获取森林垂直结构参数;海岸地带地形测绘,包括沙丘和湿洼地,监测海岸变化及动态侵蚀情况;高精度和高空间采样密度的地形测量,如洪涝灾害评估,大型采石场、煤田等大型堆积物的体积测量,生产矿区数字地面模型;生产城市地区的数字地面模型以及数字表面模型,自动提取城市房屋和道路,建立三维城市景观模型,并用于城市规划、虚拟现实;自然灾害三维实时监测、GIS 数据采集、冰面变化监测、危险区域测绘、大地水准面确定等。具体来讲,主要包括以下几个方面的应用:

(1)3D 产品快速生产

非常适用于带状区域 3D 产品的快速生产,包括快速生产高精度的数字高程模型、数字正射影像图和数字线划地形图等,数字线划地形图的成图比例尺可达到1:500。主要应用领域包括道路测量、道路规划和设计、输电线路设计、海岸侵蚀监测、海岸地带管理、交通运输、交通管理、道路线路测绘、光缆敷设等。

(2)灾害调查与环境监测

主要用于自然灾害(如飓风、地震、洪水等)的灾后评估和响应。美国9·11事件后,采用机载激光测量技术对世贸大厦的废墟进行了动态监测。美国宇航局戈达德航天飞行中心的科学家自1993年起就利用机载激光扫描测量技术测量格陵兰冰原的厚度,利用多次测量结果并融合气温变化、冰原内积雪程度以及降雪量等因素计算冰原的融化速度。科学家估计,整个格陵兰冰原每年净损失51km^3,这足以使海平面每年升高0.13mm。最近几年,丹麦空间研究中心已经利用机载激光扫描测量技术在格陵兰地区和北极地区进行了多次类似测量,用于研究北极地区海冰的变化及格陵兰冰原的变化。

(3)海岸地区测绘

包括浅海水深测量、海岸带测绘、海岸侵蚀的动态监测。高动态变化的海岸地区要求经常更新数据,机载激光扫描测量技术能很方便地完成这些工作,还可用来测绘和监测海滨地带、沙丘、堤坝、防护林等。另外,美国研制的SHOALS机载激光测深系统通过发射波长为1 064nm的红外激光和波长为532nm的蓝绿激光,根据两种激光不同的特性和返回时间差,可计算出被测点的海水深度。

(4)森林地区DEM的获取以及森林垂直结构推求

森林地区准确的地形信息对于林业以及自然资源管理具有重要的作用。准确的树高、林木密度等信息,对于林业部门非常重要,而这些数据用常规方法获取困难。机载激光扫描测量技术能同时获得树冠底部的地形信息以及树高信息。通过数据处理,可分析植被并对其进行分类,计算树高、树种及木材量,可动态监测植物的生成情况以及提取森林的垂直结构参数。比较典型的有美国NASA的SLICER系统。

(5)城市三维建模

机载激光扫描测量技术可提供高密度的精确的激光点云,根据激光点云数据的高程几何变化以及纹理特征,能探测、重建三维建筑物模型。高密集的机载激光扫描测量数据,在城市三维建模等领域,有着广泛的应用前景,有望彻底解决利用摄影测量手段建立三维城市模型的瓶颈问题。

2)车载激光扫描系统

车载激光扫描系统具有高精度和可快速获取目标物体三维空间信息的特点,采集的数据涵盖的地物种类繁多,包括建筑物、路面、树木、城市道路附属绿化带、公路护栏、公交站牌、路灯、电线杆、行人车辆等,信息十分丰富,使其在地形快速获取、城市规划、交通、资源和环境勘察监测等方面具有应用优势。

(1)城市部件测量

城市部件是城市最微小的细胞单元,是城市基础结构的基本组成部分,是城市可利用的各种设施。城市部件,包括公用设施、道路交通、市容环境、园林绿化、房屋、土地以及其他设施。城市部件测量对目标物体的数据要求非常详细和全面,车载激光扫描测量系统能够快速采集到沿线各种地物地貌大量的真彩色坐标点数据,数据信息丰富。

(2)带状区域高精度测量

可用于铁路、公路、隧道、巷道等带状几何区域数据的快速获取,以及小区域地形数据的快速获取;可快速精确测量道路走廊及横断面数据,用于道路走廊带勘测及线路走向优化设计;可快速测绘道路周边地形,用于既有道路的改扩建工程。高精度密集的点云数据,可以建立精确的数字高程模型,用于土石方量和工程造价等的估算。此外,在电力领域,可用于发电厂、变电站的选址与勘察、优化选线以及线路巡查等。

(3)资产调查与管理

可快速采集道路两旁的附属设施信息,以及用于道路沿线各类电线的信息采集与勘查,基于点云和影像数据进行要素提取与更新,进行资产调查与管理。

(4)海岸线测绘

利用车载激光扫描系统,可以快速自动提取江河堤岸、海岸线自然状态的数据,实现湖边、海边等地理景观的测量与沿线地物的描述。

3)地面激光扫描系统

随着地面激光扫描系统、三维建模软件等软硬件环境的不断发展,其应用领域日益扩大,逐步从科学研究进入到人们的日常生活。应用领域逐渐增多,在文物古迹保护、建筑、规划、土木工程、工厂改造、室内设计、建筑监测、交通事故处理、法律证据收集、灾害评估、船舶设计、数字城市、军事分析等方面都有应用。

(1)文物保护与研究

人类社会在发展过程中留下了许多珍贵的文物,包括自然和人文的遗产,随着时间的流逝,这些文物经过风吹日晒雨淋及人为的损坏,有的变得残缺不全,有的面临着消失的风险,为了更好地保护和修复这些珍贵的遗产,地面三维激光扫描技术给文物保护提供了一种新的技术手段。通过三维激光扫描测量技术,把文物的几何和纹理信息扫描下来,以数字的形式存储或构建成三维模型,这对文物的保护、修复以及研究都有重要的意义。

英国自然历史博物馆对文物进行了三维激光扫描,并将彩色数字模型装入虚拟现实系统,建立了虚拟博物馆,使得参观者宛如到了远古时代。

(2)体积量测

三维激光扫描测量在速度和精度上的优势,使得它可以量测和监测土石方填充的体积,如果基准面已知,通过测量新的地表表面,减去它的基准面,就可得到需要填充的土石方量,在采矿或采石过程中,通过三维激光扫描可以获得矿和石材的体积,这相对于传统的测量技术,速度更快、精度更高。

(3)详细的大比例尺地形图绘制

地面三维激光扫描技术能用于特殊场所详细的大比例尺(如 1:500 甚至更高比例尺)地形图的绘制,尤其是大型的建筑施工现场、采石场或下陷地区,可在不直接接触危险区域的情况下,详细、快速地进行地形测量。2003 年 8 月,荷兰维尔尼斯堤就采用了地面三维激光扫描技术来预防其崩溃。

(4)变形监测

通过定期扫描,利用地面激光扫描技术获取高精度、高密度的激光点云,将前、后两次扫描点云数据叠合在一起,通过处理软件分析前、后两次点云的差别,可得出变形趋势和量级。

(5)开采沉陷监测

由于地面三维激光扫描技术具有快捷、分辨率高、精度高等特点,在进行开采沉降监测时,可对地表的移动进行监测,快速获取整个目标区域的空间位置和垂直相对位置的变化,从而确定整个地表移动区域的下沉情况。

(6)基础设施建设

地面三维激光扫描仪及处理软件可被应用于公路、铁路、航空、港口等项目的新建、改建和规划。在这些基础设施建设领域,三维激光扫描仪可提供快捷的测绘手段,测量数据精度高,测量成果不仅包含特征点的几何特征,而且连同现场对象的细节特征、颜色信息以及完整的三维空间结构都保存下来,可获得全面、可视化、精确的测量结果,在电脑中进行细化测量和勘察,可减少野外数据采集的工作量和工作时间。

1.3 公路激光扫描测量的应用现状

近年来,我国对交通基础建设的投资力度加大,公路通车里程逐年快速增长。随着新建公路逐步向中西部地区延伸,由于地形复杂、地势陡峭、植被遮挡等原因,采用传统人工测量的方式,已经无法获取公路勘测设计所需的高精度、现势性强的地面资料。而对于公路改扩建工程,为了最大限度地利用原有道路,对道路测量精度也提出了更为苛刻的要求,此外,由于测设工期短、限制因素多(如车流量大,不能全封闭作业等)以及现场作业人员的安全系数低等因素,公路设计部门的设计理念、设计方法也产生了根本性变化。一些公路设计部门及时提出了“把公路搬回家”、全数字化、高效设计的目标。

激光扫描测量技术,具有快速获取地表信息的能力,远胜于传统的航空摄影测量技术和地面人工测量手段,仅需要少量的野外测量作业,就可及时准确获取涵盖影像数据、矢量数据和数字地面模型数据等多尺度、多种类、高精度的数字测绘产品,大大缩短了测设周期。激光扫描测量系统采集的激光点云精度高,可以直接获取高精度的三维地形数据,经数据处理后可以分类出各种地物信息,基于高精度激光点云或数字高程模型可以快速提取纵、横断面,大大节省外业实地测绘工作量。激光扫描测量系统采集的高分辨率数字正射影像图,可以直观清晰地判读公路周边的地物景观信息,在满足技术要求的前提下,可以使路线布设尽量科学合理,如方便群众、减少拆迁、少占农田,并注意保护沿线的生态环境,减少对环境的不利影响,创造优美的景观等。基于高精度的 DEM 和高分辨率的 DOM,可以生产出高精度数字线划地形图,满足需要地形图用户的需求;同时还可以生成测区三维景观,可以大大提高公路设计的直观度;结合已设计的平、纵、横成果,可以制作生成实地的三维设计成果景观。引入该技术到公路勘察设计中,将具有以下优势:

(1)高精度激光雷达扫描代替野外测量

直接管理、展示和利用激光扫描测量数据(数字高程模型 DEM、数字正射影像图 DOM 和激光点云等),将野外工作环境搬到设计室内真实再现,设计人员可以在室内实时量测地形、地物,并直接基于激光点云数据进行断面切割提取,大大减少了野外测绘作业工作量,并减少了信息损失,保证了设计结果的精确性。

(2)实现基于三维场景的整条线路设计

以三维激光扫描高精度数字测量数据为基础,用3D GIS技术统一管理和调度整条线路的激光扫描测量数据,让设计人员摆脱了传统的二维地图,直接基于三维真实场景进行平、纵、横协同设计,实现了设计过程和设计结果的虚拟现实化。设计时,能充分考虑地形影响因素、社会环境影响因素和生态环境影响因素,可达到优化设计的目的。

(3)方便方案比选

通过人机交互可以方便快捷地修改路线平、纵、横和边坡参数,计算出土石方量和调配量,得到多个路线方案的主要工程量和工程造价,并以三维可视化方式展示设计成果。设计者可以对多个方案进行直观比较,选择较优方案,而不需要进行重新测量,可大大缩短设计周期。

(4)挖填方精确计算

在公路建设过程中,土石方的挖填是一笔相当大的投入,基于激光扫描获取的高精度三维地表地形数据,可以尽最大可能对土石方量进行精确计算。

(5)线路三维可视化和模拟仿真

设计人员可以边设计边查看三维成果效果,或设计完成后在三维场景下进行全线路交互漫游,实现线路地形、地基、桥涵、隧道、标识牌等的三维可视化和虚拟场景仿真,通过模拟驾驶员的行驶,根据视觉、运动感觉和时间变化来检测、评价线形与周围环境的协调性,从而优化线形组合。线路三维可视化和模拟仿真,反映了工程项目的综合信息和设计人员的设计思想,可为项目的评审和决策提供有力支撑。

(6)地下空间建模

地下空间是数字城市中的重要组成部分。目前,国内已建成或正在建设的地下空间非常多,如地铁交通转点、地下停车场、地下商场等。激光扫描技术可实现地下空间中各种大型、复杂、不规则、标准或非标准实体或实景的精确三维扫描,快速构建目标的三维实体模型,应用前景广阔。

(7)征地拆迁

激光扫描测量设备获取的高分辨率彩色数字影像和精确的激光点云数据,可以清楚地量测道路方案范围内周边的现时地物要素,叠加道路用地界线,使得用地范围直观、明确。可以作为补偿地类依据,避免因施工前期由于人为因素私自改变用地用途、增设房屋数量、抢种树木等带来的补偿方案纠纷。在实施道路改建、道路升级方案中,亦可通过量算激光扫描测量来作各项拆迁以及成本预算分析。

(8)减少设计变更和后续服务

利用激光扫描测量技术生产的高精度4D产品,内容丰富、精确,有利于公路工程量的精确估算和路线方案的优化比选,可大大减少由于测量而引起的设计方案变更和勘测设计后续技术服务工作量。

(9)其他方面

在公路施工管理中,可以实现如施工组织优化、施工过程模拟可视化及施工进度控制动态化等功能,实现进度与质量最优组合,最大限度减少工程安全隐患。在公路日常维护和管理工作中,基于激光扫描测量技术的公路设计成果,可以构建一个三维可视化运行平台,用户可以方便地浏览、查询与之相关的所有设计成果资料,通过扩展开发或与现有的公路路政、收费、监控、养护、日常办公及决策分析等管理系统进行功能集成，最终实现公路“建、养、管、征”一体化的数字公路建设目标。

激光扫描测量技术已经在城市规划、资源调查、交通、电力等行业得到了广泛的应用(杜国庆等，2007；魏富朝等，2007；曹力，2008；何秉顺等，2008)。近10年间，国内有多家单位和公司分别购买了国外不同厂商的数套商用激光扫描设备，如表1-2所示。

我国近年来引进的机载激光扫描系统 表1-2

单 位	采购设备型号	引进时间
北京星天地信息科技有限公司	Optech ALTM3100	2004年
北京星球数码科技公司	Leica ALS40	2004年
山西亚太数字遥感新技术公司	IGI LiteMapper2800	2005年
太原航空摄影通用公司	Leica ALS50I	2005年
国家海洋局海监总队	Leica ALS50I	2005年
广西桂能信息工程有限公司	IGI LiteMapper5600	2005年
成都勘测设计研究院	Optech ALTM Gemini	2008年
天津市星际空间地理信息工程有限公司	Optech ALTM Gemini	2008年
广州建通测绘技术开发有限公司	TopoSys FALCONII	2008年
武汉大学	Leica ALS50II	2008年
中国航空物探遥感中心	Leica ALS50II	2008年
中交宇科(北京)空间信息技术有限公司	Optech ALTM Orion	2009年
中铁三院工程集团有限责任公司	Leica ALS60	2009年
中铁四院工程集团有限责任公司	Leica ALS70	2010年
中铁一院工程集团有限责任公司	Leica ALS70	2011年
……	……	……

在公路勘测设计领域，中交第二公路勘察设计研究院有限公司于2007年率先将机载激光扫描测量技术引入到公路勘测设计中，成功应用于江西省赣州至大余高速公路茅店至三益段项目工程，直接生成了满足施工图设计要求的地形图及公路横、纵断面(陈楚江等，2010)。通过自主研发和技术创新，又将机载激光扫描测量技术拓展到公路改扩建工程勘测中，自2007年至2015年，已经广泛地将激光扫描测量技术应用于多项国家重点新建和改扩建公路项目，总设计里程超过2 000km(表1-3)，用于快速生产所需的数字高程模型、数字正射影像图和数字线划地形图3D产品，进行道路方案的优化比选和征地拆迁图的制作，提取道路车道线特征以拟合和恢复既有道路平面线形要素，快速自动生成道路平、纵、横断面数据，实现与道路CAD的协同设计。

激光扫描测量的工程应用情况　　表1-3

序号	工程类别	工 程 名 称	设计里程(km)
1	新建公路	江西省赣州至大余高速公路茅店至三益段	44
2		河南省焦作至桐柏高速公路巩义至登封、登封至汝州段	96
3		贵州省道真至瓮安高速公路	253
4		广东省阳江至云浮高速公路阳江至阳春段	56
5		贵州省江口至瓮安高速公路	193
1	改扩建公路	京港澳高速公路京石段改扩建工程	195
2		江西省南昌至樟树高速公路改扩建工程	88
3		广西壮族自治区桂林—柳州—南宁高速公路改扩建工程	350
4		安徽省G5011芜合高速公路林头至陇西立交段改扩建工程	60
5		西藏自治区昌都邦达机场路改造工程	100

王国峰等对机载LiDAR系统的数据采集模式、处理方法和流程进行了探讨(王国锋等，2011)。邱赞富在沈海国家高速公路湛江段初测工作中，采用了机载LiDAR技术进行了125km^2 DEM、DOM和1:2 000比例尺DLG的生成(邱赞富，2011)。李永强等利用车载激光扫描技术进行了公路三维信息的提取，如边界线、路面、边坡等，但其侧重点在于数据精度要求较低的道路三维建模（李永强等，2008)。黄文元对车载激光扫描数据精度进行了深入分析，并对我国公路改扩建工程勘测方法进行了详细对比分析(黄文元等，2011)。张熙将车载激光扫描技术应用于西藏公路改扩建工程中，获取了高精度的数字高程模型并用于横断面的自动生成(张熙，2011)。广西桂能信息工程有限公司与广西桂能软件有限公司合作，开发了“基于激光扫描技术的公路线路测设辅助软件”，简称OneRAD，利用其独有的空间数据引擎，可统一管理和调度TB级激光扫描数据，实现断面自动提取、互动设计、三维模拟与漫游、多方案比选等功能。

1.4　公路激光扫描测量的发展趋势与前景

公路交通的快速发展，有效地缓解了我国交通运输的紧张状况，显著提升了国家的综合国力和竞争力。但随着经济社会的快速发展，现有的国家公路网规划与建设仍面临一些亟待解决的问题：一是覆盖不全面。全国还有900多个县没有国道连接，有18个新增的城镇人口在20万以上的城市和29个地级行政中心未实现与国家高速公路相连接；二是运输能力不足。部分国家高速公路通道运能紧张、拥堵严重，不能适应交通量快速增长的需要；三是网络效率不高。普通国道路线不连续、不完整，国家公路与其他运输方式之间、普通国道和国家高速公路之间的衔接协调不够，网络效益和效率难以发挥。

随着我国新型工业化、信息化、城镇化和农业现代化加快发展，人均国民收入稳步增加，经济结构加快转型，交通运输总量将保持较快增长态势，各项事业发展要求提高国家公路网的服务能力和水平。此外，随着国家加快实施区域发展总体战略和主体功能区战略，加快推进城镇化和城乡一体化发展，继续加大对革命老区、民族地区、边疆地区、贫困地区的扶持力度，也要求发挥国家公路引导区域空间布局的作用，优化东部地区公路网络结构，加强中部地区东引西联通道建设，扩大西部地区路网覆盖，统筹城乡协调发展，提升公路交通公共服务水平。

依据《国家公路网规划（2013—2030 年）》，国家公路网规划总规模 40.1 万公里，其中国家高速公路网规模为 11.8 万公里，由 7 条首都放射线、11 条北南纵线、18 条东西横线，以及地区环线、并行线、联络线等组成，并另规划远期展望线约 1.8 万公里。目标形成布局合理、功能完善、覆盖广泛、安全可靠的国家干线公路网络，实现首都辐射省会、省际多路连通、地市高速通达、县县国道覆盖。1 000km 以内的省会间可当日到达，东中部地区省会到地市可当日往返，西部地区省会到地市可当日到达；区域中心城市、重要经济区、城市群内外交通联系紧密，形成多中心放射的路网格局；有效连接国家陆路门户城市和重要边境口岸，形成重要国际运输通道，与东北亚、中亚、南亚、东南亚的联系更加便捷。

总的说来，我国公路建设任务仍十分繁重，并且已经由过去的“大规模新建高速公路”转变为“改扩建与新建并存、两种建设并重”的局面。新建高等级公路重点已转移至地形地质条件复杂的中西部地区。这些地方地形地貌条件恶劣，植被往往十分茂盛，采用人工或常规勘察方法和技术手段无法获取准确的三维地形信息。而在对重要交通要道的扩容改建过程中，如何在不干扰正常交通流的情况下，实现既有公路信息的快速精确获取，已经成为刻不容缓需要解决的技术难题。

近些年来，随着激光扫描设备的发展，激光扫描仪硬件设备价格的不断下降及其在精度、数据密度及抗干扰能力等方面的提升，从未来的发展来看，公路激光扫描测量技术潜力巨大，主要有如下几点发展趋势：

（1）设备日益小型化、实用化

激光扫描测量硬件设备将得到进一步的改进，激光扫描仪有更高的测距精度、更快的采样速度以及低廉的价格，针对低空无人机的激光扫描测量系统将得到进一步深入的发展。激光扫描仪与其他测量设备，如 GNSS、IMU、全站仪等联合测量的设备集成程度更高，设备将日益向小型化、实用化发展。

（2）数据处理技术更加精细化、自动化

点云数据处理所用的时间是数据采集时间的 10 倍以上，主要原因在于数据的后处理软件。未来的发展趋势是研制更加成熟、更加通用的数据处理软件，尽可能地缩短数据处理时间。进一步完善和开发后处理软件，使处理的数据量更大、数据处理速度更快、自动化程度更高。

（3）激光扫描测量更加智能化、自动化

激光扫描测量，采用激光主动测量方式而非光学成像原理，不依赖太阳光，受光照、云层等天气条件及地形、地貌产生的自然阴影影响小；它可直接获取距离观测值，且可以穿透植被等覆盖物，获得精确的地面点数据，成果精度高、速度快；还可利用生产的高精度激光点云和影像图，快速精确获取所需的平面和高程坐标，自动生产公路设计所需的断面地面线等数据，可替代人工野外作业。

（4）激光扫描测量可达到定测与施工图设计阶段的测量精度，且产品更加多样化

与传统测绘技术相比，激光扫描测量为非接触测量，数据采样率高、突破单点模式，主动获取地形、地物表面丰富的点云数据信息，具有高密度、高分辨率、高精度等特点，是其他测量的

深化。成果精度可达到新建公路、改扩建公路定测与施工图设计阶段要求，而且海量激光点云可以精确描述物体的细节信息，可以生产出高精度数字高程模型、数字正射影像图、数字线划地形图等3D产品，以及道路特征、各类断面地面线等成果，产品类型多样。

(5)激光扫描测量与公路CAD更加集成化、一体化

以三维激光扫描高精度数字测量数据为基础，用3D GIS技术统一管理和调度整条线路激光扫描测量数据，可以让设计人员直接基于三维真实场景进行平、纵、横协同设计。基于高精度激光点云或数字高程模型，可以快速提取纵、横断面；基于高分辨率数字正射影像图，可以直观清晰地判读公路周边的地物景观信息。这有利于实现基于三维场景的整条线路设计，方便路线方案比选与优化。未来，激光扫描测量与公路CAD协同，实现设计过程和设计结果的虚拟现实化，集成化、一体化的程度将更高。

激光扫描测量技术，作为一种全新的空间信息获取手段，在三维空间信息获取上得到了广泛的应用。激光扫描测量技术，克服了传统空间信息获取技术的缺陷及不足，采用了非接触测量方式直接获取高精度三维数据，能够全天候工作，不受天气等外界条件的限制，能够穿透植被，获取反映真实地表空间信息的点云数据。利用激光扫描测量技术，可以快速、精确、高效地获取新建、改扩建公路所需满足定测与施工图设计精度要求的空间信息，代替人工上路测量和断面地面线测量，可显著缩短工程建设周期，大幅降低工程建设成本，全面提升我国公路交通行业的核心技术竞争力与整体技术水平，具有广阔的应用前景！

第2章　激光扫描测量原理与平台系统

2.1　引　　言

三维激光扫描测量技术是激光技术、计算机技术、惯性测定技术和高精度动态 GNSS 差分定位技术迅速发展的集中体现。尽管激光测高技术在 20 世纪 70 年代就已经存在,并在地球科学领域有着广泛的应用,但重要的技术进展还是发生在最近的二十几年,主要是缘于可靠的高精度空间传感器的发展。激光测距技术从最初的有反射棱镜的测距仪发展到现在的无合作目标的激光测距系统;GNSS 定位技术的出现彻底解决了定位问题;INS 和 GNSS 的集成使确定高动态载体的姿态测量成为可能。以上技术的成熟及相关技术的发展为整个设备系统的集成奠定了坚实的技术基础(张小红,2007)。

从测量原理来讲,激光扫描测量系统是一种主动遥感系统。这里,"主动"表示这些传感器能够自行发射必需的电磁能,并且由物体表面散射回的能量能够被记录下来。与其他测量方法不同的是,激光扫描不需要反光镜。激光的波长位于或正好高于电磁光谱(1 040 ~ 1 060nm波长范围),大概地说,肉眼能够看到的,激光也能"看到"。而且,特殊波段的激光还能穿透玻璃或者清水进行量测,雨中作业基本上也没有问题,但是受湿度等因素影响,能见度会迅速降低(李志林等,2003)。

由于采用主动式测量,激光扫描作业可以不依赖于日光的存在,扫描器可以在完全黑暗的情况下作业;并具有设备系统集成度高、快速、高密度、高精度、可穿透地表植被、不中断交通流、安全、人工野外地面工作量极少等特点。因此,激光扫描系统成为相关行业测绘困难地区和物体(如密集城区、森林地区),以及带状区域(如电力线、公路等)关注的新兴技术。这种技术在获取真实世界的空间三维信息方面变得越来越重要,并在短短几年便成为公路工程勘测领域的新技术手段。

三维激光扫描测量对地定位属纯几何定位。了解三维激光扫描测量的定位原理与误差源分析,对掌握三维激光扫描测量技术方法有着重要意义,也为如何控制数据采集质量、并获取更高精度的测绘成果提供了技术分析途径。

2.2　激光扫描测量的定位原理

激光测距是三维激光扫描的主要技术之一,其原理主要有基于脉冲测距法、相位测距法、激光三角法、脉冲—相位式测距法 4 种类型。目前,测绘领域所使用的三维激光扫描仪主要是基于脉冲测距法,近距离的三维激光扫描仪主要采用相位测距法和激光三角法。

1)脉冲测距法

脉冲测距法是一种高速激光测时测距技术。脉冲式扫描仪在扫描时,激光器发射出单点

的激光，记录激光的回波信号。通过计算激光的飞行时间，来计算目标点与扫描仪之间的距离（李滨，2008）。这种原理的测距系统测距范围可以达到几百米到上千米，在公路改扩建工程勘测中，激光扫描的路面高程测量中误差可以达到0.02m（陈楚江等，2012）。

脉冲式激光测距原理如图2-1所示。

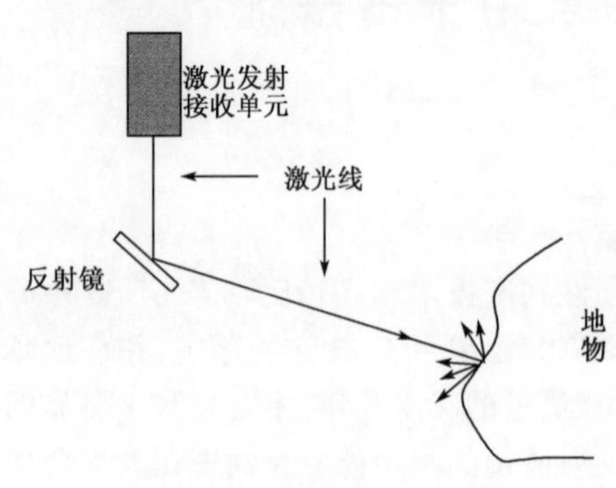

图2-1　脉冲式激光测距示意图

脉冲激光测距，往往利用被测目标物对脉冲激光的漫反射获得反射信号来测距。其测距原理是利用发射和接收脉冲信号的时间差来实现对被测目标的距离测量。由于激光发散角小，激光脉冲持续时间极短，瞬时功率较大，可达到兆瓦以上，因此可以达到极远的测距。脉冲法测距一般采用红宝石、YAG等固体激光器，常见的典型脉冲式激光扫描仪有：Leica公司生产的ALS80、ALS70（机载）和HDS2500、HDS3000（车载）、Riegl公司的LMS-Q1560、LMS-Q780（机载）、LMS-Q120（车载）等。

2）相位差测量

相位差测量，即通过测量发射信号和目标反射回波信号间的相位差测距，相位差测距模式使用的是连续波（Continuous Wave，CW）激光。相位式激光扫描仪主要用于进行中等距离的扫描测量系统中，扫描范围通常在100m内，它的精度可以达到毫米量级（谢宏全等，2013）。有关脉冲式激光测距与CW激光测距的详细论述可以参见相关文献（Wehr等，1999；Baltsavias，1999）。

相位差激光测距原理如图2-2所示，由载波光源A发出的光通过调制器调制后，成为光强随着高频调制信号变化的调制光，射向测线的另一端的反射镜B，经反射镜反射后被接收器接收，然后进入混频器进行混频并送入比相器与参考信号进行相位比较，得到调制信号在待测距离上往返传播所产生的相位移，从而得到距离。

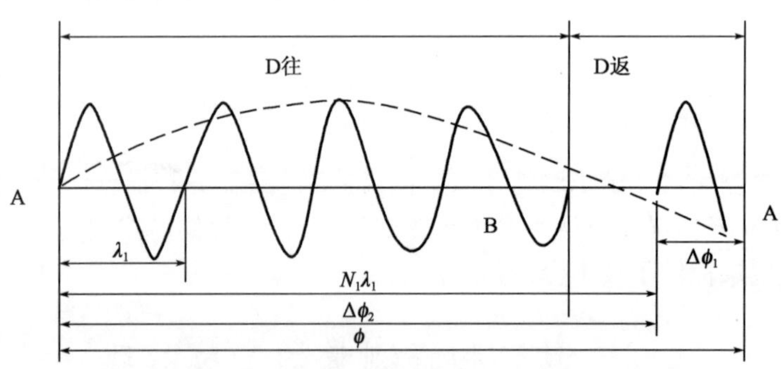

图2-2　相位式激光测距的示意图

这种方法测距精度较高，主要应用在精密测量领域，精度可达到毫米级。典型的此类激光扫描仪有：德国斯图加特大学导航研究所研制的ScaLARS，Leica生产的HDS4500、HDS6000，美国Faro生产的Photon120/20、LS840/880，德国Z+F公司生产的IMAGEER 5010C等。

3）激光三角法

激光三角法是利用三角形几何关系求得距离。先由扫描仪发射激光到物体表面，利用在基线另一端的 CCD 相机接收物体反射信号,记录入射光与反射光的夹角,已知激光光源与 CCD 之间固定的基线长度,由三角形几何关系推求出扫描仪与物体之间的距离,其测量原理如图 2-3 所示。为了保证扫描信息的完整性,许多扫描仪扫描范围只有几米到数十米。这种类型的三维激光扫描系统目前在公路工程中无法用于项目勘测,仅能在公路附属设施的局部构件中进行应用。在工业中则多用于工业测量和逆向工程重建,可以达到亚毫米级的精度(谢宏全等,2013)。

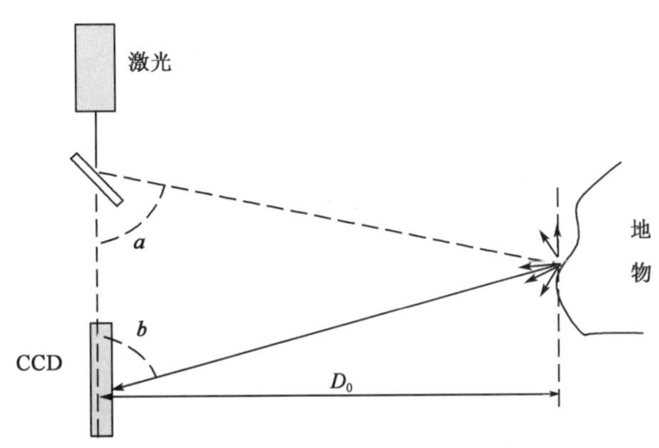

图 2-3　三角测量式测距的示意图

由于基线长度较小,故决定了三角测量式的测距较短,仅适合于近距测量。常见典型的三角测量式激光扫描仪有:美国 Trimble 公司的 Mensi S10/S25,加拿大的 HandyScan。

目前,工程大型激光扫描仪中脉冲式约占市场份额 90%,基于相位差分的激光扫描仪约占 9%,三角测量式激光扫描仪运用的场合比较特殊而比较少见。由于脉冲式激光扫描仪作业效率高,测量距离远,比较适用于大型工程测量,公路工程勘测中常见的机载三维激光测量与车载三维激光扫描测量均采用脉冲测距法,其定位原理基本相同。本节将以公路勘测中新建公路工程、既有道路改扩建工程均适用的机载三维激光扫描测量技术为例,对三维激光扫描测量的定位原理进行重点阐述。

机载激光扫描测量系统的激光测距仪安置在飞行器上,该设备通过记录激光脉冲从发射经地面目标反射到接收的时间延迟,可精确测定发射点到地面反射点(激光脚点)的斜距 ρ;与此同时,惯性导航系统(INS)测定飞行器在空间的姿态参数:侧滚角、倾斜角和航偏角;GNSS 提供飞行器精确的位置信息。在后处理过程中,联合 INS 确定的姿态信息、GNSS 测定的飞机航迹信息以及激光脉冲测定的倾斜距离,可求出每个激光脚点精确的三维空间直角坐标 (x,y,z)。采用扫描的方式,就可以获得具有一定带宽的大量地面点的三维坐标。

2.2.1　坐标系统

建立机载激光扫描对地定位的几何模型前,先定义 7 个坐标系统,随后的几何模型推导、误差分析以及系统安置参数的检校都建立在此基础之上。7 个坐标系的定义方式简要叙述如下:

(1)瞬时激光束坐标系(表 2-1)

(2)激光扫描参考坐标系(表 2-2)

瞬时激光束坐标系说明　表 2-1

坐标参数	说明
原点 O	激光发射参考点
x 轴	指向飞行方向
y 轴	$Oxyz$ 构成右手系
z 轴	指向瞬时激光束方向

激光扫描参考坐标系说明　表 2-2

坐标参数	说明
原点 O	激光发射参考点
x 轴	指向飞行方向
y 轴	$Oxyz$ 构成右手系
z 轴	指向激光扫描系统零点(扫描角为零)

(3)载体坐标系(表 2-3)

载体坐标系说明　表 2-3

坐标参数	说明	坐标参数	说明
原点 O	飞机纵轴和横轴的交点	y 轴	垂直于 x 轴,指向飞机的右机翼
x 轴	指向机身纵轴朝前	z 轴	垂直向下,$Oxyz$ 构成右手系

(4)惯性平台坐标系(表 2-4)

惯性平台坐标系说明　表 2-4

坐标参数	说明
原点 O	位于惯性平台参考中心,坐标系框架按惯性平台内部参考标架(IMU)定义
x 轴	指向机身纵轴朝前
y 轴	垂直于 x 轴,并指向飞机的右机翼
z 轴	垂直向下,$Oxyz$ 构成右手系

(5)当地水平参考坐标系(地球切平参考坐标系)(表 2-5)

载体姿态角是相对于当地水平参考坐标系测定的。

(6)当地垂直参考坐标系(表 2-6)

当地水平参考坐标系说明　表 2-5

坐标参数	说明
原点 O	位于某一天线的相位中心(航迹)
x 轴	指向真北
y 轴	指向东,$Oxyz$ 构成右手系
z 轴	沿椭球法向量反向指向地心

当地垂直参考坐标系说明　表 2-6

坐标参数	说明
原点 O	位于某一天线的相位中心(航迹)
x 轴	指向真北
y 轴	指向东,$Oxyz$ 构成右手系
z 轴	平行于大地水准面的法向量向下(垂线)

(7)WGS-84 坐标系(表 2-7)

WGS-84 坐标系说明　表 2-7

坐标参数	说明
原点 O	包括海洋和大气在内的整个地球的质心
x 轴	指向 BIH 定义的零度子午面和 CTP 赤道的交点
y 轴	和 z、x 轴构成右手坐标系
z 轴	指向 BIH(1984.0)定义的地极(CTP)方向,即国际协议原点 CIO

机载激光扫描对地定位中的坐标转换顺序是：瞬时激光束坐标系→激光扫描参考坐标系→载体坐标系→惯性平台参考坐标系→当地水平参考坐标系→当地垂直参考坐标系→WGS-84坐标系。

2.2.2　激光扫描测距

1）激光测距原理

目前机载激光扫描测量系统的激光测距都采用脉冲测距法，脉冲式激光测距的公式如下：

$$\rho = \frac{1}{2}ct \tag{2-1}$$

$$\Delta\rho = \frac{1}{2}c\Delta t \tag{2-2}$$

式中：Δt——测距系统的测时分辨率；

ρ——激光发射点到反射点之间的几何距离；

$\Delta\rho$——激光测距的距离分辨率；

c——光速；

t——激光脉冲的往返时间。

激光脉冲信号传播时间是通过计时器来测量的，计时器由一个极其精确的时钟控制。电子时间计时器的分辨率可达10ps（Egger，1985），控制计时器的电子钟具有很高的长期和短期稳定度，特别是铷原子钟或者铯原子钟以及氢原子钟。电子时间计时器的测时分辨率主要取决于激光脉冲信号的脉宽，另外，激光回波信号由于外界干扰的影响发生了畸变，也会影响测时精度。如果要使$\Delta\rho < 1\text{mm}$，那么Δt必须优于6.6ps。如第三代激光系统的脉宽为0.1～0.2ns，测距精度为10～30mm。然而，对机载激光扫描测量系统而言，激光测距系统的测距分辨率的高低并不重要，因为在绝大多数情况下，测距分辨率要比测距精度小得多（Baltsavias，1999）。有关脉冲式激光测距和连续波激光测距的精度分析、测距分辨率、激光功率大小、激光能量、信噪比和激光测距系统的最大测程、最小测程等问题的详细论述可参阅有关文献（Baltsavias，1999；Wehr等，1999），本节不重点介绍。

2）扫描方式

一束激光脉冲的一次回波信号只能获得一个激光脚点的距离信息。为了连续获得具有一定带宽的一系列激光脚点的距离信息，通常需要借助一定的机械装置，通过扫描的方式进行作业。目前，常用的扫描方式有线阵扫描、圆锥扫描、纤维光学阵列扫描3种。线阵扫描激光脚点在地面形成"Z"字形；圆锥扫描激光脚点在地面形成一系列有一定重叠度的椭圆；纤维光学阵列扫描激光脚点在地面形成相互平行的扫描线（图2-4）。当然，地面激光脚点系列在地面的分布形态不仅取决于系统使用的扫描方式，还取决于飞行方向、速度以及地形条件等因素。有关扫描方式的详细论述可参阅有关文献（Wehr等，1999）。本节公式推导仅以线阵扫描系统为例，另外两种扫描方式，只要稍加修改即可进行类似分析。

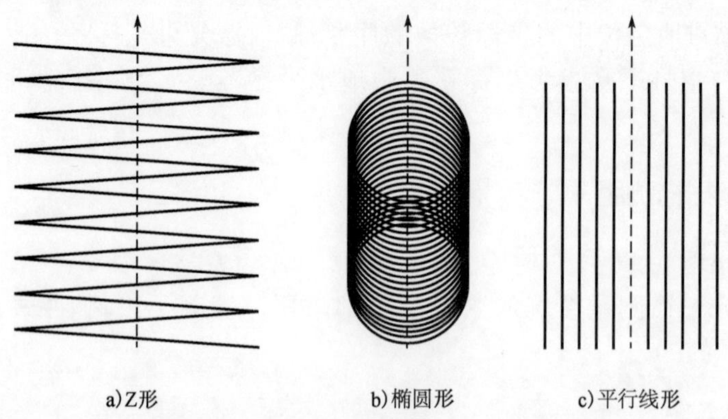

图 2-4 不同扫描方式获得的激光脚点阵列形式(Lohmann 等,1999)

以线阵扫描为例,定义激光扫描束垂直于载体坐标系 xy 平面的位置为扫描角的参考位置(零位置),随着旋转棱镜的转动,激光束偏离位置的角度为瞬时扫描角 θ_i。激光光束扫过的平面为扫描平面,安装时,要求扫描平面垂直于载体坐标系的 x 轴(图 2-5)。

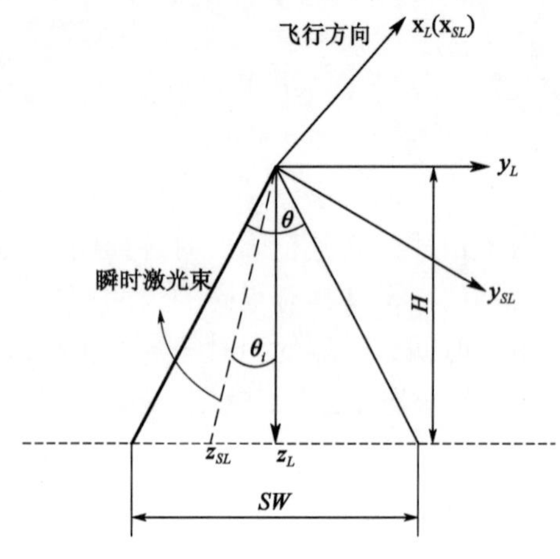

图 2-5 参考坐标系及瞬时激光束坐标系

3)基本关系式

典型的激光扫描测距系统,由激光测距单元、光机扫描镜、控制和处理单元组成。测距单元由激光发射器和光电子接收器组成。激光发射和接收窗口孔径大小一般为 0.08 ~0.15m,激光发射和接收共用一条光路,以确保被激光束照射的物体表面点都在光电子接收器的视场(Field of View,FOV)里。瞬时视场角(Instantaneous Field of View,IFOV)由激光光束的发射角 γ 定义。通常,IFOV 的大小为 0.3 ~2mrad。从理论上讲,IFOV 的大小取决于光的衍射(Diffraction of Light),因此 IFOV 是发射孔径 D 和激光波长 λ 的函数,对于空间相干光,由光的衍射产生的 $\mathrm{IFOV_{diff}}$ 为:

$$\mathrm{IFOV_{diff}} = 2.44\frac{\lambda}{D} \tag{2-3}$$

(1)激光脚点光斑大小

由图 2-6 可知,地面上瞬时激光脚点的光斑大小 f 不仅取决于飞行高度 H、激光光束发散角 γ,而且还取决于地形坡度 α、瞬时扫描角 θ_i。

当激光束垂直照射到水平表面时[图 2-6a)],光斑直径为:

$$f = D + 2H\tan\left(\frac{\gamma}{2}\right) \tag{2-4}$$

由于 D 一般较小(0.1 ~0.15m),由图 2-6b)可得:

$$f \approx 2H\tan\left(\frac{\gamma}{2}\right) \tag{2-5}$$

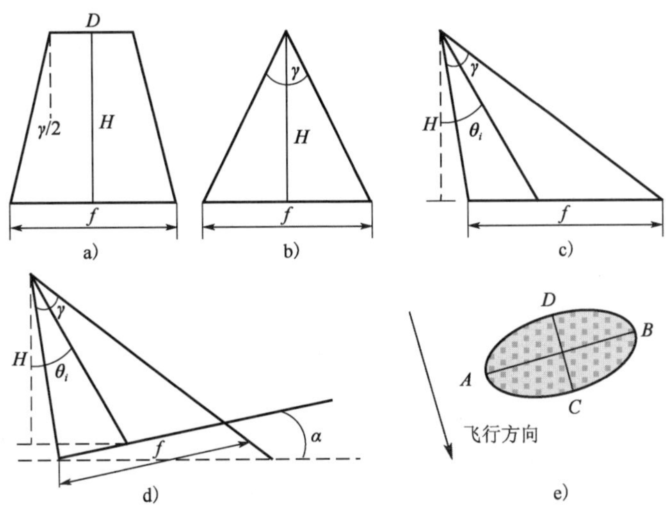

图 2-6　在地面上所形成的激光脚点的光斑大小示意图

激光光束发散角 γ 是一个小角度值,认为 $\frac{\gamma}{2}\approx\tan\left(\frac{\gamma}{2}\right)$,所以:

$$f\approx H\gamma \tag{2-6}$$

比如,当 $H=1\,000\text{m}$,$\gamma=1\text{mrad}$ 时,$f=1.0\text{m}$。

当飞机处于水平状态,激光束偏离垂直零位置 θ_i(瞬时扫描角)照射到水平表面时[图 2-6c)],光斑大小[航线垂直方向直径 AB,见图 2-6e)]为:

$$f=H\left[\tan\left(\theta_i+\frac{\gamma}{2}\right)-\tan\left(\theta_i-\frac{\gamma}{2}\right)\right] \tag{2-7}$$

当飞机处于水平状态,瞬时扫描角为 θ_i,激光束照射到坡度为 α 的倾斜表面,坡向与航线方向垂直时[图 2-6d)],光斑大小[航线垂直方向直径 AB,见图 2-6e)]为:

$$f=\frac{H\sin\frac{\gamma}{2}}{\cos\theta_i\cos\left(\theta_i+\frac{\gamma}{2}-\alpha\right)}+\frac{H\sin\frac{\gamma}{2}}{\cos\theta_i\cos\left(\theta_i-\frac{\gamma}{2}-\alpha\right)} \tag{2-8}$$

例如,当坡度 $\alpha=+45°$(坡平面“迎”激光束方向),瞬时扫描 $\theta_i=15°$,航高 $H=1\,000\text{m}$,激光光束发射角 $\gamma=1\text{mrad}$ 时,可求得 $f\approx1.2\text{mm}$;如果坡度 $\alpha=-45°$(坡平面远离激光束方向),那么仍可求得 $f\approx1.46\text{m}$。而航线方向光斑直径 CD[图 2-6e)]仍然为 $f\approx H\gamma$。

(2)激光回波信号的多值性

激光脉冲射到物体表面产生漫反射后,其中一部分的激光脉冲被反射回去。激光光斑有一定的大小,可以想象,同一束激光脉冲可能有多个回波信号被系统所接收。特别是当激光束穿过植被时,同束激光可能碰到树叶、树枝或树干而反射回去,还有可能碰到地面而反射回去并由系统接收,它们到达接收系统的时刻都不相同。有些系统只能记录最先到达的脉冲信号,有些系统可以记录最先和最后到达的脉冲信号,少数系统甚至可记录多次不同时刻到达的同一束发射激光的回波信号。

利用激光回波信号的多值性特点,能设计出用于测定森林植被参数的机载激光扫描测量系统,如美国 NASA 研制的机载激光植被成像传感器(Laser Vegetation Imaging Sensor,LVIS)系统,该系统可用于森林资源的调查和管理,包括推算植被参数和森林垂直结构,如树高、树冠直径、树木密度、植被生长情况、木材量、树种等。

当然,系统只能以一定的距离分辨率记录同束激光的不同回波信号,有时称之为测距的不确定性,如 TopoSys 系统能区分的回波信号间的最小距离为 60cm。在现实世界里,有许多地物的地面高度要小于 60cm,当同束激光的一部分能量被这类地物反射回去,而有部分能量被地面反射回去时,两次回波脉冲信号相隔太近,将致系统无法区分。也就是说,如果系统记录了这类地物反射回去的回波信号,就无法同时记录由地面反射回去的回波信号,反之亦然(Friedlaender 等,2000)。

(3)扫描带宽(Swath Width)

由图 2-7 易知,当 θ_i 取得最大值 $\theta/2$ 时,求得扫描带宽为:

$$SW = 2H\tan\left(\frac{\theta}{2}\right) \tag{2-9}$$

式中:θ——系统扫描角,是一个常数,对于给定的系统,扫描带宽只与飞行高度有关。

对于线形扫描方式来讲,如果飞机匀速平稳飞行,那么扫描激光脚点系列在地面上应该形成如图 2-7 所示的"Z"字形扫描线。

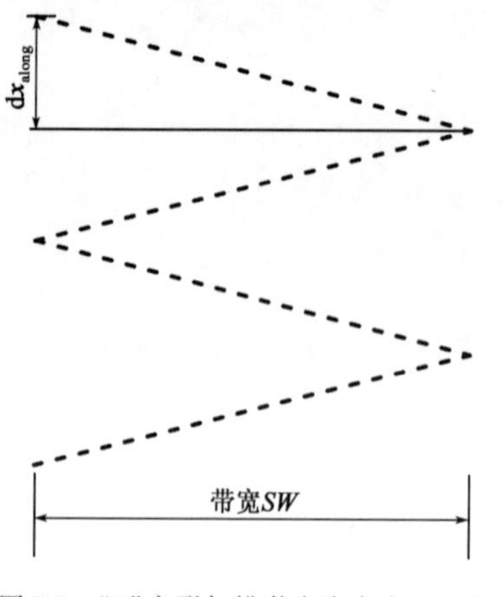

图 2-7 "Z"字形扫描激光脚点在地面的扫描轨迹

例如,当航高 $H = 1\,000$m,系统扫描角 $\theta = 40°$时,可计算带宽 $SW = 728$m。

(4)激光脚点数 N 及激光脚点间距(Posting Space)

所谓激光脚点数就是每条扫描线的激光脚点数,它与飞行高度和带宽无关。N 是激光脉冲发射重复频率(每秒发射多少次激光脉冲)和激光扫描系统的扫描频率(每秒扫描多少条扫描线)的函数。

$$N = \frac{F}{f_{scan}} \tag{2-10}$$

式中:F——激光脉冲发射的重复频率;

f_{scan}——扫描频率。

当取 $F = 10$kHz,$f_{scan} = 20$Hz,那么 $N = 500$。

沿航向方向的激光脚点的最大间距(纵向)dx_{along}为:

$$dx_{along} = \frac{V}{f_{scan}} \tag{2-11}$$

dx_{along}同飞行高度无关,只同飞行速度和扫描频率有关。

当取飞行速度 $V = 60$m/s,$f_{scan} = 20$Hz,那么 $dx_{along} = 3$m。

同一扫描线上相邻激光脚点间的间距(横向)dx_{across}为:

$$dx_{across} = \frac{SW}{N} \tag{2-12}$$

当取带宽 $SW = 600$m,$N = 500$,那么 $dx_{across} = 1.2$m。

2.2.3　激光扫描测量的几何模型

如果某一瞬间激光扫描测距测得的激光发射点到目标点(激光脚点)间的距离为ρ,那么,根据前面对坐标系的定义,此时,激光脚点在瞬时激光束坐标系中的坐标为$(x_{SL},y_{SL},z_{SL})^{T}$,且:

$$\begin{bmatrix} x_{SL} \\ y_{SL} \\ z_{SL} \end{bmatrix} = \begin{bmatrix} 0 \\ 0 \\ \rho \end{bmatrix} \tag{2-13}$$

(1)瞬时激光束坐标系转换到激光扫描参考坐标系

由瞬时激光束坐标系和激光扫描参考坐标系的定义可知,瞬时坐标系光标绕x轴逆时针旋转瞬时扫描角θ_i就转到激光扫描参考坐标系,因此,激光脚点在激光扫描参考坐标系中的坐标为(x_L,y_L,z_L),且:

$$\begin{bmatrix} x_{L} \\ y_{L} \\ z_{L} \end{bmatrix} = R_L\begin{bmatrix} x_{SL} \\ y_{SL} \\ z_{SL} \end{bmatrix} \tag{2-14}$$

式中:R_L——转换矩阵,$R_L=\begin{bmatrix} 1 & 0 & 0 \\ 0 & \cos\theta_i & -\sin\theta_i \\ 0 & \sin\theta_i & \cos\theta_i \end{bmatrix}$。

一般激光束的瞬时扫描角θ_i不是直接量测的,而是根据每条扫描线总的激光脚点数N、系统扫描角θ和激光脚点在该扫描线的序号$i(i=0,1,2,\cdots,N-1)$来推求的。要注意的是,瞬时扫描角有正负之分,其定义见图2-8,即:

$$\theta_i=\frac{\theta}{2}-i\frac{\theta}{N-1} \tag{2-15}$$

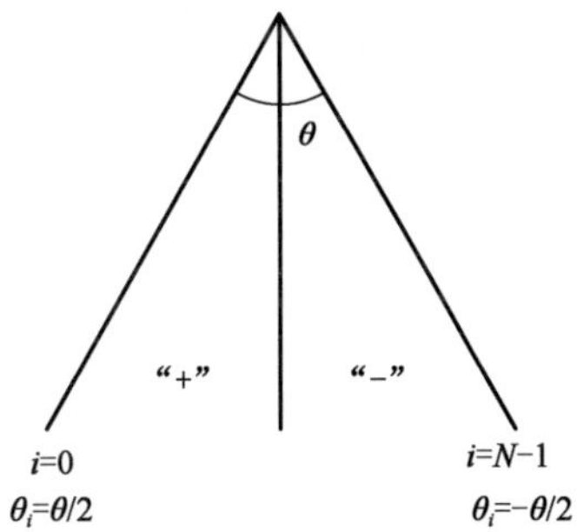

图2-8　瞬时扫描角推求示意图

(2)激光扫描参考坐标系转换到惯性平台参考坐标系

载体坐标系通常是利用飞机上几个对称的固定点在地面通过经纬仪观测来建立的。通常是选机身的纵轴为x轴(向前),横轴为y轴(向右机翼),z轴垂直xy平面向下。设计时,应该使激光扫描参考坐标系的坐标轴同载体坐标系的坐标轴相互平行,但由于有安置误差,它们之间存在安置角误差$\alpha_1,\beta_1,\gamma_1$。

惯性平台参考坐标系框架按惯性平台内部参考标架(IMU)定义。设计时,应该使惯性平台参考坐标系的坐标轴同载体坐标系的坐标轴相互平行,但由于有安置误差,它们之间存在安置角误差$\alpha_2,\beta_2,\gamma_2$。

实际上,安置角误差$\alpha_1,\beta_1,\gamma_1$和$\alpha_2,\beta_2,\gamma_2$可综合成激光扫描参考坐标系同惯性平台参考坐标系间的安置角误差α,β,γ。设计时,激光扫描参考坐标系同惯性平台参考坐标系的坐标轴间是相互平行的($\alpha=\beta=\gamma=0$),但系统在安装过程不能完全保证它们相互平行。

根据坐标系的定义可知,激光扫描参考坐标系的坐标原点在激光发射参考位置,惯性平台参考坐标系的坐标原点在惯性平台参考中心,两者不重合,存在偏心量$t_L=(\Delta x_I^L,\Delta y_I^L,\Delta z_I^L)^T$,该偏心量实际上是GNSS天线相位中心在惯性平台参考坐标系中的坐标分量(飞行作业前可

事先测定)。那么,激光脚点在惯性平台参考坐标系中的坐标为$(x_1,y_1,z_1)^{\mathrm{T}}$,且:

$$\begin{bmatrix} x_1 \\ y_1 \\ z_1 \end{bmatrix} = R_M \begin{bmatrix} x_L \\ y_L \\ z_L \end{bmatrix} + \begin{bmatrix} \Delta x_I^L \\ \Delta y_I^L \\ \Delta z_I^L \end{bmatrix} \tag{2-16}$$

式中:$R_M = R(\gamma) \cdot R(\beta) \cdot R(\alpha)$;

$$R(\alpha) = \begin{bmatrix} 1 & 0 & 0 \\ 0 & \cos\alpha & -\sin\alpha \\ 0 & \sin\alpha & \cos\alpha \end{bmatrix};$$

$$R(\beta) = \begin{bmatrix} \cos\beta & 0 & \sin\beta \\ 0 & 1 & 0 \\ -\sin\beta & 0 & \cos\beta \end{bmatrix};$$

$$R(\gamma) = \begin{bmatrix} \cos\gamma & -\sin\gamma & 0 \\ \sin\gamma & \cos\gamma & 0 \\ 0 & 0 & 1 \end{bmatrix}。$$

(3)惯性平台参考坐标系转换到当地水平参考坐标系

飞机的轨迹描述的是 GNSS 天线相位中心的位置系列,GNSS 天线的相位中心与惯性平台的参考中心也不重合,存在偏心量 $t_G = (\Delta x_I^G, \Delta y_I^G, \Delta z_I^G)^{\mathrm{T}}$,该偏心量实际上是 GNSS 天线相位中心在惯性平台参考坐标系中的坐标分量(飞行作业前可事先测定)。惯性姿态测量系统(INS)测定的 3 个姿态角[侧滚角(Roll,R)、俯仰角(Pitch,P)、航偏角(Heading or Yaw,H)]提供了由惯性平台参考坐标系转换到当地水平参考坐标系的 3 个旋转欧拉角(图 2-9)。那么,激光脚点在当地水平参考坐标系中的坐标为$(x_{LH},y_{LH},z_{LH})^{\mathrm{T}}$,且:

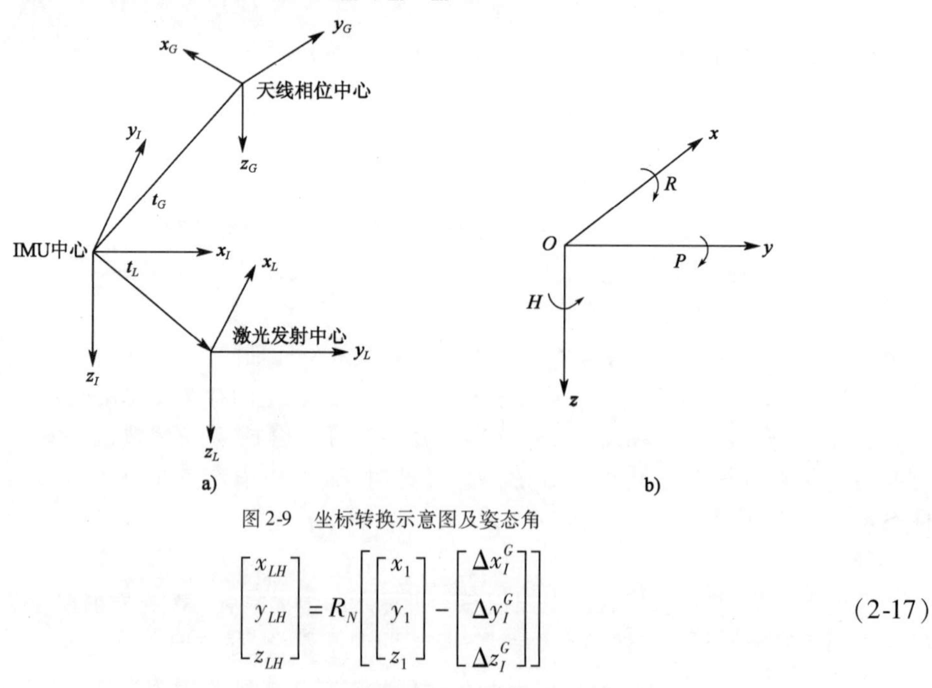

图 2-9　坐标转换示意图及姿态角

$$\begin{bmatrix} x_{LH} \\ y_{LH} \\ z_{LH} \end{bmatrix} = R_N \left[\begin{bmatrix} x_1 \\ y_1 \\ z_1 \end{bmatrix} - \begin{bmatrix} \Delta x_I^G \\ \Delta y_I^G \\ \Delta z_I^G \end{bmatrix} \right] \tag{2-17}$$

式中：$R_N = R(H) \cdot R(P) \cdot R(R)$；

$$R(R)=\begin{bmatrix}1 & 0 & 0\\0 & \cos R & -\sin R\\0 & \sin R & \cos R\end{bmatrix};$$

$$R(P)=\begin{bmatrix}\cos P & 0 & \sin P\\0 & 1 & 0\\-\sin P & 0 & \cos P\end{bmatrix};$$

$$R(H)=\begin{bmatrix}\cos H & -\sin H & 0\\\sin H & \cos H & 0\\0 & 0 & 1\end{bmatrix};$$

$$R_N=\begin{bmatrix}\cos H\cos P & -\sin H\cos R+\cos H\sin R\sin R & \sin H\sin R+\cos H\sin P\cos P\\\sin H\cos P & \cos H\cos R+\sin H\sin P\sin R & \sin H\sin P\cos R-\cos H\sin R\\-\sin P & \cos P\sin R & \cos P\cos R\end{bmatrix}。$$

可令：

$$R_N=\begin{bmatrix}a_1 & a_2 & a_3\\b_1 & b_2 & b_3\\c_1 & c_2 & c_3\end{bmatrix}。$$

式中：$a_1=\cos H\cos P, a_2=-\sin H\cos R+\cos H\sin R\sin R, a_3=\sin H\sin R+\cos H\sin P\cos R$；

$b_1=\sin H\cos P, b_2=\cos H\cos R+\sin H\sin P\sin R, b_3=\sin H\sin P\cos R-\cos H\sin R$；

$c_1=-\sin P, c_2=\cos P\sin R, c_3=\cos P\cos R$。

(4)当地水平参考坐标系转换到当地垂直参考坐标系

当地水平参考坐标系是以地球参考椭球的法线为准，而当地垂直参考坐标系是以大地水准面的法线（当地垂线）为准，它们之间存在垂线偏差，所以，激光脚点在当地垂直参考坐标系中的坐标为$(x_{LV}, y_{LV}, z_{LV})^{\mathrm{T}}$，且：

$$\begin{bmatrix}x_{LV}\\y_{LV}\\z_{LV}\end{bmatrix}=R_G\begin{bmatrix}x_{LH}\\y_{LH}\\z_{LH}\end{bmatrix} \tag{2-18}$$

式中：R_G——由垂线偏差产生的坐标旋转矩阵。

(5)当地垂直参考坐标系转换到 WGS-84 坐标系

当地垂直参考坐标系到 WGS-84 坐标系的旋转矩阵 R_W 是该点经纬度的函数。激光脚点在 WGS-84 系中的坐标$(x_{84}, y_{84}, z_{84})^{\mathrm{T}}$为：

$$\begin{bmatrix}x_{84}\\y_{84}\\z_{84}\end{bmatrix}=R_W\begin{bmatrix}x_{LV}\\y_{LV}\\z_{LV}\end{bmatrix}+\begin{bmatrix}x_{84}\\y_{84}\\z_{84}\end{bmatrix}_{\text{天线相位中心}} \tag{2-19}$$

式中：$(x_{84}, y_{84}, z_{84})^{\mathrm{T}}_{\text{天线相位中心}}$——GNSS 测定的天线相位中心在 WGS-84 系中的坐标。

(6)机载激光扫描测量综合几何模型

综合式(2-13)～(2-19)，得激光脚点在 WGS-84 系下的坐标为：

$$\begin{bmatrix} x_{84} \\ y_{84} \\ z_{84} \end{bmatrix} = R_W R_G R_N \left[R_M R_L \begin{bmatrix} 0 \\ 0 \\ \rho \end{bmatrix} + \begin{bmatrix} \Delta x_I^L \\ \Delta y_I^L \\ \Delta_I^L \end{bmatrix} - \begin{bmatrix} \Delta x_I^G \\ \Delta y_I^G \\ \Delta z_I^G \end{bmatrix} \right] + \begin{bmatrix} x_{84} \\ y_{84} \\ z_{84} \end{bmatrix}_{\text{天线相位中心}} \tag{2-20}$$

如果用向量的形式来表示，为：

$$P_{\text{WGS-84}} = R_W \cdot R_G \cdot R_N (R_M \cdot R_L \cdot r + t_L - t_G) + APC_{\text{WGS-84}} \tag{2-21}$$

式中：$P_{\text{WGS-84}} = (x_{84}, y_{84}, z_{84})^{\text{T}}$——激光脚点在 WGS-84 系中的坐标；

$t_G = (\Delta x_I^G, \Delta y_I^G, \Delta z_I^G)^{\text{T}}$——天线相位中心与惯性平台参考中心的偏移量；

$t_L = (\Delta x_I^L, \Delta y_I^L, \Delta_I^L)^{\text{T}}$——激光发射参考中心与惯性平台参考中心的偏移量；

$APC_{\text{WGS-84}} = (x_{84}, y_{84}, z_{84})^{\text{T}}_{\text{天线相位中心}}$——天线相位中心在 WGS-84 系中的坐标(航迹)；

$r = (0, 0, \rho)^{\text{T}}$——激光脚点在瞬时激光束坐标系中的位置向量；

R_W、R_G——和当前位置有关的坐标转换旋转矩阵；

R_N、R_L——实测或内插的和姿态角、扫描角有关的旋转矩阵；

R_M——安置误差旋转矩阵。

机载三维激光扫描测量对地定位的原理是基于欧式空间的简单几何法定位。定位关系明确，如果不考虑 GNSS 动态定位后的处理解算以及 GNSS/INS 组合导航测姿定位的动态联合处理，机载激光扫描测量对地定位的原理和计算都比较简单。

2.3 激光扫描测量误差源分析

无论三维激光扫描系统采用何种测量原理或搭载平台，其误差源均分为系统误差(Systematic Error)和随机误差(Random Error)两类。系统误差引起的三维激光扫描点的坐标偏差，可以通过公式改正或系统修正予以消除或减小。所以，在公路工程三维激光扫描测量中，随机误差仍是激光扫描系统的主要误差来源。

目前，测绘领域所使用的三维激光扫描仪主要是基于脉冲测距法。并且，随着测量需求与硬、软件技术的不断发展，过去主要采用相位干涉法和激光三角法近距离测距的三维激光扫描仪(例如地面扫描仪)，为了满足远距离测距的要求，也采用了脉冲测距法，许多先进设备系统的目标扫描距离已能达到数千米。

公路工程三维激光扫描测量常用的机载三维激光扫描测量系统、车载激光扫描测量系统均采用脉冲测距原理，两者误差来源基本相同，本节以机载激光扫描测量为例，对其误差源进行重点分析。

影响机载激光脚点坐标精度的因素很多，传感器和平台、GNSS/INS、观测角度、地形、地貌等各种因素都可以造成数据的误差。

系统误差具有重复性、单向性、可测性，即在相同条件下，重复测定时会重复出现，使测定结果系统偏高或系统偏低，其数值大小也有一定的规律。例如，测定的结果虽然精密度良好，但由于系统误差的存在，导致测定数据的平均值显著偏离其真值。如果能找出产生误差的原因，并设法测定出其大小，那么系统误差可以通过校核的方法予以减少或者消除，系统误差是定量分析中误差的主要来源。

随机误差主要来自于:接收信号的信噪比、空气的透明度、地形覆盖的类型等,有时飞行方向与误差也有一定的联系。

总体来说,机载激光扫描测量系统误差按照误差产生的来源可分为以下几类:

(1)定位误差:主要来源于 GNSS 定位误差。

(2)测距误差:包括激光扫描测距仪器误差、大气折射误差、地物反射误差。

(3)测角误差:包括扫描角误差、惯导姿态角误差。

(4)集成误差:包括偏心量误差、内插误差、安置角误差、时间同步误差等。

(5)其他误差。

2.3.1　GNSS 定位误差

GNSS 定位误差是目前影响机载激光扫描测量精度最主要的误差源之一。GNSS 定位误差主要包括卫星轨道误差、卫星钟钟差、接收机钟钟差、大气折射误差、多路径效应、天线相位中心不稳定、卫星星座、观测噪声、整周模糊度求解误差等。

尽管 GNSS 定位误差较大,但它随着观测环境的变化而不断变化,不容易消除或模型化。通常为了削弱 GNSS 定位误差的影响,采用的方法是在测区内建立多个分布比较均匀的基准站,保证 GNSS 动态定位解算时离基准站不会太远,或采用精密单点定位技术。如果建立了多个基准站,还有利于改善大气误差改正模型(张小红,2001)。

2.3.2　测距误差

激光测距仪是机载激光扫描测量系统中的核心部件,在所有误差中,测距误差是最复杂的,它主要包括:激光测距仪器误差、大气折射误差、地物反射误差。

1)激光测距仪器误差

激光测距的每一个工作过程都会带来一定的误差,但起主要作用的是电子光学电路对经过地面散射和空间传播后的不规则激光回波信号进行处理来确定时间延迟带来的误差,分别是时延估计误差和时间测量误差。激光光束在传播的过程中遇到地物发生散射现象,导致激光回波信号变形,激光接收装置就不能准确地分辨激光光束的回波信号,产生时延估计误差。由于计时器本身存在一定的分辨率,小于该分辨率的时间无法准确地测定,从而产生了时间测量误差。此类误差可以通过一些方法进行检校,检校后的残余误差在厘米级水平。

此外,激光测距仪器误差还包括信号发射路径与信号接收路径不平行产生的误差,反光镜的旋转、振动误差,激光脉冲信号传播时间的测量误差,脉冲零点误差等。仪器误差可通过比较利用激光扫描和精密测量手段测量同一表面高度的差别来确定,一般在室内进行检定。

2)大气折射误差

激光在穿过大气时,同 GNSS 信号一样也要受到大气(对流层)折射的影响,其影响程度主要取决于激光脉冲的波长。对同一种信号而言,大气折射误差主要与气温、气压、大气湿度有关。

大气误差改正,要同时考虑大气延迟和大气折射。一般来讲,当激光扫描距离为 100m 时,由于大气折射的影响,产生的测距误差能达到 0.02m(Vaughn 等, 1996)。用于机载激光扫描的激光脉冲波长约为1μm,而GNSS载波信号的波长约为0.2m,所以,同GPS载波信号相比,激光脉冲信号受大气折射的影响要小得多,天顶方向对流层延迟改正误差的绝对量只有几个毫米的量级,同目前激光扫描测量的精度相比要小得多,只需用简单的模型改正即可,其残余误差可以忽略不计。

此外,激光波长很短,信号在经过对流层时有色散效应,有些系统还可以使用双频激光消除大气折射的影响。

3)地物反射误差

激光脉冲信号照射到地物时,由于地物的物理特征不同而产生不同的反射,导致不同的误差。当信号照射到光滑物体表面时,会产生镜面反射,可能会没有信号被反射回来,造成测距信号"丢失"或太强;当信号发生漫反射时,接收器会同时接收大量的反射信号,形成较大的接收噪声。

当激光脉冲照射到不平坦的地物时,有的信号可能经过几次反射后反射回去,这样测定的时间延迟不能代表真实的时间延迟。

此外,地面粗糙程度、地面坡度、地面物体的干扰(如植被)、移动物体等都会影响激光的测距精度。由于水能吸收大部分的红外激光,所以,在被水域覆盖的区域,只有很少的信号被反射;如果碰到静止水面,就形成镜面反射,信号无法反射回去。地表不连续以及移动物体,如行人、车辆、动物等也都会影响激光扫描测量的精度。

2.3.3 测角误差

1)扫描角误差

扫描角误差是指由于安装、设计等原因造成扫描系统转轴方向偏离了理想状态,使得扫描角的起始角度不为零,这是固定的,可以在出厂时测定。

对于旋转扫描镜,通常是以一条扫描线为一个周期,每个激光脚点对应的扫描角不是实际测量的,而是根据每条扫描线总的激光点数、系统扫描角和激光脚点在该扫描线的序号推求的。因此,相应要求扫描电机匀速转动,但在设计时不能完全保证匀速转动。所以,扫描电机的非匀速转动和扫描镜的振动也会给扫描角带来误差。由于扭矩误差的存在,也使实际扫描角与预计的扫描角不一样。这些都会给技术结果带来误差。

2)姿态角误差

姿态角误差是影响机载激光扫描定位精度最主要的误差源之一。主要包括设备安置误差、加速度计常数误差、加速度计比例误差、陀螺仪漂移、测量噪声、轴承间的非正交性、重力模型误差、大地水准面误差等。对于惯导姿态角误差,可降低飞行高度,以减弱其对定位的影响。

3)发散角误差

在测角计算时,通常认为激光束是一条直线,但实际上,激光光束存在发散角。当激光束照射到地面上时,会形成一个椭圆形的光斑,光斑大小取决于飞行高度、激光光束发散角、瞬时扫描角等。假设激光光束的发散角为θ,那么激光发散角产生的角度误差最大为$\theta/2$,该误差类似于扫描角误差。

2.3.4 集成误差

系统集成误差，主要包括激光脉冲感应参考中心与GNSS天线相位中心偏心向量的测定误差、扫描角测定误差、位置内插误差、系统安置误差、时间同步误差，这里主要介绍偏心量误差、内插误差、安置角误差和时间同步误差。

1)偏心量误差

偏心量误差，主要是激光发射参考点在惯性平台参考坐标系中的偏心量误差和GNSS天线相位中心在惯性平台参考坐标系中的偏心量误差。GNSS天线测量的是天线相位中心的位置坐标，而实际数据解算中需要的是扫描镜中心点的位置坐标，两者存在一个差值，这个差值为GNSS偏心分量。将两者归到同一坐标系下，通过航飞检校方法即可得到两者的偏移量。

2)内插误差

内插误差是由于机载LiDAR系统各组件的采样频率不同造成的。目前，激光扫描测距的脉冲重复频率可达2~25kHz，IMU的数据采样频率一般为200Hz，而GNSS的数据采样频率一般为1~20Hz。因此，为了得到每个激光脚点的位置和姿态信息，就必须对GNSS和IMU数据进行内插，这样就产生了内插误差。

3)安置角误差

安置角误差，主要是激光扫描参考坐标系与惯性平台参考坐标系不平行而引起的误差，包括：侧滚角误差、俯仰角误差、航偏角误差。每个姿态参数要进行附加改正，因为INS系统每次只能记录一个姿态角。时间偏差对定位结果的影响会使平坦的表面发生变形或扭曲，基于这一特性，也可对记录时延进行现场检校。

4)时间同步误差

机载LiDAR系统，主要包括激光扫描测距系统、差分GNSS定位系统和姿态测量系统INS。它们是相互独立的系统，具有不同的时间记录装置，为了确定一个激光脚点的距离、位置、姿态是同一时刻的观测值，需要将它们的时间系统统一到标准UTC（Universal Coordinated Time）系统。利用GNSS时间码发射器提供的信息能将时间计数器改正到UTC，而激光测距和INS系统的观测值由时间计数器标记。

在统一时间系统时，如果存在时间偏差，就会影响定位结果。

2.3.5 其他误差

其他误差，包括动态时延误差、二类高程误差、地面参考站间的位置误差、坐标转换误差、GNSS/INS组合滤波模型误差等。

1)动态时延误差

动态时延误差是由于定位系统和测距系统的数据采样率不一致所引起的。目前，定位设备的数据更新率一般不会超过20Hz，而机载激光测量系统普遍存在着不同程度的时延效应，这种效应对高精度条带式测量成果的影响有时是需要考虑的。动态时延误差包括两个部分，一部分是由于激光测距和GNSS定位数据采集率不同引起的时延改正；另一部分是由于飞机的垂直运动分量引起的附加改正（比前者更小）（图2-10）。

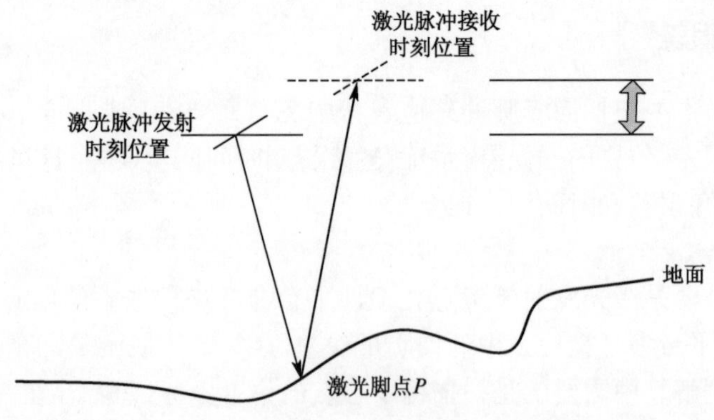

图 2-10　动态延时误差示意图

假设飞机飞行高度为 1 000m，最大扫描角为 30°，那么激光往返的最大路径为 2 × 1 000 × 2/1.732 ≈ 2 309(m)，传播时间为 $t = s/c \approx 7.7(\mu s)$，设飞机的飞行速度为 100m/s，那么飞机在这段时间内的位置变化为 0.77mm。由此可见，第二部分的动态时延误差在机载激光扫描测量中可以不考虑。

2）二类高程误差

所谓的二类高程误差，就是当地面起伏较大或有一定的坡度时，由于激光脚点平面位置的误差而产生的高程方向的附加误差（图 2-11）。

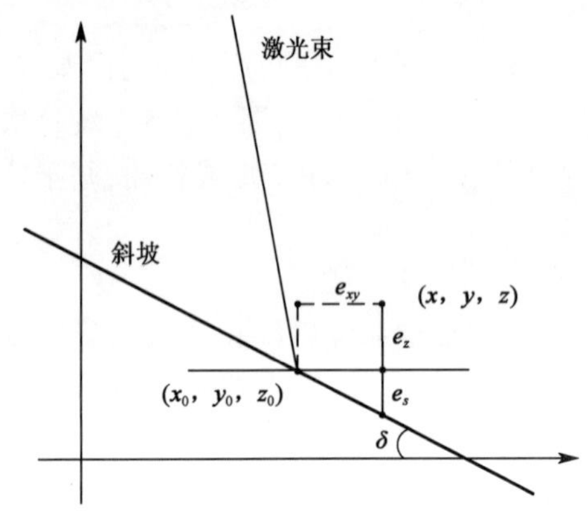

图 2-11　二类高程误差（平面误差引起的高程误差）

假设激光脚点的真实位置为 (x_0, y_0, z_0)，由于受到各种观测误差的影响，由机载激光扫描推算出的位置为 (x, y, z)，即：

$$(x, y, z) = (x_0, y_0, z_0) + (e_x, e_y, e_z) \tag{2-22}$$

由于平面误差的存在，使得激光脚点的位置由 (x_0, y_0, z_0) 变化到 (x, y, z)，高程误差除了 $e_z = z - z_0$ 外，还有由平面误差形成的二类高程误差，即：

$$e_s = e_x \tan\varphi + e_y \tan\psi \tag{2-23}$$

式中：φ、ψ——分别为斜坡沿 x 轴方向和 y 轴方向的坡度角。

2.4　激光扫描测量平台

目前，搭载三维激光扫描设备的平台已开始多种多样。例如：星载激光测量平台、机载激光测量平台、车载激光测量平台、船载激光测量平台、艇载激光测量平台、地面定点激光测量平台、手持激光扫描测量仪等。根据三维激光扫描测量系统特性及技术指标的不同，可以将其划分为不同的类型，本节对公路勘测中常见的机载、车载及地面三种激光扫描测量平台作简要介绍。

2.4.1　机载测量平台

1)机载平台类型

适用于机载平台类型的激光扫描系统，主要由激光扫描仪(LS)、飞行惯导系统(INS)、GNSS定位系统、成像装置(主要组件为CCD相机)、计算机以及数据采集器、记录器、处理软件和电源等组件构成。GNSS系统给出成像系统和扫描仪的准确空间三维坐标，惯导系统给出其空中的姿态参数，由激光扫描仪进行空对地式的扫描来测定发射中心到地面采样点的精确距离，再根据几何原理计算出采样点的空间三维坐标。

目前，可搭载机载激光扫描设备的飞行平台类型，主要有固定翼飞机、直升机或其他小型飞机。早期的公路勘测工程中，固定翼飞机被广泛使用；近年来，随着机载激光设备硬件的不断发展和公路机载激光扫描测量数据采集技术的逐步成熟，直升机在公路勘测工程中的使用频率也开始逐渐提高。

(1) 固定翼飞机

固定翼飞机或定翼机(Fixed-wing Aeroplane)，常简称为飞机，是指由动力装置产生前进的推力或拉力，由机身的固定机翼产生升力，在大气层内飞行的重于空气的航空器。它是固定翼航空器的一种，也是最常见的一种。按照其使用的发动机类型又可被分为喷气飞机和螺旋桨飞机。当今世界的飞机，主要是固定翼飞机。

固定翼飞机，具有速度快、安全舒适的特点，但容易受天气情况影响，起降场地亦有限制，大部分固定翼机都需要机场升降，需要有较长的跑道供起降，对起降的条件要求比较苛刻，相比直升机等机型，在公路工程应用中有时灵活性不够。

公路工程三维机载激光扫描测量采用的固定翼机型通常以小型固定翼飞机为主。

(2) 直升机

直升机主要由机体和升力(含旋翼和尾桨)、动力、传动三大系统以及机载飞行设备等组成。直升机的最大时速可达300km/h以上，俯冲极限速度近400km/h，实用升限可达6 000m(世界纪录为12 450m)，一般航程可达600～800km左右。携带机内、外副油箱转场航程可达2 000km以上。

直升机的突出特点是可以做低空(离地面数米)、低速(从悬停开始)和机头方向不变的机动飞行，特别是可在小面积场地垂直起降。这些特点使其具有广阔的用途及发展前景，民用方面应用于短途运输、医疗救护、救灾救生、紧急营救、吊装设备、地质勘探、护林灭火、空中摄影等，电力行业也将直升机用于电力线巡航。

目前，公路行业也在采用直升机作为机载激光扫描设备的飞行搭载平台。利用小型直升机获取激光扫描数据，主要有如下优点：

①飞机起降方便，航空飞行易于实施。

②能够进行超低空飞行，有利于获取更加精确的激光扫描数据。

③能够以更低的飞行速度作业，有利于获取更加密集的点云。

2)选择要求及常用机型

在公路工程三维机载激光扫描项目中，固定翼飞机、直升机、旋翼机等各种机型作为飞行搭载平台，均有不同程度的使用。

(1)固定翼飞机

选择固定翼飞机时,要求爬升性能好、转弯半径小、操纵灵活、低空和超低空飞行性能好,具有较高稳定性和长时间续航能力。使用固定翼飞机作为飞行平台,需要专门选取距离测区最近的机场作为起降场。

国内的固定翼飞机在中低空使用最多的是运五 B 飞机,中高空为运十二、双水獭、空中国王 B200,小型飞机如海燕,国内也有使用。运十二、双水獭的限制最高飞行高度是 7 000m,空中国王是 10 000m。

①运五 B 飞机

运五 B 飞机(简写为 Y-5B)(图 2-12)是石家庄飞机制造公司针对运五运输机在使用中的一些缺陷,研制的运五飞机的更新替代机型,具有以下特点:

a. 安全性好。有着合理的气动布局和理想的翼面配置,具有良好的低空低速性能和失速特性。改进的机翼提高了飞机的低速飞行特性和操纵稳定性。双驾驶配置,特别适合于低空飞行和复杂情况作业,可避免飞行时因一个飞行员疲劳、疏忽和精力分散而造成安全隐患。

b. 任务适用性强。座椅可快速拆卸,便于快速将舱内空间变宽敞,飞机低空、低速性好,此外,还具有较大的加改装余地,可根据用户的不同需求进行改进、改型,非常适合激光扫描设备系统安装及低空地表三维数据采集。

c. 较好的经济性。售价低于国内外同用途和同档级飞机的售价,加之维护费用较低,降低了用户的采购和使用成本;该机特有的起降性能,对跑道和飞机存放条件要求都较低(露天存放即可),降低了用户的机场建设投资;对运五飞机的继承性,降低了用户对飞机换型的技术性投资;可从事农林飞行、工业作业飞行、载客旅游飞行、货物运输飞行和特殊任务飞行等,使用率高。

②运十二飞机

运十二飞机是一种轻型多用飞机,由哈尔滨飞机工业集团研制,起落架为不可收放式。该机可在目视飞行条件、仪表飞行条件,以及白天、夜间及结冰条件下执行飞行任务,有运十二 II、运十二 IV、运十二 E(图 2-13)等机型。

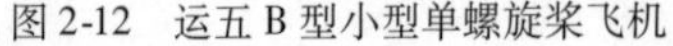
图 2-12　运五 B 型小型单螺旋桨飞机

图 2-13　运十二 E 型小型单螺旋桨飞机

其中,运十二 II 系列可载客 17 人,最大起飞重量 5.5t,最大商载 1.7t,最大携带燃油重量 1.2t,最大航程 1 340km,最大巡航速度 328km/h,最佳巡航速度 260km/h,爬升率 486m/s,实用升限 7 000m ,要求起飞场长 420m,着陆场长 620m。

在公路机载激光扫描测量中使用的固定翼飞机搭载平台,还有赛斯纳 208 等。

(2)直升机

选择直升机时,应重点考虑激光扫描设备及 GNSS 天线在机身的安装位置及方法,确保设备的安全及飞行中的稳固性,并注意 GNSS 天线是否能正常接收信号。使用直升机执行飞行任务时,就近选择合适的起落场地即可。

公路工程三维机载激光扫描测量中,搭载机载激光扫描设备的直升机主要是贝尔 206 系列(如 B3、L4),欧洲的小松鼠,国产的直-11,雷鸟直升机(即罗宾逊 R44 直升机)等。

①贝尔 206 直升机

贝尔 206 直升机(图 2-14)是美国贝尔直升机公司在 OH-4A 轻型观察直升机的基础上发展的轻型多用途直升机。这种直升机可用于载客、运兵、运货、救援、救护、测绘、农田作业、开发油田,以及行政勤务等任务。其最大巡航速度为 214km/h,实用升限 >6 100m,最大航程 624km。

②小松鼠直升机

小松鼠直升机属于欧洲直升机公司系列,机型为 AS 350,可分为单发、双发,不同类型又根据配置的差异以字母、数字组合进行区分。通常最大起飞重量 2.25t、有效载荷 1.022t、最大速度 287km/h、最大巡航速度 258km/h、最大航程 665km。其中 AS 350 单发小松鼠直升机(图 2-15)最大爬升高度 5 250m 以性能强、坚实耐用、可靠性高、使用成本低等特点而著称。

图 2-14　贝尔 206 直升机

图 2-15　AS 350 单发小松鼠直升机

③雷鸟(罗宾逊 R44)直升机

美国罗宾逊直升机公司以生产低价位、高标准、高性能的轻型直升机而信誉卓著。雷鸟(RAVEN)四座位轻型直升机(图 2-16)完全具备了这些特征。这种机型驾驶更轻松、柔和,巡航速度可高达 210km/h,而平均耗油量仅为 56L/h,最大升限 4 270m。

图 2-16　雷鸟直升机

2.4.2　车载测量平台

移动式三维扫描系统,通常采用汽车作为设备搭载平台。这类系统拥有多个相互关联的子系统,主要集成了车载激光扫描仪、惯性导航系统(INS)、CCD 相机、数据采集和记录系统、GNSS 接收机等,由激光扫描仪和摄影测量获得目标量测数据。车载扫描系统通过自动控制子系统对三维激光感应子系统进行控制和监测。当数码摄像子系统以及其他的光学感应器形成整个系统后，它们的工作范围和视场角一定要和相应的激光感应子系统很好地结合起来。不同的测量任务，对激光感应子系统的扫描定位、扫描方向和范围等方面的要求差异很大。因此，激光感应子系统的扫描范围、扫描速度、快速定位、自动改正的能力直接决定着数据采集的效率和准确性。例如，在公路测量中，由于测区地物相对比较简单，比较适于快速作业，这就要求激光感应子系统的扫描速度要比较快。

此类系统具有如下优点：能够直接获取被测目标的三维点云数据坐标，可连续快速扫描，效率高、速度快。但对于低于路面的地形、地物或凹形地势，车载三维激光扫描系统可能受其扫描角度等条件限制，无法或仅能部分获取三维空间信息。

1）平台选择要求

通常情况下，为便于设备安装及工作，建议采用车内空间较大的汽车，推荐 SUV（Sport Utility Vehicle，运动型多用途汽车）车型。这种车型空间大、动力强，同时拥有类似旅行车的舒适性和空间机能，货车的牵引力和越野能力；由于带有 MPV 式的座椅多组合功能，车辆的空间利用率更高，既可载人又可载设备，适用范围广、灵活性好。

此外，如果汽车自身带有平稳的敞露空间，如皮卡，能稳定地固定设备，也可以作为三维激光扫描设备的车载平台。

在选择具体车型时，要求车辆能提供较宽敞的空间，用于安置电源、计算机、硬盘等设备；汽车顶部较平整，能加装两条横梁，或车斗内能加装设备固定装置，用于安装激光扫描仪和数码相机。非数据采集期间，车载激光扫描测量设备亦可拆除，将其作为常规汽车使用。

2）常用平台类型

对于车载激光扫描设备来说，城市型 SUV 或越野车均可，例如途观，全顺 V348；如果是皮卡车或者汽车车顶平整，无碍于加横梁，也可采用，如皮卡、别克 GL8 商务车等（图 2-17）。

2.4.3 地面测量平台

适用于地面测量平台的激光扫描仪系统属于固定式三维激光扫描仪，它的外形类似于传统测量中的全站仪，由一个激光扫描仪和内置或外置的数码相机，以及软件控制系统组成。地面三维激光扫描一般使用扫描仪坐标系统，按其成像方式可分为全景式扫描仪、摄影式扫描仪和混合型扫描仪。

这类激光扫描仪通常带有支架，也可根据工程测量需要，利用其他物体固定进行目标量测。公路工程中，地面三维激光扫描平台可用于桥梁、隧道洞口等工点地区的精密测量。例如，采用地面三维激光扫描测量系统对桥梁进行实时监测、监控（图 2-18），及时获取精确完整的数据，可大幅提高工作效率。

2.4.4 其他测量平台

三维激光扫描设备还可借助卫星、船舶（图 2-19）、飞艇等不同平台进行扫描测量，但目前这些均鲜用于公路工程三维激光扫描勘测。

a)SUV车型三维激光扫描搭载平台

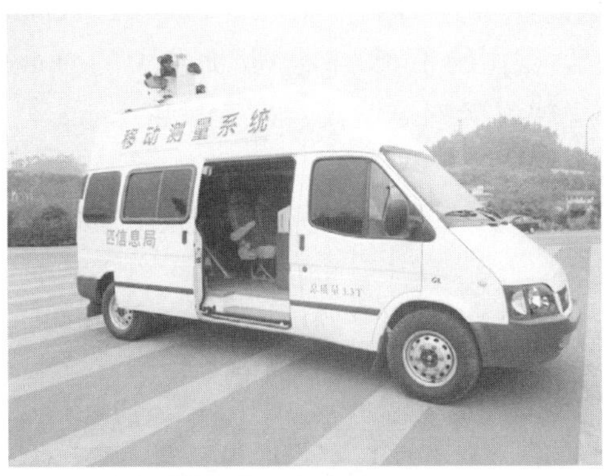

b)箱式车型三维激光扫描搭载平台

c)皮卡车型三维激光扫描搭载平台

图2-17　车载三维激光移动扫描系统

图2-18　地面三维激光移动扫描系统

图2-19　船载三维激光移动扫描系统

2.5　激光扫描测量系统

2.5.1　机载测量系统

激光技术的不断成熟,使机载激光扫描技术得到了蓬勃发展,欧美等发达地区和国家先后研制出多种机载激光扫描系统。现在,有许多国家的公司在从事这方面的工作。这些公司主要包括:德国的 TopScan 公司、加拿大的 Optech 公司、德国的 TopoSys 公司、南非的 ALS 公司等。全球著名的测绘仪器生产厂家 Leica 公司也推出了机载激光扫描测高仪 Leica ALS40、ALS50 等。

2004 年,Riegl 公司率先突破技术瓶颈,研发出数字化全波形技术。各大激光扫描系统厂商相继推出了 IGI LiteMapper5600[图 2-20a)]、Riegl CP560[图 2-20b)]和 TopoSys Harrier560 系统,激光扫描已经开始由模拟信号时代进入数字化信号时代。

a)IGI LiteMapper5600系统

b)Riegl CP560系统

图 2-20 采用 Riegl 激光扫描仪的机载激光扫描系统

2006 年,Optech 推出了自己的全数字化激光扫描系统 ALTM3100EA。Leica 公司随后推出了 Leica WDM65 模块,可以集成到 Leica ALS50-II 和 ALS60 系统中,实现全波形数据的获取。2009 年,IGI 公司在 LiteMapper5600 的基础上,对机载激光扫描系统进一步升级,基于 Riegl 公司的高精度激光扫描仪 LMS-Q680,并集成 CCNS/AEROcontol 系统,形成了完整的高精度机载激光扫描系统 LiteMapper6800;2010 年,Riegl 公司在 CP560 的基础上推出了更加先进的 CP680 机载激光扫描系统;同年,Leica 公司推出了其最新的第四代激光扫描系统 ALS70。

近几年,激光扫描系统开始向更高数据采集效率、更大采集密度以及多样化平台发展,如 Riegl 公司先后推出了高精度激光扫描系统 LMS-Q780 和 LMS-Q1560,以及无人机激光扫描仪 VUX-1(图 2-21)。

a) LMS-Q780

b) LMS-Q1560

c)VUX-1

图 2-21 近年来推出的几款重要激光扫描系统

LMS-Q780 系统,是一款适用于高空作业、具有全波形分析功能的高精度机载激光扫描系统(图 2-22),最高激光发射频率可达 400kHz,其利用了多周期回波(Multiple Time Around, MTA)技术,在空中可以同时识别高达 10 个 MTA 分区,可有效提高高空作业时的激光点采集密度，可应用于大面积和高空测图、冰川和雪原测图、岸线测图、地形和矿山、目标分类、电力巡线等领域。

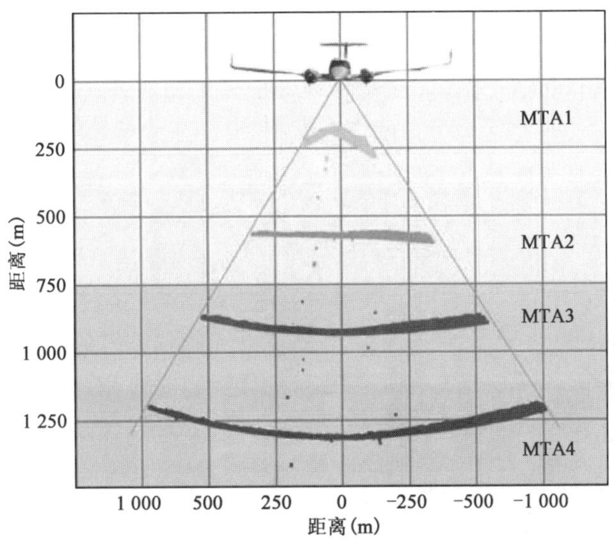

图 2-22　激光扫描数据在 MTA 空间 1 ~4 处理的示意图

而最新的 LMS-Q1560，是目前最尖端的机载激光扫描仪，在集成 LMS-Q780 原有技术优势的基础上，采用双通道的激光扫描仪，每个激光扫描通道都提供平行扫描线，同时两个通道扫描平行线彼此倾斜 28°，有效消除了扫描盲区（图 2-23）。其最高激光发射频率可达 800kHz，并可以每秒 530 000 点的速度获取扫描数据，所支持的工作海拔高度可达 5 800m，使得用户可在不同的飞行高度进行高密度数据采集工作，非常适用于高空高效率大面积的激光扫描数据获取以及复杂的数字城市高密度点云采集工作。

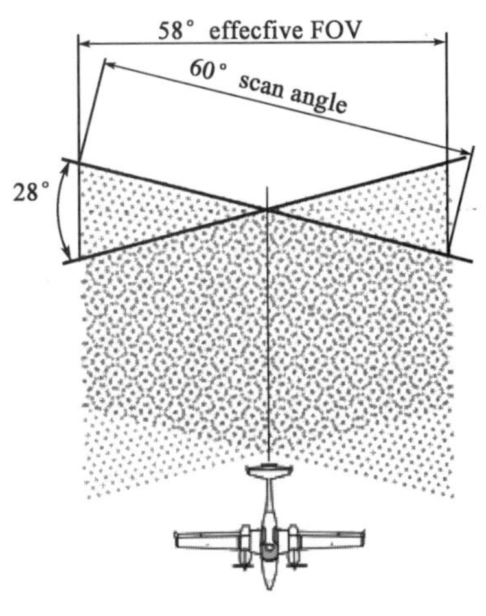

图 2-23　LMS-Q1560 系统的双通道扫描模式

VUX-1 系统，是一款针对无人飞行平台的轻便小巧型机载激光扫描仪。该系统充分考虑了无人飞行器特殊的硬件特点和飞行特性，能以任意方向进行安装，以适应无人飞行器有限的空间。其低功耗的特点，使得整个设备仅需采用单一电源供电，从而大大减轻了整个系统的重量,满足了无人机苛刻的荷载要求。测量过程中获取的数据都保存在 VUX-1 内置的 240G 固态硬盘上,并通过局域网 TCP/IP 接口,提供实时的扫描线数据显示。Riegl VUX-1 通过近红外激光束和快速线扫描原理实现了数据的高速获取。基于 Riegl 独一无二的回波数字化和在线波形处理技术,VUX-1 可实现高精度的激光测量,即使在大气条件不佳的情况下也可以获得高质量的测量结果,并且可识别多目标回波。VUX-1 采用超高速旋转镜扫描,产生完全线性、单向、平行的扫描线,进而获得均匀分布的点云数据。

各公司的每种产品在测距精度、测距范围、激光发射频率、激光安全等级、扫描角、系统采用的惯导定位精度等参数方面指标均有不同。下面介绍两种公路工程勘测中采用的三维激光扫描测量系统。

1)奥地利 Riegl 公司——CP560

机载激光扫描系统的优劣主要取决于 2D 激光扫描仪的性能。而在激光扫描仪的厂商中,生产规模最大、研究能力最强的应属奥地利的 Riegl 公司。

Riegl CP560 机载三维激光扫描测量系统(图 2-24)搭载了 Riegl LMS-Q560 激光扫描仪,该扫描仪最高发射频率可达 240 000Hz;搭载的哈苏 H3D-II39 航空相机系统分辨率达 39 000 000 像素,焦距 50mm,像元 6.8μm,能满足公路工程勘测对原始影像分辨率的要求。

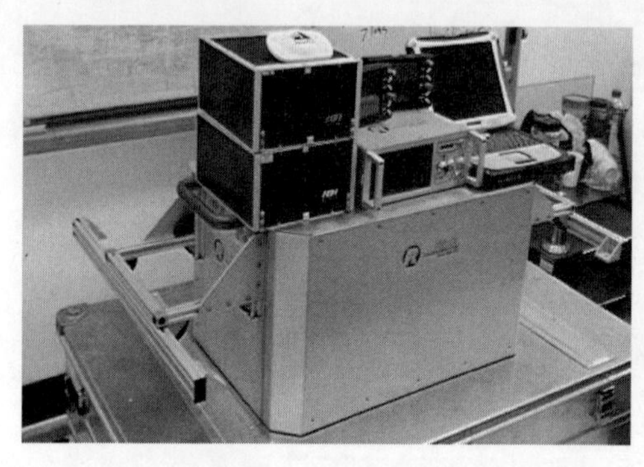

图 2-24　Riegl CP560 机载三维激光扫描测量系统

Riegl CP560 系统的主要技术参数见表 2-8。

CP560 系统主要技术参数　　表 2-8

参数类型	技术指标
激光扫描仪型号	LMS-Q560
最大激光发射频率(kHz)	24
最大扫描频率(Hz)	2～256
回波数	全波形分析,无穷次回波
扫描角(°)	45(+22.5/-22.5),60(+30/-30)
激光器安全等级	一级(安全)
激光波长	近红外
最短测量距离(m)	30
扫描方式	线扫描
扫描速度(线/s)	10～160
POS 系统(IMU)	IGI Aero Control IMU-IId
数据最大采集高度	1 000m@50kHz,800m@100kHz,550m@200kHz
角度分辨率(°)	$\Delta\upsilon \geqslant 0.004$
适用温度(℃)	0～40(工作温度),-15～50(存放温度)

惯性导航系统的主要参数见表2-9。

惯性导航系统主要参数　　表2-9

参数类型	技术指标
IMU惯性导航系统型号	IGI IMU-IId
IMU精度(RMS)(°)	侧滚≤0.005,俯仰≤0.005,航偏≤0.010
IMU机载传感器地面精度(cm)	5~10
数据采集频率(Hz)	256
光纤匝数(圈)	200
实时数据采集	<3ms滞后时间
机载传感器校准方式	全自动,空中,时间精度校准POS数据
GNSS全球定位仪类型	可植入式低噪声双频GNSS接收仪
数据采集控制子系统	桌面/便携PCS电脑系统,Windows操作系统,拥有版权的数据采集和控制软件
重量(kg)	IMU和PCS:7.5,GNSS:2

Riegl CP560机载三维激光扫描测量系统的运行性能稳定、测量精度较高,在国内若干高速公路机载三维激光测量项目中均表现出较好的技术适应性,数据质量好。

2)徕卡(Leica)公司——ALS70

Leica ALS70(图2-25)是一个能满足特殊需求,可以根据客户业务增长进行升级,提供500kHz脉冲频率的城市测量激光扫描系统。它能为狭长地形、城市、冲积平原或者大部分航空测绘提供高密度的点云,能从高海拔地区进行宽广区域测绘来获得近8km幅宽的数据,是唯一具有灵活性和高效性且不影响数据质量和精度的激光扫描系统。它提供的3种型号ALS70-CM、ALS70-HP、ALS70-HA公用1个平台(高性能激光器、扫描仪、电子设备、位置/姿态定位定向系统、用户界面、飞行计划执行软件)来满足多种用途的航空测量需要。

图2-25　Leica ALS70机载三维激光扫描测量系统

ALS70系统的主要技术参数见表2-10。

ALS70系统主要技术参数　　表2-10

参数类型	各类设备技术指标		
	ALS70-HA高空	ALS70-HP高频	ALS70-CM城市制图
最高相对航高(m)	5 000	3 500	1 600
最大脉冲频率(kHz)	250	500	500
视场角(°)	0~75		
扫描线路方式	正弦形/三角形/平行线可选		
最大扫描频率(正弦形)(Hz)	100	200	
最大扫描频率(三角形)(Hz)	70	140	
最大扫描频率(平行线)(Hz)	40	80	

续上表

参数类型	各类设备技术指标		
	ALS70-HA 高空	ALS70-HP 高频	ALS70-CM 城市制图
回波次数	无限多次		
强度信号次数(次)	3		
存储器大小	500GB SSD		
存储时间(h)	12	6	
扫描头尺寸重量(cm,kg)	37×68×27,43	37×68×26,43	
控制器尺寸重量(cm,kg)	45×47×36,45		

2.5.2 车载测量系统

相比机载激光扫描测量系统,车载激光扫描测量系统的研发相对落后,其技术难度也更大。20 世纪 80 年代,相关学者已经开展了车载移动测量技术的理论研究。加拿大的一些省政府及美国州政府提出了移动式高速公路设施维护系统(Mobile Highway Inventory System, MHIS),加拿大的卡尔加里大学研发了 Alberta MHIS 系统。最早的移动车载系统使用航位推算传感器来获取位置和姿态信息,包括陀螺仪、加速度计和里程计等设备,利用相对定位原理求解点的坐标,汽车上架设相机,拍摄公路设施的现状,及时为公路维护单位提供信息。不过,当时的 MHIS 定位精度较差,但是其技术前景吸引了大量的学者和工程技术人员。

随着全球定位系统 GNSS 技术的发展,GNSS 能为移动平台提供绝对的位置坐标,1988 年,加拿大 Alberta MHIS 系统首先采用差分 GNSS 定位技术,并引入惯性导航 INS 系统,但停滞于理论研究和原型设计阶段,未能形成有效的商业产品。1991 年,美国俄亥俄州立大学成功研制完成了第一个现代意义的车载移动测量系统——GPSVan。GPSVan 的原型设计是使用 GNSS、里程计和直接地理定位来提供导航参数,装配 2 台能连续拍摄的模拟相机,自动快速地获取影像数据,经数据处理与分析,以立体像对的方式采用近景摄影测量原理求解地面点的三维空间坐标[图 2-26a)]。1994 年起,加拿大卡尔加里大学成功地将 INS/GNSS 组合系统装载到 Alberta MHIS 系统中,发展成为第一代的车载移动测量系统 VISAT[图 2-26b)]。

a)第一代GPSVan系统

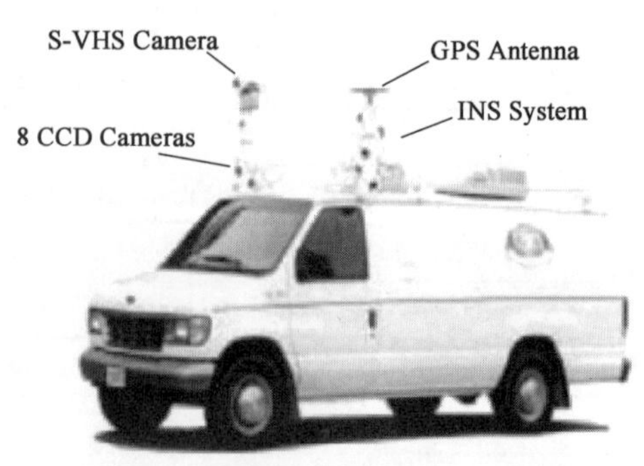

b)第一代VISAT系统

图 2-26　国外的车载激光扫描系统

20 世纪 90 年代以来，众多车载移动测量系统相继出现。典型的代表有：

日本 Topcon 公司的 IP-S2 系统。该系统配置了 Topcon 公司的双频 40 通道的 GNSS 接收机，工作频率为 20Hz；定姿系统采用基于环形激光陀螺的 Honeywell HG1700 IMU，工作频率为 100Hz 左右；此外，还在车轮上安装了 DMI 系统进行补充，DMI 有一个轴角编码器，工作频率为 30Hz，从而提供整体的定位能力。在影像获取方面，基于 LADYBUG 的多相机成像单元，能以每秒 15 帧的速度进行 360°的全景成像（图 2-27）。

IP-S2 使用 3 个 SICK LMS 291 扫描仪，其扫描频率为 75Hz。目前，Topcon 已经基本上完全采用了集成的 VELODYNE HDL-64E S2 高精度激光扫描仪，取代了原有的 SICK 激光扫描仪。新的 VELODYNE HDL-64E S2 高精度激光扫描仪由一连串的 64 组激光器构成，可以每秒 130 万个点的速度输出 3D 数据。目前，国内已经引进了其相关产品用于街景三维数据的采集。

图 2-27　Topcon 公司的 IP-S2 系统

美国 Trimble 公司的 Trimble MX 系列车载激光扫描系统。目前最新型号为 Trimble MX8，这个系统集成了 2 个 Riegl VQ-250 扫描仪和一个由 6 个 500 万像素的数码相机组成的全景成像系统，以及另一个进行表面成像的 5MP 相机（图 2-28）。此外，Trimble 公司还配备了一系列的软件包，包括用来进行数据采集的 Trimble Trident-3D，用来进行数据提取和处理的 Trimble-3D Analyst，后者能够完成半自动检测，标识和提取标志、电线杆、巷子或者其他垂直的空隙。

奥地利 Riegl 公司的 VMX-250 车载激光扫描系统。该系统集成了 2 个 Riegl VQ-250 扫描仪、惯性测量单元 IMU、卫星导航硬件系统，以及用于数码相机和摄像机固定的安装点（图 2-29）。每个 VQ-250 在二维平面里可提供一个 360°的扫描。脉冲重复率（PRP）高达 300kHz，线性扫描速度可达 100 线/s，而测量范围为 200m（反射率 80%），且精度达到 10mm。

图 2-28　美国 Trimble 公司的 Trimble MX8 系统

图 2-29　奥地利 Riegl 公司的 VMX-250 系统

加拿大 Optech 公司的 Lynx 车载激光扫描系统（图 2-30）。该系统集成了 2 台激光扫描仪和 2 台面阵相机，激光扫描仪的最远测距有 100m 和 200m 两种，Lynx 于 2008 年引入中国市

场,国内的天津星际空间地理信息工程有限公司和中科院深圳先进技术研究院采购了该产品,该设备已经成功应用于多个城市的三维数字城市建设、公路信息化管理等领域。

国内许多高校、科研院所及空间信息公司,对车载移动测量系统的研发开展了大量工作。相关产品主要包括 WUMMS、LD-2000™、3Dsurs、SSW、3DRMS。

广州中海达卫星导航技术股份有限公司于2013 年推出了 iScan 一体化三维激光扫描测量系统(图 2-31),该系统已成功用于矢量地图数据建库、三维地理数据制作和街景数据生产。

图 2-30　Lynx 车载激光扫描测量系统

图 2-31　iScan 车载激光扫描测量系统

目前,国内研发的车载激光扫描系统,已经广泛应用于三维数字城市建设、街景地图服务、城管部件普查、交通基础设施测量、矿山三维测量、航道堤岸测量、海岛礁岸线三维测量等领域。

车载 LiDAR 系统具有测定快速、可随时上路施测、采集点密度大、精度高等优势,其测距精度达 5mm。本节就国内公路行业常见的两种车载三维激光扫描测量系统作简要介绍。

1)英国 3DLM 公司——StreetMapper360

英国 3DLM 公司和德国 IGI 公司联合推出了商业化的移动测图系统——StreetMapper 。该系统集成了 2 台或 3 台 Riegl VQ-250 激光扫描仪,同时还配有 2 台视频相机以及 GNSS/IMU 定位定姿设备,综合测点精度达到厘米级,测程可达 300m,扫描频率高达 200kHz。(图 2-32)。

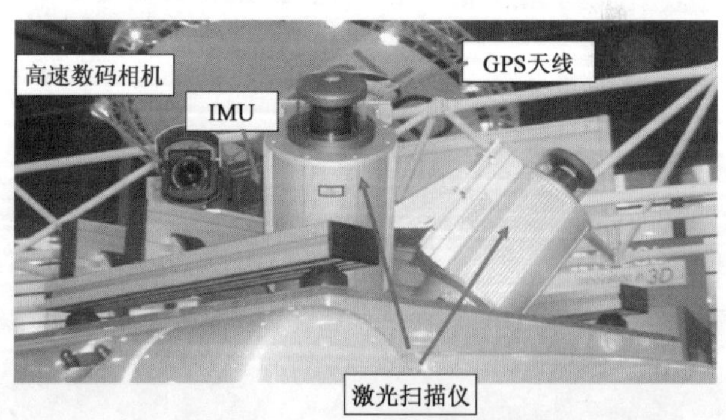

图 2-32　StreetMapper360 车载激光扫描测量系统组成

StreetMapper 顾名思义是机载系统 LiteMapper 的车载版。StreetMapper360 具有能快速测定道路、能随时上路施测以及费用比航飞要低廉等优势。不过,由于地面上接收 GNSS 信号的条件远不如航空,故设备在研制时即在信号失锁处理方面下了功夫。IMU 结合测速器有效地解决了这一问题,使得直接测量隧道也已成为可能。

此外,作为航空测量的补充,车载激光扫描系统是完善三维城市模型等高精度、高分辨率应用的最佳手段之一。StreetMapper360 便携式的创新设计建立了一个方便的安装系统和紧凑的控制盒动力单元，它是一个基于激光扫描、移动的地形测绘系统（图 2-33）。

StreetMapper360 车顶架上还装有 2 台左右两视的 AVT Pike F421C 型高速彩色数码成像系统。定位定向采用 TerraControl 高精度 GNSS/IMU 组合系统，并内配有直接惯导辅助定位功能（Direct Inertial Aiding，DIA），可有效地解决 GNSS 信号失锁问题。数据预处理使用 Terra Office 软件，进行差分 GNSS 和 IMU 数据的联合处理，内含 GrafNav 全功能 GNSS 数据处理软件。激光数据的预处理（地理编码、投影、变换和生成点云等）使用的是 RiWORLD。用户可自行选择数据后处理软件，也可使用目前国际上较为常用的芬兰 TerraSolid 公司的几个产品，如用于激光点数据滤波及分类的 TerraScan、对激光点进行数字建模的 TerraModeler、进行正射影像生成的 TerraPhoto 等。

图 2-33　StreetMapper 360 车载激光扫描系统

由于其独特的 IMU 系统设计，StreetMapper360 的适用领域可包括道路测量、道路事故现场再现、城镇测量、隧道测量、露天矿测量、海岸线测量、水上河流沿岸测量、数字城市、电力网测量等（图 2-34）。

图 2-34　StreetMapper360 海岸线测量数据（红线是风筝线）

2）首都师范大学——SSW

车载激光建模测量系统 SSW，是首都师范大学、中国测绘科学研究院北京四维远见信息技术有限公司和青岛市光电工程技术研究院等单位联合研制的（图 2-35）。

图 2-35　首都师范大学等联合研制的移动激光测量设备 SSW

该系统对高精度的国产激光扫描器和IMU等关键部件进行了检测和校正，并按照5种传感器进行集成，实现了多传感器的空间同步、时间同步和系统的综合检校，形成了完整的车载激光建模测量系统，满足了高精度测量与三维建模需求。成果在国土测绘、交通运输、市政勘测、灾害监测等方面应用示范，形成了从数据的快速采集到自动化处理的整套作业流程。

SSW车载激光建模测量系统的研发自2004年开始，在北京市"211工程"专项、北京市教育委员会、北京市科技委员会等支持下进行车载激光扫描系统的研制，并于2006年获得国家"863计划"的支持。系统核心部件全部实现国产化，数据精度高，100m范围内正常扫描三维坐标精度优于0.1m，精密路面高程测量精度优于0.02m。扫描距离远，无论是城市三维建模里的高层建筑测量，还是大规模道路改扩建工程测量，都可以完成2.2m至300m范围内的测量。

系统目前已经应用于地图修测、道路设施调查、高级驾驶辅助系统（ADAS）路面信息采集、首钢遗址三维建模等，在四川省的全省地理省情监测、摩梭家园文化建设与保护、测绘应急保障体系建设、数字城市建设、大比例尺测图等多方面开展了广泛的应用，还跨出国门与纽约州立大学合作开展了美国五大湖生态调查，与纽约高速公路管理局合作开展了道路资产调查。

SSW按应用需求可以配置线阵、面阵以及全景3种不同的CCD相机，形成了系统控制、系统检校、数据融合、影像与点云套合、点云分类等多套核心软件，目前系统已经在多个领域得到应用，并且在国内市场进行销售，其价格大概约为国外同等产品的三分之一。

2.5.3 地面测量系统

地面三维激光扫描技术经过几十年的发展，硬件技术已经比较成熟，国外公司生产了许多商用的地面激光扫描测量系统和数据处理软件，这些三维激光扫描仪的扫描距离近到0.8m，远到6 000m，部分仪器还内置了数码相机，在获取目标物体空间坐标与反射率的同时，还可获得颜色信息。

目前，地面激光扫描测量系统的生产商主要有Leica公司、Trimble公司，Riegl公司和Optech公司等。其中，Leica公司在2001年收购了Cyra公司，开发了HDS（High Definition Surveying）系列的地面激光扫描测量系统，以及ScanStation系列产品。各项指标均在不断提高，以满足不同行业的需要（图2-36）。

a) ScanStation C10

b) HDS8800

图2-36　Leica地面激光扫描测量系统

美国的 Trimble 公司于 2003 年收购了 Mensi 公司，通过收购形式进入地面三维激光测量系统领域，在 Mensi 公司的技术支持下，推出了 S 系列激光扫描仪、G 系列激光扫描仪和远距激光扫描仪等(图 2-37)。

a) Trimble GX200

b) Trimble VX

图 2-37 Trimble 地面激光扫描测量系统

奥地利 Riegl 公司是专门的机载、车载和地面激光扫描设备研究制造商，以生产激光测量设备闻名。其推出的地面激光扫描测量系统有 LMS 系列、LPM 系列和 VZ 系列(图 2-38)。

a) Riegl VZ-400

b) Riegl LPM-321

图 2-38 Riegl 地面激光扫描测量系统

加拿大 Optech 公司以生产机载激光扫描仪闻名。其中，ILRIS-36D 是一台完整的、完全便携式的激光影像与数字化测图系统，ILRIS-LR 的测距长度能达到 3 000m(图 2-39)。

此外，生产地面三维激光扫描仪的厂家还有美国的 Faro 公司、德国的 Z + F 公司、英国的 3D Laser Mapping 和澳大利亚的 I-SITE 等。当今市场上主流的地面三维激光扫描测量系统的型号及性能指标如表 2-11 所示。

a) Optech ILRIS-36D

b) Optech ILRIS-LR

图 2-39　Optech 地面激光扫描测量系统

当今市场上主流的地面三维激光扫描测量系统的型号及性能指标　　表 2-11

参数类型	Leica 瑞士	Riegl 奥地利	Optech 加拿大	Faro 美国	Surphaser 美国	Z + F 德国	Topcon 日本	Trimble 美国
产品型号	ScanStation C10	VZ400	ILRIS-3D	FOCUS 3D	25HSX	Imager5010	GLS1500	Trimble GX
扫描类型	脉冲式	脉冲式	脉冲式	相位式	相位式	相位式	脉冲式	脉冲式
最大脉冲频率(Hz)	5 万	30 万	3500	97.6 万	120 万	101.67 万	3 万	3 万
波长(nm)	532	1 550	1 535	905	685	1 350	1 535	690
激光等级	3 级	1 级	1 级	3R 级	3R 级	1 级	1 级	3R 级
射程(m)	0.1 ~ 300	1.5 ~ 600	3 ~ 1 700	≤153	0.2 ~ 70	0.3 ~ 187	≤300	≤350
视场范围($H \times V$)	360° × 270°	360° × 100°	360° × 110°	360° × 305°	360° × 270°	360° × 320°	360° × 70°	360° × 270°
测距精度	2mm@100m	2mm@100m	7mm@100m	2mm@25m	0.5mm@8m	1mm@50m	4mm@150m	7.2mm@100m
扫描控制及数据处理软件	Cyclone & Cloudworks	RiScan Pro	Polyworks	SCENE & Pointtools EDIT & Rhinoceros	Surph Express	Laser Control & Light FormModeller	ScanMaster	Trimble FX Controller & 3Dipos RealWorks
数码相机	内置	外置	内置	内置	—	外置	内置	内置
工作温度(℃)	0 ~ 40	0 ~ 40	0 ~ 40	5 ~ 40	5 ~ 45	-10 ~ 45	0 ~ 40	5 ~ 45

图 2-40　Riegl VZ-6000 地面三维激光扫描仪

在国内,2007 年,在中国科学院知识创新工程重要方向项目的支持下,中科院光电研究院研制了一套地面三维激光扫描仪原理样机。2011 年底,中科院上海光学精密机械研究所与杭州中科天维有限公司联合推出了"地基全视景三维成像激光扫描仪",并进行了多次扫描试验。

地面激光扫描仪在公路工程勘测中可用于隧道洞口、桥梁等工点地区的精密测量,也可以用于对公路基础设施重要构件的三维扫描,建立精密的表面三维模型以进行外观定损、形变监测等。本节以 Riegl VZ-6000、ILRIS-LR 两种地面三维激光扫描仪为例,简要介绍其性能。

1)Riegl VZ-6000

Riegl VZ-6000(图 2-40)是奥地利 Riegl 公司最新推出的 V

系列三维激光扫描仪,并内置有500万像素数码相机和7英寸(1英寸=25.4mm)彩色显示触屏(图2-41),具备远达6 000m的超长距离测量能力,能基于独一无二的数字化回波和在线波形分析功能,实现超长测距。VZ-6000甚至可以在沙尘天、雾天、雨天等能见度较低的情况下使用,并进行多重目标回波的识别,在矿山等复杂的环境下也可轻松使用,它独特的激光波长还特别适用于雪地和冰川的测量。

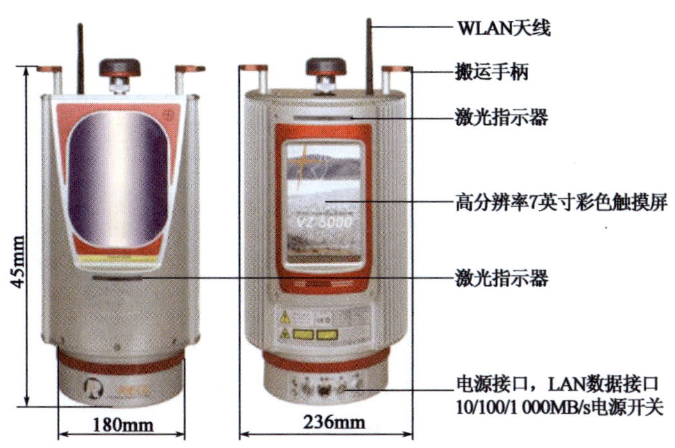

图2-41　Riegl VZ-6000地面三维激光扫描仪部分组件说明

Riegl VZ-6000的主要技术参数见表2-12、表2-13。

Riegl VZ-6000测量范围参数　　表2-12

脉冲频率(Hz)	30	50	150	300
每秒可量测数(meas./sec)	23 000	37 000	113 000	222 000
最大测量距离(m) 自然目标$\rho \geq 90\%$ 自然目标$\rho \geq 20\%$	 6 000 3 600	 6 000 3 600	 4 200 2 400	 3 300 1 800
目标回波接收的最大数量	几乎为无限次回波			
NOHD(裸眼观测的安全距离)(m) ENOHD(通过设备观测的安全距离)(m)	85 1 050	85 1 050	45 690	28 245
精度(mm)	15			
重复精度(mm)	10			
最小测量距离(m)	5			
激光波长	近红外			
激光发散角(mrad)	0.12			
激光光斑	15mm@exit，60mm@500m，120mm@1 000m，240mm@2 000m			

Riegl VZ-6000扫描工作参数　　表2-13

参数类型	垂直扫描(线扫描)	水平扫描(面扫描)
扫描机制原理	旋转反射镜(旋转/振荡/渐进)	旋转激光头
视场范围	全景60°(+30°/-30°),全视角	最大360°
扫描角速度	100°/s~14 400°/s	0°/s~60°/s

续上表

参数类型	垂直扫描(线扫描)	水平扫描(面扫描)
角度步频率(连续两激光光斑间)	$0.002° \leqslant \Delta\theta \leqslant 0.280°$	$0.002° \leqslant \Delta\varphi \leqslant 3°$
角度测量分辨率	优于0.000 5°(1.8arcsec)	
GNSS接收机	内置	
存储/操作温度	-10℃~50℃(存储)/0℃~40℃(操作)	
低温操作温度	-20℃:在0℃以上的温度环境下开机,可连续进行扫描工作	
内置数码相机分辨率	视场范围7.2°×5.5°(垂直×水平) 分辨率2 560×1 920像素(5M),自动曝光控制	

2)ILRIS-LR

ILRIS-LR也是一款测距能力较强的地面三维激光扫描仪(图2-42),具有高点密度的扫描能力,其主要特征是有10kHz的激光发射频率,测距能力可达3 000m,同时能扫描冰、雪以及湿的地物表面等。此设备的主要优势是能快速进行数据获取,减少测站设置,完成冰、雪的三维建模,可以进行全天候扫描。

ILRIS-LR系统的主要技术参数见表2-14。

ILRIS-LR系统主要参数 表2-14

参数类型	技术参数	参数类型	技术参数
测距能力@80%反射率(m)	3 000	激光光斑直径	27mm@100m
测距能力@10%反射率(m)	1 300	激光光束发散角	0.014 324°(250μrad)
最小测量距离(m)	3	激光波长(nm)	1 064
激光发射频率(Hz)	10 000	激光等级	3
原始测距精度	7mm@100m	内置数码相机分辨率(像素)	310万
原始角度精度	8mm@100m	大小($L \times W \times H$)(mm)	320×320×240
角度分辨率	0.001 146°(20μrad)	重量(kg)	14
最大点间距	2mm@100m	操作温度(℃)	0~40
旋转速度(°/s)	0.001~20	存储温度(℃)	-20~50
最小旋转角分辨率	0.001 146°(20μrad)		

图2-42 ILRIS-LR地面三维激光扫描仪

2.5.4　手持激光扫描仪

加拿大 Creaform 公司生产的 EXAscan 高精度、高分辨率扫描仪(图 2-43),隶属于 ANDYSCAN 3D 自定位扫描产品系列,具有操作灵活、形式自由的特点,是一款便携自定位手持式三维激光扫描仪,能够执行精确的 3D 扫描任务。

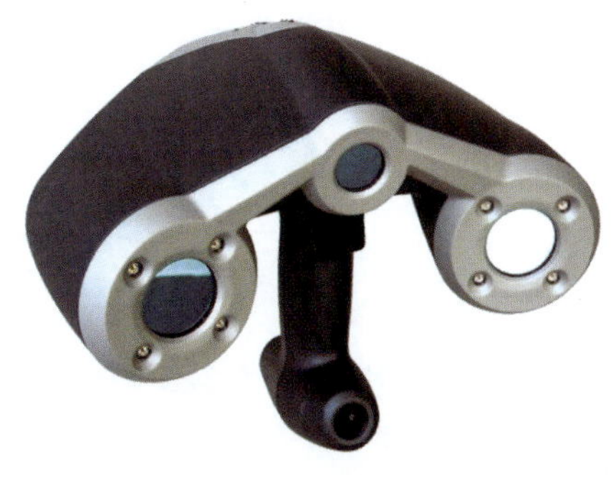

图 2-43　EXAscan 手持激光扫描仪

EXAscan 手持激光扫描仪,可用于多种用途。主要用于检测领域,分析和报告公路设施复杂构件的几何尺寸,扫描任何尺寸的物体,生成检测和比色分析报告;或用于复杂设施构件的 3D 建模,进行公路构造物复杂形状获取、物体表面重构、3D 存档、路产设施破坏评估等。

主要技术参数见表 2-15。

EXAscan 手持激光扫描仪设备参数　　表 2-15

参数类型	技术参数
重量(kg)	1.25
尺寸(mm)	172 × 260 × 216
测量速率(次/s)	25 000
激光类别	II(人眼安全)
xyz 轴解析度(mm)	0.050
精确度(mm)	最高 0.040
体积精度 *	0.020mm + 0.100mm/m
体积精度 *(结合 MaxSHOT 3D)	0.020mm + 0.025mm/m
基准距(mm)	300
景深(mm)	±150
激光截面积(mm × mm)	210 × 210 60 × 60(高清晰度)
纹理分辨率	不适用
纹理颜色	不适用

注:* 根据 ISO 10360 标准,体积精度被定义为独立于尺寸的值。

第3章 新建公路激光扫描测量技术

3.1 引 言

当前,我国国家高速公路网已经基本建成。随着国家公路网的进一步完善,特大桥、特长隧道,特别是跨江特大桥、跨江特长隧道,以及国家公路网“断头路”、老少边穷地区公路基础设施建设,是未来公路交通基础设施建设的难点。公路建设的这些区域,地形地貌条件将更加复杂,工程建设环境将更为艰巨,高精度大比例尺三维地形数据的快速获取将是新建公路工程测设中的首要难题。

采用常规的低空大比例尺航空摄影测量方法,一方面难以克服光学成像中地形陡峭区域阴影造成的地形数据难以获取问题;另一方面,高覆盖率的地表植被导致地面数据的精度极低,人工地面控制点的选取困难,布设、测量工作量大。常规的公路航空摄影测量方法,其深度只能达到初测阶段的方案比选要求,用于定测与施工图设计还需要补充大量的人工地面测量。新建公路工程多位于地貌复杂、地势险峻、人烟稀少地区,不仅桥、隧比例高,工程条件艰苦,通视条件差,且很多地区人力难以到达,GNSS-RTK、全站仪等人工地面测量工作也极难开展,无法适应工程测量的需要。

激光扫描测量这一新兴空间信息技术的出现,为攻克困难复杂地区公路建设中的测设关键技术难题提供了先进的技术解决方案。激光扫描测量具有测量精度高、测量数据完整可靠、可进行大面积作业等显著优势,而且具有对天气要求宽松、穿透力强、能克服地面植被影响、不受阴影影响等显著优点,能全天候、高精度、高密度、快速度和低成本地获取三维地面数据,在气候多变和地表环境复杂地区的工程建设中具有极强的技术适应性。由于每个激光数据均带有真实的三维坐标,测量精度高,对地面基站和地面控制点的数量要求也极少,使得人工野外作业量大大降低,在艰险的工程环境中,有效保障了测量人员的人身安全,数据采集及处理周期也极大缩短;而数据的高密度、高精度特性,使得一次测量即可满足初测、详测需要,不仅降低了测量总成本,更有效地保障了测设工期的顺利进行。

激光扫描测量成果不仅适用于公路建设的规划、方案比选与设计,更为重要的是,它将航测应用从初测阶段推进到了详测阶段,既满足施工图设计要求,又缩减了公路测设周期,提升了测设技术水平与质量,是困难复杂地区公路基础设施建设的重大技术。从航空摄影测量到激光扫描测量,是我国公路勘察设计行业测设技术发展中的一个巨大飞跃。

新建公路工程通常采用机载激光扫描测量,机载激光扫描勘察设计工作程序主要包括:

(1)高精度激光扫描数据采集。

(2)激光扫描测量数据精化处理。

(3)大比例尺3D数字产品生产。

(4)激光扫描测量与公路CAD协同设计。

3.2 激光扫描数据采集

如何利用机载激光扫描测量系统获取高精度、可靠的三维地表数据,是保证后继数据处理质量的关键前提。新建公路所在的山岭重丘地形,由于地形起伏剧烈,相对高差大、坡度陡,地形条件复杂,如有沟谷、峡谷、悬崖、陡坡、地形断裂带、河流边缘等,且往往植被比较茂密,这些都给数据采集增加了困难。为了获取更准确、更逼近真实地表的原始地形数据,需要根据项目的精度要求、特点、测区地形地貌特征,选择合适的航空激光扫描系统,进行合理的航线设计,布设满足精度要求的地面控制点。

3.2.1 激光扫描系统和平台选择

公路交通基础设施建设的勘察设计阶段不同,对基础地形资料的比例尺大小及其精度要求也存在差异。初测与初步设计阶段,需要1∶2 000比例尺的地形资料用于路线方案比选与优化;定测与施工图设计阶段,横断面高程测量精度需要优于0.20m。为实现激光扫描测量技术贯穿于新建公路勘察设计的可行性研究、初测与初步设计、定测与施工图设计的各个阶段,做到一次采集数据,多个阶段使用,在项目实施之初就需要按照定测与施工图设计阶段的标准严格要求,而选择合适的激光扫描系统和搭载平台十分关键。

1)激光扫描系统选择

激光扫描技术采用激光测距原理进行地表三维数据的测量,其主要优势是能快速、高密度、高精度获取三维地表数据。选择合适的激光扫描系统,对于新建公路激光数据采集十分重要。激光扫描系统的选择主要从以下方面考虑:

(1)激光扫描仪类型

根据扫描方式的不同,三维激光扫描仪可分为基于时间—飞行差的脉冲式激光扫描仪和基于相位差的相位式激光扫描仪。两种激光扫描仪的特点对比是,脉冲式三维激光扫描仪,扫描距离远,精度好,扫描速度慢,主要用于测绘、矿山、水利水电、隧道、铁路、地质变形监测、城市规划等大型长距离测量;相位式三维机光扫描仪,扫描速度快,精度高,但扫描距离短,主要用于考古、飞机轮船等工业制造业、管道、石油钻井平台、科研、医学、影视等密集复杂测量。在公路勘察设计中,主要采用脉冲式三维激光扫描仪,能接收无穷次回波。

(2)发射频率

脉冲激光的发射频率也即脉冲重复频率(Pulse Repetition Rate,PRR),它表达的是激光器每秒钟所发射的脉冲激光的个数,即赫兹。激光脉冲的发射频率越高,在单位时间内所发射的激光点云的数量越多。不同的激光扫描系统,激光脉冲的发射频率不同。在公路勘察设计中,应尽可能挑选PRR高的激光扫描仪,以提高激光点云密度。

公路激光扫描测量采用的激光扫描仪需支持的最高发射频率可以根据式(3-1)确定:

$$f_p = \frac{1}{800} h \times \theta \times v \times p_d \tag{3-1}$$

式中:f_p——激光扫描仪需支持的最高激光发射频率(kHz);

h——飞行航高(m)；

v——飞行速度(m/s)；

p_d——所需要的点密度(个/m^2)；

θ——视场角(rad)。

(3)最大量测距离

脉冲式三维激光扫描仪能够精确测定的最远距离，主要受激光功率、光束的发散性、大气折射率、地物反射率、探测器分辨率等因素影响。激光打到反射率越高的物体，所反射回来的激光信号越多，强度越高，因此，激光扫描仪的射程也越远。在公路勘察设计中，应根据测区地形地貌状况，选择最大量测距离符合要求的激光扫描仪。

(4)激光扫描精度

脉冲式三维激光扫描仪的测量重复性好，受光线影响小，但是当垂直扫描角度较大时，激光点云的斑点形状变形会使精度有所降低。每一款激光扫描系统出厂时，厂家都会标定其产品的测量精度，但由于精度与所使用的标靶的反射率和形状以及垂直扫描角度密切相关，而厂家的标称精度全是在最理想的标靶情况下得出的，因此，在选择激光扫描仪时，应选择标称精度可靠的激光扫描系统。一般地，公路工程采用的激光扫描仪的标称精度宜优于50mm。

(5)POS 精度

POS 系统由动态差分 GNSS 定位系统和惯性导航系统(INS)组成。GNSS 用于确定激光扫描信号发射参考点的空间位置，INS 用于测定扫描装置的主光轴姿态角，即俯仰角、侧滚角和航偏角。GNSS 定位数据与 INS 定姿数据相结合，可对激光扫描和成像进行快速定位。激光扫描仪的 GNSS 空间定位精度平面宜优于 0.05m，高程宜优于 0.10m，且应为双频 GNSS 接收机。为满足激光扫描系统的定位精度，新建公路激光扫描仪的 INS 精度可以根据航飞高度按表 3-1 确定。

侧滚、俯仰和航偏角测量精度要求 表 3-1

航飞高度(m)	侧滚、俯仰角(°)	航偏角(°)
500	≤0.010	≤0.015
800	≤0.005	≤0.008

2)搭载平台选择

新建公路激光扫描的航摄平台主要有固定翼飞机、直升机或其他小型飞行器等，需要根据项目实际情况，选择合适的机载激光扫描系统搭载平台。常用的固定翼飞机有运五、运八、运十二、赛斯纳 208、安 30 等；常用的直升机有小松鼠、贝尔 206、欧直 AS350、欧直 EC120、罗宾逊 R44 等。航摄平台应满足航空飞行安全及航摄飞行技术要求。正在发展的平台有低空无人机、飞艇等，但目前尚处于试验阶段。

使用固定翼飞机作为机载激光扫描系统搭载平台时，需要专门选取距离测区较近的机场作为起降场；直升机往往具备不依赖机场起降的能力，应在航空摄影作业前选择合适的起降场和备用场地，并尽量分布在测区中部以便于飞行调度。无论是使用固定翼飞机，还是使用直升机，均要求飞机停机位四周视野开阔，视场内障碍物的高度角不宜大于 15°，避免 GNSS 信号接收失锁。

为保证新建公路激光扫描点云数据的密度和成果精度，可优先采用直升机为激光扫描系统的搭载平台。利用小型直升机获取激光扫描数据，主要有如下优点：

(1)飞机起降方便，不需要专门的机场，航空飞行易于实施。

(2)飞行姿态平稳，操纵灵活。

(3)能够进行超低空、低速飞行，有利于获取更密集、更精确的激光扫描数据。

飞机姿态保持由飞机导航用 GNSS 设备承担，在航迹修正，飞机的俯仰、横滚与侧滚的控制方面均需达到较高的精度要求。

3.2.2　数据采集设计

1)航摄参数设计

新建公路工程利用机载三维激光扫描测量，除了要代替常规的航空摄影测量进行 1∶2 000 比例尺 3D 数字产品生产，还需进行桥址、隧道洞口等工点 1∶500 大比例尺地形图的制作，并代替人工横断面测量及中桩高程测量校核。因此，新建公路对机载三维激光扫描测量的精度要求较高，在实际公路工程勘察设计中，一般要求机载三维激光扫描测量的精度达到平面优于 0.5m，高程优于 0.2m。

根据成果需要达到的平面、高程精度指标，本着高效、经济的原则，确定原始影像的地面分辨率和原始激光点云数据密度。激光脚点的密度确定后，即可确定机载激光扫描数据采集的飞行相对航高和飞机地速等其他相应的作业参数。激光脚点的密度直接影响到脉冲发射频率的选择。如果想获取高密度激光脚点，就需要提高激光脉冲频率。而提高了激光脉冲发射频率，就需要相应地降低飞机飞行的高度。但飞机飞行高度的降低会导致激光扫描带宽变小。因此，应综合考虑仪器设备的性能、地形、地势、高差、摄区形状、航高、航向重叠度、旁向重叠度和航行协调等一系列要素进行航摄参数设计。

航摄参数设计应符合以下规定：

(1)扫描参数包括扫描频率、激光视场角度、激光发射频率、激光能量等，参数之间相互约束，需要综合考虑。

(2)从高效、经济的原则出发，以满足精度要求为前提，综合考虑测区地形、高差及地物覆盖情况。

(3)激光光斑大小与航高、发射角有关，设计时需综合考虑成图精度及地形起伏状况。

(4)设计激光能量和航高时，保证地面人体的安全。

(5)扫描参数设计时应综合考虑激光扫描宽度与相机的匹配，激光点密度、测点精度与测图精度的关系，测距能力与地物反射率的关系等。

机载三维激光扫描仪的扫描带宽可以根据式(3-2)确定：

$$W_s = 2H \times \tan\left(\frac{\theta}{2}\right) \tag{3-2}$$

式中：W_s——激光扫描仪扫描带宽(m)；

H——飞行航高(m)；

θ——视场角(rad)。

对系统而言，系统的扫描角 θ 是系统性能的一个参数。

航向激光脚点间距与飞行高度无关,只与飞行速度和扫描频率有关,可以根据式(3-3)确定:

$$dX_{航向} = \frac{V}{f_{sc}} \tag{3-3}$$

式中:$dX_{航向}$——航向激光脚点间距(m);

V——航飞速度(m/s);

f_{sc}——扫描频率(Hz)。

旁向激光脚点间距与扫描带宽 W 和每条扫描线上的激光点数 N 相关,可以根据式(3-4)和式(3-5)确定:

$$dX_{旁向} = \frac{W_s}{N} \tag{3-4}$$

$$N = \frac{F}{f_{sc}} \tag{3-5}$$

式中:$dX_{旁向}$——旁向激光脚点间距(m);

W_s——扫描带宽(m);

N——每条扫描线上的激光点数;

F——脉冲发射频率(Hz);

f_{sc}——扫描频率(Hz)。

新建公路工程机载三维激光扫描数据采集的主要技术参数推荐值详见表3-2。

新建公路工程机载三维激光扫描数据采集要求 表3-2

参数类型	参考值	参数类型	参考值
激光点云密度(个/m^2)	≥4	点云旁向重叠度(%)	≥10
数码影像地面分辨率(m)	≤0.2	影像航向重叠度(%)	≥56
飞行相对航高(m)	≤800	影像旁向重叠度(%)	≥15
飞机地速(km/h)	≤180		

2)航线设计

航线设计是进行机载三维激光扫描测量的关键工作,对于获取数据的质量及航飞的安全起到十分重要的作用。航线设计既要保证制定的主要技术参数得以实现,又要确保数据采集不存在数据空洞。机载三维激光扫描数据采集应首先按路线方案及互通式立体交叉、桥梁、隧道等工程方案进行数据采集范围的确定。一般地,新建公路工程数据采集范围宜超过路线方案中心线两侧各300m,互通式立体交叉或服务区采集范围宜自工程范围线向外延伸300m,且工程起、终点处采集范围应纵向向外延伸1 000m。

由于公路工程属于典型带状工程,且里程相对较长,往往需要跨越不同的地形地貌单元,在进行机载激光扫描测量航线设计时,需要根据公路路线设计方案连续布设若干个首尾相连的航摄分区,覆盖线路带宽范围,各航摄分区的设置宜在保证覆盖的前提下,对弯曲的地段拉直航线,选用尽量少的航带。在进行航线设计时,还应该考虑IMU的累积误差。飞机保持航线直线性飞行的时间越长,IMU累积的误差也会变得越大,一般来说,每条航线的直线飞行距离时间不宜超过30min。

航线设计的具体技术要求如下：

(1)综合考虑线路平面线形、地形高差变化、航摄范围覆盖等多个因素，避免单条航线过长，进行航摄分区的划分。

(2)在满足航摄范围要求的基础上，尽量使用少量航摄分区。

(3)航摄基准面高程要略低于航摄分区的平均高程。

(4)航线航向的布设按线路的地形和走向而定，尽量避免同一条航线中地形起伏变化太大，如果地面起伏变化大于航高的1/3，应进行分区设计。

(5)每条航线的设计长度要少于飞机航速的1/3，以控制IMU惯性测量单元的误差累积。

(6)航摄分区接头部分不应产生绝对漏洞。

航线设计完成后，即可让航线设计软件自动导出航线设计文件，其中包括航线号、航带顺序、像片数量、航线长度、航线首尾端点经纬度坐标等信息。在执行航空摄影前，将航线设计文件拷贝到机载激光扫描系统的导航任务卡中，在飞行时选择要作业的航线，激光扫描测量系统在飞机进入测线坐标范围后即可自动开始采集所有相关航摄数据。

3)检校航线设计

检校航线设计主要是为了消除机载激光扫描系统中难以直接测定的系统误差。主要包括两个方面的内容：

(1)安置误差检校：激光扫描系统是一个多传感器集成系统，在安装时，GNSS天线中心与激光扫描仪中心不重合称为空间偏移误差，扫描框架与IMU框架之间的偏角称为视准轴误差。将空间偏移误差和视准轴误差这类由传感器未对准造成的误差称为系统安置误差。为此，安置误差在系统安装、拆卸过程中都有可能发生，需要对其进行检校。

(2)绝对高程检校：由于GNSS动态定位结果中含有一定的系统误差，需要一些地面的已知控制点来绝对校正激光点的高程值。这种检校可以明显提高激光点的绝对高程精度。

机载激光扫描系统检校需要预先进行检校场布设与检校航线设计。若测区航线满足检校航线的设计条件，则可以直接选用测区航线进行检校飞行。检校场布设及检校航线设计应符合下列规定：

(1)检校场包含对激光强反射的明显地物。

(2)检校飞行设备参数以测区使用的最大参数为准。

(3)系统检校值改正后应保证激光点云数据航带间高差小于0.1m。

(4)具体检校航线设计可以按照设备厂家提供的方法进行。

3.2.3　地面控制测量

1)地面基准站布设与测量

为保证机载激光扫描测量和GNSS/IMU技术的实施，需要在地面布设GNSS基站，并与机载POS系统内置的GNSS接收机同步进行GNSS观测，以实现动态载波相位差分定位。

为确保机载激光扫描测量精度，相邻地面GNSS参考站间基线长应不大于30km，起点和终点地面GNSS参考站离路线起点和终点间隔应不大于10km。同时，为避免1个地面GNSS参考站出现问题而出现飞行数据失效的情况，需至少架设2个地面GNSS参考站。

地面 GNSS 基站的选址原则应包括：

(1)站点附近视野开阔，对空观测条件好，无强磁场干扰。

(2)站点附近交通、通信条件良好，便于联络和数据传输。

(3)站点附近地表面有浅植被覆盖，以抑制多路径效应。

(4)站点应在人员稀少或为不易到达的地点，避免闲杂人滋扰。

(5)点位需要设立在稳定的、易于保存的地点。

(6)电源供应可靠，保障设备充电。

在进行激光扫描测量数据采集作业的同时，地面 GNSS 参考站需要与机载 POS 系统内置的 GNSS 接收机同步进行 GNSS 观测。地面参考站 GNSS 接收机必须是双频接收机，并且性能完好，电源能连续供电 8 小时以上。地面 GNSS 参考站的高程精度要达到四等水准测量的精度要求。

地面基准站观测的主要技术要求如下：

(1)地面 GNSS 参考站观测基本要求：

①和机载 GNSS 同步观测；

②GNSS 卫星高度角≥15°；

③有效观测卫星个数≥5；

④卫星观测值象限分布(25±10)%；

⑤采样频率为 1Hz。

(2)必须在 LiDAR 系统启动前 10min 开始采集数据，系统关闭后 10min 终止数据采集，准确记录开机时间和关机时间。

(3)观测人员必须按照 GNSS 接收机操作手册的规定进行观测作业。

(4)天线安置在脚架上直接对中整平时，对中误差不得大于 1mm。

(5)观测时应防止人员或其他物体触动天线或遮挡信号。

(6)每时段观测应在测前、测后分别量取天线高，2 次天线高之差应不大于 3mm，并取平均值作为天线高。

(7)在现场应按规定作业顺序填写观测记录，不得事后补记。

(8)点位 10m 以内不得使用对讲机。

(9)每日观测结束后，应将外业数据文件及时转存到存储介质上，不得作任何剔除或删改，必要时保留双备份。

2)地面控制点布设与测量

基础地面控制点的布设，主要面向公路勘测的需求。在利用激光扫描系统获取激光数据之前，测区内往往已有布设好的高等级 GNSS 基础控制网。基础控制网由每 5km 左右布设 1 对通视的 GNSS 控制点组成(图 3-1 和图 3-2)，通视点的距离应大于 500m。基础地面控制点的平面、高程坐标应满足国家四等测量的精度要求。

基础地面控制网一般需要与测区内已有的国家 GNSS 控制网进行联测(图 3-3)。

基础地面控制网地面控制点的数量与位置，依据成果精度要求和测区地形地貌特点确定。如果测区范围内没有分布合理、满足要求、数量足够的地面控制点，需要增加布设地面控制点。地面控制点必须位于测区范围内，数量在 3 个以上，并且已知 WGS-84 坐标和测区的平面坐标和高程坐标。

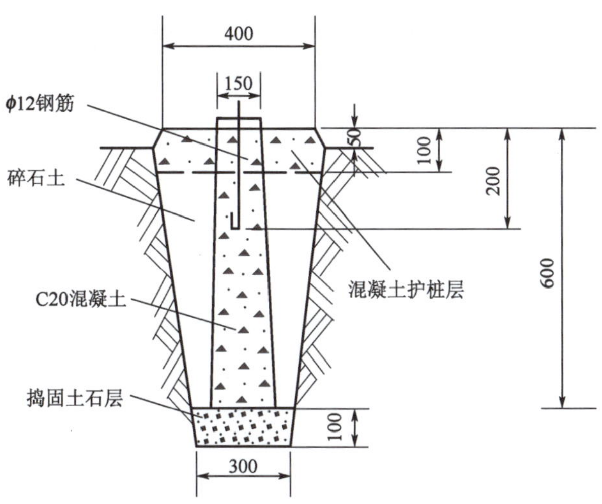

图 3-1　埋石断面图(尺寸单位:mm)

图 3-2　基础地面控制点正面示意图

图 3-3　基础地面控制网与国家 GNSS 控制网联测

地面控制点平面测量采用 GNSS 进行观测,技术指标需符合四等 GNSS 技术标准。四等平面测量的最弱点点位中误差不得大于 ±0.05m,最弱相邻点相对点位中误差不得大于 ±0.03m,最弱相邻点边长相对中误差小于 1/35 000。GNSS 观测采用静态定位模式,使用双频 GNSS 接收机将地面基准站与测区地面控制点进行 GNSS 构网,其网形为双基准菱状,以边连接方式构成。

GNSS 观测的主要技术要求详见表 3-3。

GNSS 观测的主要技术要求　　表 3-3

卫星高度角(°)	≥15	同时观测有效卫星数(个)	≥4
有效观测时间(min)	≥60	数据采样率(s)	≤30
平均重复设站数(次/点)	≥1.6	GDOP	≤6

地面控制点的高程测量采用电子水准仪按照四等水准测量精度要求进行。四等高程控制网最弱点高程中误差不得大于 ±25mm,高程测量的偶然中误差不得大于 ±5mm/km,全中误差不得大于 ±10mm/km。当采用水准方法测量时,其主要技术要求详见表 3-4。

水准测量的主要技术要求(单位:mm)　　表3-4

往返较差、附合或环线闭合差		检测已测测段高差之差
平原、微丘	重丘、山岭	
$\leqslant 20\sqrt{l}$	$\leqslant 6\sqrt{n}$或$\leqslant 25\sqrt{l}$	$\leqslant 30\sqrt{l_i}$

注:计算往返较差时,l为水准点间的路线长度(km);计算附合或环线闭合差时,l为附合或环线的路线长度(km);n为测站数。l_i为检测测段长度(km),小于1km时按1km计算。

四等水准测量的主要技术要求详见表3-5。

四等水准测量的主要技术要求　　表3-5

附和或环线水准路线长度(km)	路线、隧道≤25;桥梁≤4	前后视累积差(m)	≤10
视线长(m)	≤100	视线离地面最低高度(m)	≥0.2
前后视较差(m)	≤5		

为保证机载激光扫描测量的精度,必须采用一定数量的地面检查点进行误差的检测与纠正。在数据处理过程中,地面控制点可用于激光点从WGS-84坐标系到地方坐标系的转换精度检校,以进一步提高WGS-84大地高到水准高的高程转换精度,以及用于从原始地表影像到数字正射影像的精度检验。

3.2.4 航飞数据采集实施

高精度机载激光扫描数据采集,必须严格执行以下飞行要求:

(1)待飞机上所有发动机启动后,方可打开机载激光扫描系统的电源开关,以确保设备安全。

(2)飞机在起飞之前和降落以后,需要在机场(机场有地面GNSS参考站)停留10~15min,对GNSS进行静态初始化;如果机场没有地面GNSS参考站,或机场距离测区太远,则需要在测区内的地面GNSS参考站上空做10~15min的盘旋飞行,进行动态初始化。

(3)飞机滑行前必须完成以下各项检查:

①检查IMU设备初始化是否正常;

②检查系统中存储设备容量能否满足满架次飞行存储要求;

③检查航摄系统中各项参数设置是否正确。

(4)整个航飞过程中,飞机的转弯坡度不能超过20°,一般要控制在15°(标准转弯)以内,否则容易造成GNSS卫星信号失锁。

(5)飞机在进行作业过程中,每隔10min进行一次绕圈,其目的是使IMU重置,减少累积误差。

(6)当航路飞行时间大于30min时,应先进行一次回头弯飞行,才能开始正式测线航飞。

(7)在航线飞行过程中,必须满足如下要求:

①不同航线必须采用左转弯和右转弯交替方式,禁止绕圈飞行;

②航线偏离、航高上下偏离不得大于25m;

③航偏角一般不大于6°,最大不大于15°;

④航线俯仰角、侧滚角一般不大于2°,最大不大于4°;

⑤航线弯曲度不得大于3%；

⑥飞行时上升和下降的垂直速度控制在10m/s以内。

在整个飞行过程中应重点观察POS系统信号状况、回波接收状况、数据质量状况等，并认真填写飞行记录。通过航飞任务规划和地面监测的计算机实时监控，自动地进行特定任务的航线设计，并实时接收传感器获取的图像数据，将预设航线、实时航迹和飞行参数等同时显示在电子地图上，实时了解飞机与传感器的工作状态，及时进行飞机和传感器的调整控制，确保航线弯曲度、航高、航向重叠度、旁向重叠度以及影像色彩质量得到最佳控制（图3-4）。

需对检校场进行飞行时宜先飞检校场，避免因各种原因无法进行检校飞行。检校航线飞行应符合以下要求：

（1）工程应进行至少一次检校飞行。

（2）设备每次拆卸安装后，均应重新进行检校飞行。

（3）多架次飞行后，可以根据数据质量情况进行重新检校。

当存在下列情况时，激光扫描需要重新采集数据或补充采集数据：

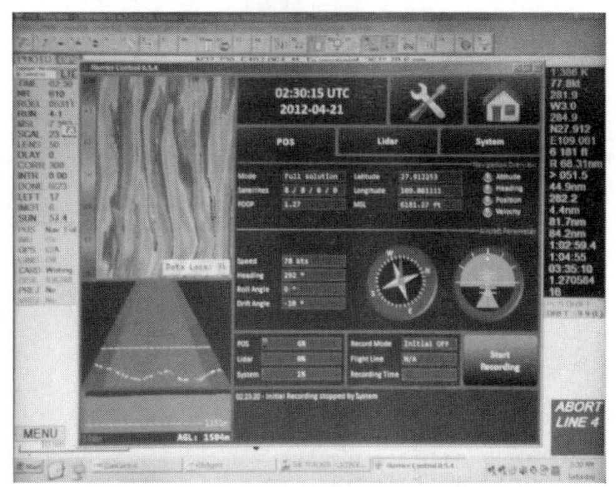

图3-4　航飞数据采集

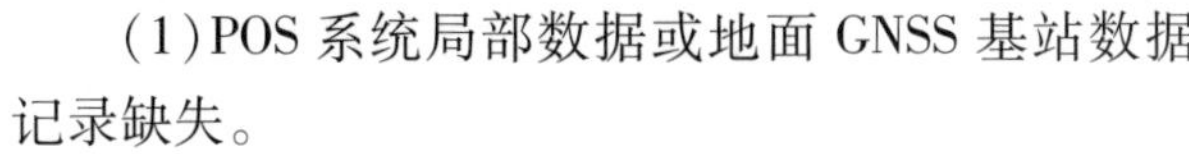

（1）POS系统局部数据或地面GNSS基站数据记录缺失。

（2）POS系统数据或地面GNSS基站数据处理精度不满足要求。

（3）原始数据存在质量缺陷而影响点云的精度或密度。

（4）激光扫描的点云数据或影像数据存在漏洞。

3.3　激光扫描数据处理

激光扫描测量可直接获取高密度、高精度的激光点云数据和高分辨率的数码影像数据，其海量数据的动态管理与数据处理相对复杂。激光扫描数据处理主要包括数据预处理、激光点云数据分类处理及坐标系统转换等。为进一步克服地表植被的影响，需要进行激光测量全波形数据分解处理。

3.3.1　数据预处理

原始数据初检合格后，采用激光扫描系统的配套软件，从机载激光扫描设备记录卡分别提取出惯导和GNSS数据，提取的GNSS数据通过DGNSS预处理软件进行DGNSS解算（图3-5）。

各时刻GNSS天线的中心位置坐标需要采用地面GNSS基准站坐标联合机载GNSS观测数据进行精密后处理。应选择距离摄区最近的基站数据进行解算或采用多基站数据联合解算，确保采用最优解算结果。应选择几何精度因子（GDOP）最小的可见卫星组合，保证最终差分数据质量。

根据处理报告检查观测质量、卫星情况以及解算精度，查看卫星的PDOP值可以判断机载

GNSS 所观察到的卫星位置分布情况。当 PDOP 值大于 3.5 时，说明卫星空间位置分布不好，该处的 PDOS 限差值根据满足一般项目需求的标准制定，可按照工程项目精度要求自行制定。解算报告的正反算分离组合图差异可以反映解算结果的精度，一般要求小于 ±0.1m，可根据工程项目的精度要求适当调整，输出符合工程精度要求的 DGNSS 解算成果。

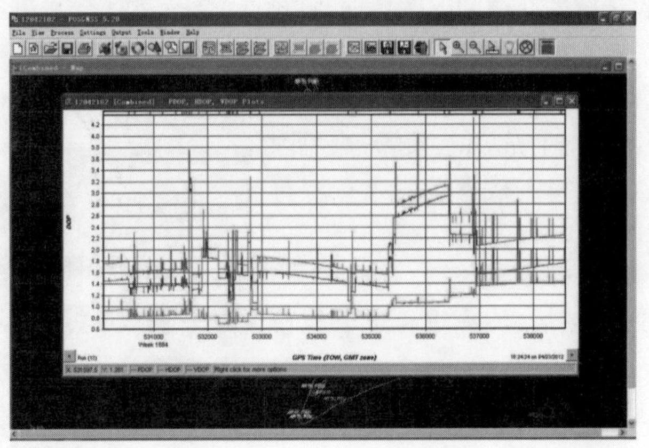

图 3-5　GNSS 数据处理

激光扫描中心位置需要采用已量测的偏心分量值，基于 DGNSS 结果与 IMU 数据进行解算。加入 IMU 记录的飞行姿态数据，并与差分解算成果进行 IMU/DGNSS 联合解算处理，获得机载 IMU 的航迹线，即每个观测时刻的空间位置和姿态。根据测定的偏心向量，获得激光扫描仪和航空相机各自的航迹线（图 3-6）。

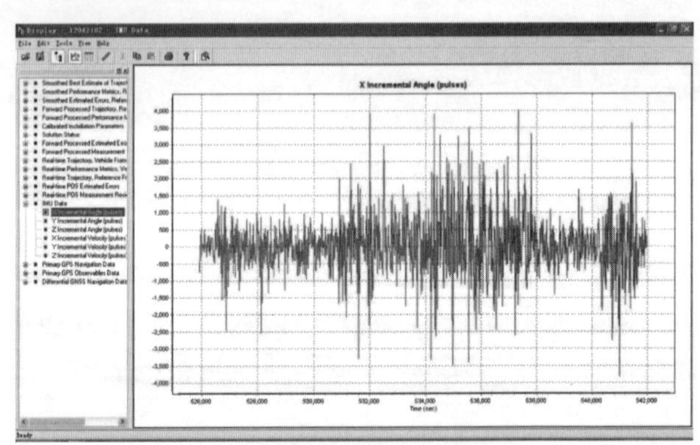

图 3-6　IMU 数据处理

点云数据解算需要联合 POS 数据、激光测距数据和附加系统检校数据进行解算，生成三维激光点云。利用设备配套软件，基于激光航线航迹文件、相机航迹文件和航片 GNSS 时间列表，对每个激光点进行运算处理，得到每个激光点的空间坐标，并输出大地定位后的激光点云，用于下阶段的激光点云数据分类。

3.3.2　激光点云数据分类

新建高速公路勘察设计所需的机载激光扫描测量需要地面类的激光点数据，因此需要把激光点云数据中的地面激光点和非地面激光点进行分类。

激光点云的分类主要包括激光点云分类预处理、自动分类、人工编辑分类和分类检查工作。激光点云分类预处理主要是对激光数据进行去噪处理，剔除错误点、高程异常点等噪声点，如特别高的点（空中飞行的鸟或杂质）。在此基础上，通过对激光数据运行特别录制的批处理命令（宏命令），由计算机软件进行自动分类。

激光点云自动分类遵循以下原则进行：

（1）测区高悬在空中或明显低于地表的激光噪声点，宜按绝对高程进行分类。

（2）提取初始地表面激光点时，可按地形类别分别设置坡度阈值进行分类。

（3）裸露地表区域应将唯一回波对应反射点分类为地面点。

（4）植被覆盖区域宜将末次回波对应反射点分类为地面点。

（5）提取植被、人工建筑、水系类别激光点时，应根据激光点高程及点云形状、密度、坡度等特征，对非地面点云进行分类。

（6）形状及空间特征明显的地物，可通过参数设置自动提取。

一般地，激光点云自动分类能达到90%以上的准确率。对于采用自动分类难以正确分类的地区，需要参考相应的影像数据，并采用人工编辑的方式，对分类错误的激光点重新进行检查和进一步精细分类处理（图3-7和图3-8）。

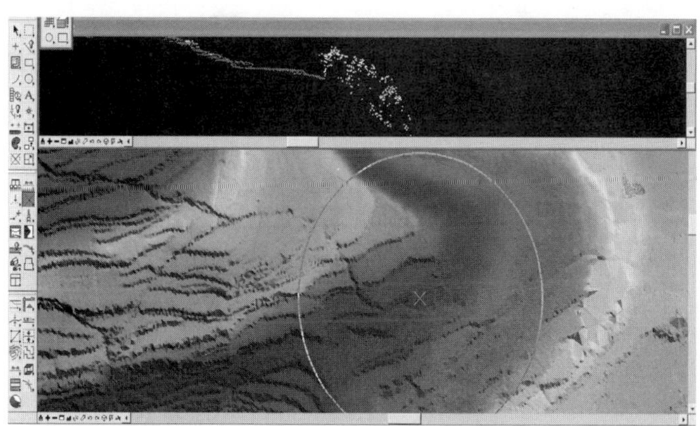

图3-7　根据点云TIN模型剔除植被

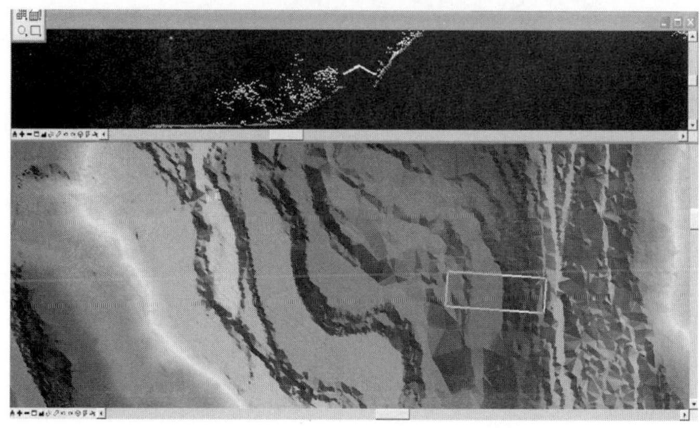

图3-8　根据点云TIN模型剔除建筑物

激光点云分类完成后,需要对激光点云数据进行分类检查:

(1)点云数据分类成果可靠性检查。按点云类别采用高程显示、三维透视及晕渲等方法,目视检查分类后的激光点云。对模型不连续、不光滑处应重新核实地面点分类的可靠性;对有疑问处宜用剖面图进行检查、分析。

(2)点云数据分类成果一致性检查。利用点云分类结果与影像叠加处理,分析所分激光点云类别与影像显示是否一致。

(3)点云数据分类符合性检查。野外实测检查点与激光点云分类的地面点,进行断面形态的高程符合性检查。

图 3-9 为分类处理后的激光点云数据,其中黄色为地面激光点,绿色为植被激光点,白色为路上车辆的激光点。

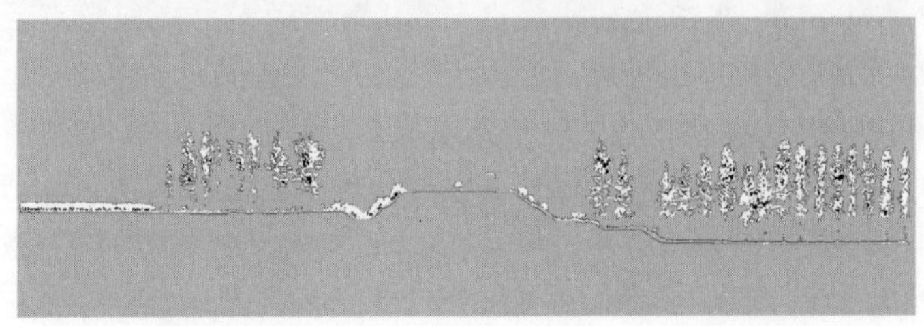

图 3-9 分类处理后的激光点云数据

3.3.3 坐标系统转换

GNSS 测量基准采用 WGS-84 坐标系统,而实用的测量成果往往是基于某一国家的坐标系或地方坐标系。这些大地坐标系统,在地球内部既具有不同的位置和方向,又具有不同的参数,也就是说,具有不同的大地测量基准。因此,在实际的应用过程中,涉及 WGS-84 坐标系统与地方坐标系统的转换问题,具体又分为平面坐标转换和高程基准转换两个部分。

1)平面坐标转换

通常选取覆盖该数据区域且均匀分布的 3 个及以上基础控制点,解算相应的转换参数,采用 3 参数、7 参数或 9 参数等相应的转换模型进行平面坐标转换。平面坐标转换一般采用 7 参数转换模型,包括 3 个平移参数、3 个旋转参数和 1 个尺度参数。

以 WGS-84 坐标系和 CGCS2000 坐标系间的转换为例,7 参数转换模型具体如式(3-6):

$$\begin{bmatrix} X \\ Y \\ Z \end{bmatrix}_{CGCS2000} = \begin{bmatrix} \Delta X_0 \\ \Delta Y_0 \\ \Delta Z_0 \end{bmatrix} + \begin{bmatrix} sf & -RZ & RY \\ RZ & sf & -RX \\ -RY & RX & sf \end{bmatrix} \begin{bmatrix} X \\ Y \\ Z \end{bmatrix}_{84} \tag{3-6}$$

式中:$(X,Y,Z)_{84}$——点在 WGS-84 坐标系下的空间直角坐标;

$(X,Y,Z)_{CGCS2000}$——点在 CGCS2000 坐标系下的空间直角坐标;

$(\Delta X_0,\Delta Y_0,\Delta Z_0)$——WGS-84 转换到 CGCS2000 坐标系的平移参数;

RX、RY、RZ——3 个旋转角度;

sf——比例缩放系数,定义为 $sf=1+\text{value}\times10^{-6}$。

在转换到对应的坐标系统后,可按照规定的投影方式,如高斯—克吕格投影,投影到平面上。有时为满足工程设计与施工的需要，还需考虑高程抵偿面影响。

2）高程基准转换

激光点云坐标的高程基准为 WGS-84 坐标系的大地高（H），而工程应用中采用的是相对于似大地水准面的正常高（h），两者之间存在一定的差值，即高程异常（ξ）。三者之间的关系如式（3-7）：

$$H = h + \xi \tag{3-7}$$

通常采用高程拟合或者 GNSS 似大地水准面方法，实现 WGS-84 大地高与水准高的高程转换。通过在测区合理布设一定数量的高程控制点，并采用 GNSS 测量和水准测量分别获取控制点的大地高和正常高，然后利用高程控制点的大地高和正常高求得其高程异常值，并据此拟合出局部似大地水准面形状，进而推算出测区内其他 GNSS 点的高程异常和正常高。

在实际工程中，常采用三角面拟合方法来转换 GNSS 高程。设某激光点位于某个已知高程异常控制点组成的三角形内，对应的 3 个顶点为（x_1, y_1, dz_1）、（x_2, y_2, dz_2）和（x_3, y_3, dz_3）。由于高程异常具有明显的系统性，可认为每个三角形范围内高程异常呈线性，并满足如下方程：

$$\begin{vmatrix} x & y & dz & 1 \\ x_1 & y_1 & dz_1 & 1 \\ x_2 & y_2 & dz_2 & 1 \\ x_3 & y_3 & dz_3 & 1 \end{vmatrix} = 0 \tag{3-8}$$

令：

$$X_{21} = x_2 - x_1,\ X_{31} = x_3 - x_1$$
$$Y_{21} = y_2 - y_1,\ Y_{31} = y_3 - y_1$$
$$Z_{21} = z_2 - z_1,\ Z_{31} = z_3 - z_1$$

则高程异常可通过式（3-9）得到：

$$dz = dz_1 - \frac{(x - x_1)(Y_{21}Z_{31} - Y_{31}Z_{21}) + (y - y_1)(X_{31}Z_{21} - X_{21}Z_{31})}{X_{21}Y_{31} - X_{31}Y_{21}} \tag{3-9}$$

式中：x, y——平面坐标；

dz——高程异常值；

（x_i, y_i）——控制点平面坐标（$i = 1,2,3$）；

dz_i——控制点高程异常值（$i = 1,2,3$）。

对于任意激光点，利用其平面坐标可内插得到对应的高程异常值，从而实现激光点云数据的高程基准转换。

3.3.4　全波形数据分解

根据回波记录方式的不同，机载激光扫描系统可以分为离散激光扫描系统和全波形激光扫描系统。前者记录有限个离散的回波信号，而后者以很小的采样间隔对来自目标的激光反射信号进行采样记录，形成一个随时间变化的回波信号。相对于离散激光扫描而言，全波形可以提供更多的细节信息，具有更强的地物区分能力和更优的植被穿透特性等。同时，也给数据处理和信息提取提出了更高的要求。

如何从波形采样数据中提取出高质量的点云是数据处理中的一个关键问题，国内外学者对此进行了深入的研究工作。Hofton 等提出了机载激光扫描波形数据高斯分解算法(Hofton 等,2000),Wagner 等从理论角度阐述了机载全波形激光扫描的成像机理,并使用高斯模型提取了波形数据峰值点(Wagner 等,2006)。这些方法在大多数情况下可以获取较好结果,但是由于各种干扰因素,回波信息并不是高斯函数的精确表达。Chauve 等提出利用广义高斯模型来拟合波形数据,并通过迭代的方式实现了波形数据的分解(Chauve 等,2008)。李奇等采用 Expectation-Maximization(EM)算法进行机载激光扫描波形数据高斯混合模型参数的最大似然估计,取得了较好结果,但计算量较大(李奇等,2008)。通过分析发现,目前算法中主要存在如下两点缺陷:

(1)噪声阈值难以确定。目前,为排除信号噪声的影响,大多算法采用经验取值的方法,并指定为较高的数值。

(2)微弱信号难以可靠检测。当利用较高阈值对波形数据进行预处理后,一些微弱脉冲信号由于信号强度不够而无法得到考虑,从而不能进行检测。这种现象在植被茂密的地区尤为严重,由于植被遮挡造成地面点反射脉冲信号比较微弱,给地面信息的提取造成了较大挑战。

针对当前波形分解算法中的问题,本书提出一种顾及邻近波形信息的机载激光波形数据分解算法。

1)波形数据的预处理

为了降低噪声对波峰探测的影响,首要需要采用一维高斯低通滤波模板对原始波形数据进行平滑处理。高斯模板在连续情况下的数字形式如式(3-10):

$$f(x) = \frac{1}{\sigma\sqrt{2\pi}}\exp\left(-\frac{x^2}{2\sigma^2}\right) \tag{3-10}$$

式中:σ——高斯模板的标准偏差。

σ 与信号滤波平滑的程度密切相关,σ 越大,高斯滤波器的频带就越宽,平滑的程度就越强;反之,平滑的程度就越弱。为了在平滑噪声的同时尽量保留信号特征,σ 的选取可根据激光器波形的半宽参数(Full Width at Half Maximum,FWHM)确定,如果厂商没有提供激光器波形的半宽参数,可以利用平地处所反射激光波形的半宽参数来代替。当得到半宽参数后,依据式(3-11)可以计算得到高斯模板的标准偏差 σ:

$$\sigma = \frac{1}{2\sqrt{2\ln 2}}\mathrm{FWHM} \approx 0.42466\mathrm{FWHM} \tag{3-11}$$

高斯滤波模板窗口的半径取为 3σ,按照一定间隔,对连续的一维高斯函数进行离散化和归一化处理,即可获取所需的高斯模板。之后,利用高斯模板对原始波形数据进行卷积运算,即可实现对波形数据中噪声的有效抑制。

2)建立波形数据索引

顾及邻近波形的激光测量全波形数据分解算法,需要利用邻近波形的信息来对待分析波形的候选波峰进行分析和筛选。为了提高该项空间操作的速度和效率,可采用 KD 树,利用波形近似平面坐标来建立波形数据的空间索引信息。

①KD 树的构造

在构造 KD 树之前,首先需要计算波形对应的近似物方平面坐标,第 k 个波形近似物方平

面坐标(E_k^{appr},N_k^{appr})的计算,如式(3-12)和式(3-13):

$$E_k^{appr} = E_0 + dE \times WFOFFSET \tag{3-12}$$

$$N_k^{appr} = N_0 + dN \times WFOFFSET \tag{3-13}$$

式中:(E_0,N_0)——第 k 个波形第 1 个采样点所对应的平面坐标;

(dE,dN)——第 k 个波形的平面坐标微分;

WFOFFSET——第 k 个波形的回波数据第一个采样点到发射波形第一个采样点的偏移量。

然后,利用上述计算的波形平面坐标构造 KD 树,按照自顶向下的递归方式进行。每个波形对应一个近似平面位置(E_k^{appr},N_k^{appr}),对应于二维平面上的一个点,其坐标相当于 x 和 y 坐标。假设波形总数为 n,构成平面集合 P。首先,沿着 x 坐标作一次划分,然后再沿 y 方向作一次,接着再沿 x 方向划分,如此下去。

图 3-10 显示了 KD 树建立的一个例子。

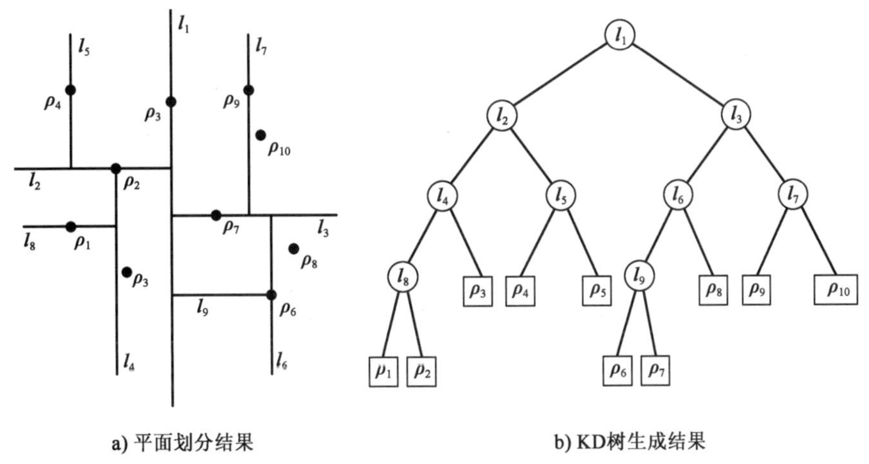

图 3-10　KD 树生成例子

②KD 树的查询

对于空间搜索查询,通常有两种方式:一是最临近查询,即查询给定点 $p_i \in P$ 周围的若干最邻接点;另一种是范围查询,即根据给定点 $p_i \in P$ 以及查询范围来获取该查询范围内所有的点。

根节点所存储的分割线,将整个平面划分为(左、右)两个半平面,左半平面内的点存储于左子树中,右半平面内的点存储于右子树中。KD 树中的其他节点,也分别对应平面的某个子区域。一般而言,任一节点 v 所对应的子区域是一个矩形,用 $region(v)$表示。遍历 KD 树,访问那些对应子区域 $region(v)$与查询范围相交的节点,如果遇到某个区域完全包含于查找范围中,将其对应子树的所有叶子报告出来。如果遇到叶子节点,判断其对应的点是否落在待查找区域内,如果是,也将其报告出来。

用 KD 树建立索引的方法,与通常采用的均匀格网索引方式相比,可以避免由于波形数据分布不均匀而造成的不平衡,节约了递归处理的时间,执行效率较高,更适用于静态树的查找。

3)波形数据的脉冲波峰探测

假设高斯滤波后的波形数据为 $WVal[i]$($i=0,\cdots,m$),其中 m 为波形数据的采样数,对于

位置 i 处波形数据对应的一阶导数 $Grad[i]$，采用如下公式计算：

$$Grad[i] = WVal[i+1] - WVal[i] \tag{3-14}$$

波形数据的脉冲波峰探测，采用计算波形一阶导数的零交叉点的方法实现，即如果 $Grad[i-1] < 0$ 并且 $Grad[i] > 0$，那么位置 i 处可能为脉冲波峰。然后，根据脉冲波峰处的信号强度值作进一步的分析判断，具体采用高、低双阈值的方法。假设高阈值为 $HighThred$，低阈值为 $LowThred$，脉冲波峰位置 i 处信号强度为 $WVal[i]$，则：

（1）当 $WVal[i] > HighThred$ 时，该波峰为显著脉冲波峰。

（2）当 $LowThred < WVal[i] < HighThred$ 时，该波峰为候选脉冲波峰，可能由噪声引起，也可能为微弱脉冲波峰信号，需要进一步的分析。

（3）当 $WCal[i] < LowThred$ 时，该波峰为伪脉冲波峰，直接剔除而不予考虑。

4）基于广义高斯模型的显著脉冲波峰提取

当波形的显著脉冲波峰个数不为零时，利用当前确定的显著脉冲波峰的近似参数，通过广义高斯模型和非线性最小二乘算法 Levenberg-Marquardt 对波形进行分解。

波形分解的目的就是要将波形分解成多个脉冲信号的集合，通过记录各个脉冲信号的特征来描述不同地物的位置和反射强度等信息。将每个脉冲信号视为广义高斯函数，则波形的形式如下：

$$y = f(x) = \sum_{i=1}^{n} f_i(x) \tag{3-15}$$

式中：y——波形值；

n——脉冲信号个数，取值为当前所确定的显著脉冲波峰个数；

$f_i(x)$——广义高斯函数，其具体表达形式如下：

$$f_i(x) = P_i \exp\left[-\frac{(x-t_i)^{r_i^2}}{2s_i^2} \right] \tag{3-16}$$

P_i——脉冲波形的振幅；

t_i——脉冲波形对应波峰的位置；

s_i——脉冲波形的标准方差；

r_i——形状参数。

容易发现，当 $r_i = \sqrt{2}$ 时，相当于标准的高斯函数；广义高斯模型通过在标准高斯函数的基础上增加了形状参数 r_i，达到了改变波形形状的目的，从而可以更好地拟合波形的形状。

在建立波形分解的数学模型后，波形分解的过程其实就是各个脉冲波形参数的优化计算过程，具体采用 Levenberg-Marquardt 算法实现。该算法是数学中最常见的优化算法，是一种介于牛顿法与梯度下降法之间的非线性优化算法，其优点在于对过参数化问题不敏感，能够有效处理冗余参数带来的强相关问题，使迭代优化陷于局部极小值的机会大大减少。

5）顾及邻近波形的候选脉冲波峰提取

待完成当前所有波形的显著脉冲波峰精确提取后，利用该信息对待分析波形中的候选脉冲波峰进行分析。

首先，利用所建立的 KD 树索引和待分析波形的近似平面位置，查询待分析波形一定半径大小范围内的所有波形数据，半径取值为点云平均距离的 3 倍。然后，利用式（3-17）计算邻近波形中显著脉冲波峰所对应的地面高程 H：

$$H = H_0 + \mathrm{d}H \times (\mathrm{WFOFFSET} + t) \tag{3-17}$$

式中：WFOFFSET——回波数据第一采样点到发射波形第一采样点的偏移量；

H_0——显著脉冲波峰所在波形第一个采样点所对应的高程坐标；

$\mathrm{d}H$——波形数据单元的高程坐标微分；

t——显著脉冲波峰对应的位置。

同样，采用式(3-17)，计算待分解波形中候选脉冲波峰对应的高程值，并将其与邻近波形中显著脉冲波峰对应的高程值求差，如果差值小于给定阈值，则认为该候选脉冲与周围环境是相容的，并将其确定为显著脉冲波峰。

如果有候选脉冲波峰被认定为显著脉冲波峰，则重新对该波形进行基于广义高斯模型的波形分解，精确提取当前显著脉冲波峰的参数信息。波形分解成功后，将该波形加入到已更新波形列表中。

3.4　3D数字产品生产

3.4.1　数字高程模型建立

激光扫描测量技术是对地观测的最新技术之一。通过位置、距离、角度等观测数据直接获取对象表面点三维坐标，对地面的探测能力十分强大，具有空间与时间分辨率高、动态探测范围大、能够部分穿越树林遮挡、直接获取真实地表的高精度三维信息等特点，是快速获取高精度地形信息的全新手段。

在对采集的激光点云数据完成数据预处理、激光点云分类处理、激光点坐标系统转换等一系列处理操作后，即可基于分类出来的地面类激光点云数据，构建不规则三角网(TIN)；基于不规则三角网即可生成最终的格网数字高程模型(DEM)。根据项目实际情况需要和激光点云密度，不足体现地表地形，生成DEM时，可以加入特征线数据来配合生成DEM。

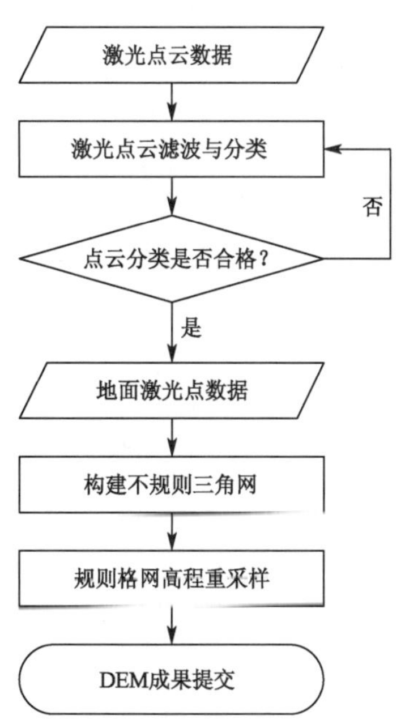

图3-11　数字高程模型建立流程图

数字高程模型建立流程详见图3-11。

利用激光点云数据生成DEM的关键是对其激光点云进行分类处理，即滤掉那些并非地面点的回波信号所产生的数据，如房屋、植被、交通工具及桥梁等。激光点云分类处理基于真实地面与地物高程差异的，针对相邻点或点集质检的高程差，通过构建“网络”范围并采取一定的规则进行运算，把混合在一起的属于不同对象的点分别开来，特别是地面和非地面点。如激光点云数据经过分类剔除地物点后，产生了一些空缺点，如建筑物底部，需要将建筑物位置上的地面点的高程补充上，以建立完整的地面高程模型。

基于密集的地面类激光点云数据，采用 Delaunay 三角网构建 TIN 模型。TIN 模型构建需要满足下列基本要求：

(1)应将地形特征线、空白区域外边缘线和作业范围线作为三角形的约束边。

(2)所有三角形均不应相交或重复。

(3)三角形的 3 个内角均宜为锐角。

(4)空白区域内部和作业范围线外部应不构成有效的三角形网络。

(5)三角形网络不应存在空洞。

基于 TIN 模型，采用三角面插值法内插 DEM 格网点高程。

对生成的 DEM 需要进行三维透视、晕渲以及叠加 DOM 的人机互动检查，高程精度检查采用内插高程点和已知高程点进行比较计算高程误差，确保 DEM 精度满足项目成果要求。

3.4.2 数字正射影像图制作

机载激光扫描系统配备的数码相机幅面较小，立体下采集地物效率很低，但通过 POS 数据解算获取每张像片的外方位元素(X,Y,Z,ψ,ω,K)，可方便快速地制作出数字正射影像图(DOM)。

由于可以通过激光扫描仪提供的点云数据生成高精度的 DEM 数据，因此在生成正射影像之前不需要再进行相对匹配来提取 DEM 这个工序，提高了 DOM 的生产效率。一般情况下，可以先对每幅影像进行正射影像生成，然后再进行拼接和裁切，这样便可以生产出整个测区的正射影像图。

数字正射影像图制作流程详见图 3-12。

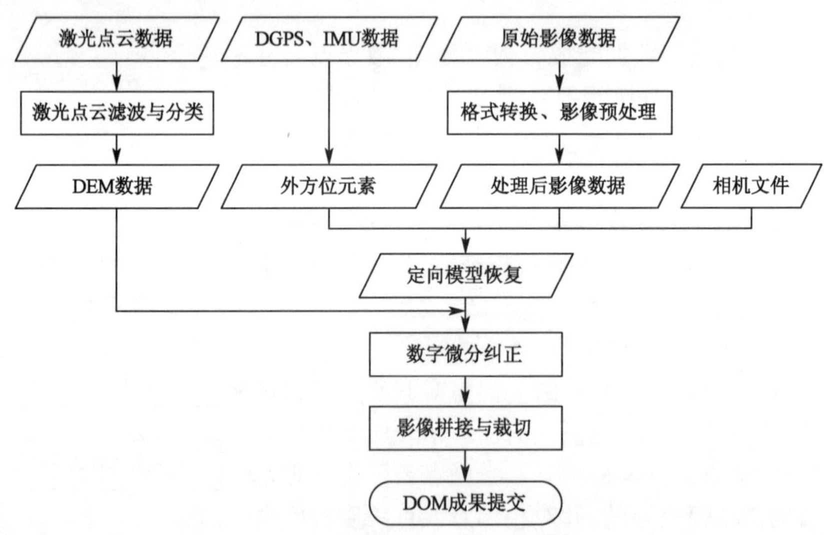

图 3-12 数字正射影像图制作流程

机载激光扫描测量的数字正射影像制作，首先需要将航摄获得的影像数据从 RAW、FFF、3FR 等原始格式转换成无损压缩 TIFF 格式，并在转换的过程中完成对影像的辐射校正。然后在不损失影像信息的前提下，采用相关图像处理软件对影像进行相应的处理，使之变成完好、没有偏差的影像，进而进行正射纠正处理。

通过将IMU数据与DGNSS数据联合处理，并结合GNSS时间列表文件计算航片空中姿态参数，可轻易获取每张航片曝光瞬间的GNSS时间信息和航迹数据（图3-13），即刻得到每张航片的外方位元素，从而在无控制点的情况下恢复模型，实现影像定向。

View trajectory positions

Time	Easting	Northing	Elevation	Heading	Roll	Pitch	Xy acc	Z acc	H acc	Rp acc
106577.683	538265.60	2625804.55	64.97	13.687	-1.038	-0.568	-	-	-	-
106578.687	538265.60	2625804.55	64.97	13.695	-1.077	-0.573	-	-	-	-
106579.690	538265.60	2625804.55	64.97	13.694	-1.044	-0.575	-	-	-	-
106580.694	538265.60	2625804.55	64.96	13.689	-1.047	-0.577	-	-	-	-
106581.697	538265.60	2625804.55	64.96	13.690	-1.070	-0.574	-	-	-	-
106582.700	538265.60	2625804.55	64.95	13.694	-1.018	-0.570	-	-	-	-
106583.704	538265.60	2625804.55	64.95	13.695	-1.044	-0.582	-	-	-	-
106584.707	538265.60	2625804.55	64.95	13.696	-1.056	-0.574	-	-	-	-
106585.710	538265.60	2625804.55	64.95	13.691	-1.018	-0.576	-	-	-	-
106586.714	538265.60	2625804.55	64.94	13.699	-1.063	-0.576	-	-	-	-
106587.717	538265.61	2625804.55	64.94	13.694	-1.057	-0.578	-	-	-	-

Show location　　Identify

图3-13　航迹线文件

完成影像定向后，需要结合DEM数据对数码影像进行数字微分纠正。数字微分纠正可有效剔除由于传感器和相机旋转、地形起伏以及在图像获取和处理过程中产生的位置误差。基于DEM数据可以实现逐像元纠正，精度更高。但机载激光扫描测量获取的激光点云十分密集，数据量十分庞大，如果将所有地表激光点全部用于DOM生产，不仅影响激光点云的构网速度，甚至可能导致软件崩溃。因此，在开始制作DOM之前，需要提取地形关键点构建DEM，从而大幅减小激光点云的数据量，且不影响DOM成果的平面定位精度。

在DOM制作过程中，需要对所有影像进行连接点选取、匹配，要求每张像片至少分布5个以上连接点，且尽量均匀分布于每张影像的四角和中间位置（图3-14）。在有条件的情况下，可以加入已知地面控制点，以提高DOM精度。完成所有影像的连接点选取后，即可通过相对定向连接点来调整和纠正航偏姿态参数，并根据计算的航偏角、侧滚角、俯仰角等参数，对相机文件参数进行相应修改，完成对所有影像的数字微分纠正。最后根据项目需要对所有纠正后的数字正射影像进行镶嵌、裁切，得到最终的数字正射影像成果。

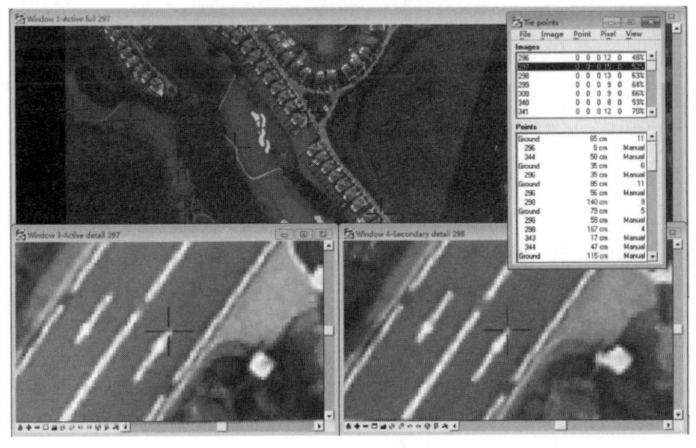

图3-14　连接点选取

DOM制作完成后，应对生成的DOM进行质量检查。检查方法包括软件自动检查、人机交互检查、人工校对检查。有条件亦可DEM与DOM套合后，在三维场景下进行多角度方向检查。应目视检查影像是否清晰易读、反差适中、色调均匀一致、纹理清楚。确保无斑点，无漏洞,无云影,无镶嵌处重影、模糊、断裂、色差等错误。平面精度检查应采用已知检查点坐标和DOM同名点坐标相比较,确保DOM成果满足公路工程项目要求。

3.4.3 数字线划地形图生产

机载激光扫描能快速、高效地生产高密度、高精度的DEM和高分辨率的DOM。利用高精度DEM数据产品自动生成等高线矢量数据,而利用高分辨率DOM数据产品进行地物采集。在进行地物采集过程中,需DEM数据同步支持,即在DOM中获取地物点的平面坐标数据,而通过DEM数据来获取相应的地物点的高程数据,通过将等高线矢量数据与地物采集所获得的矢量数据进行叠加,生成所需的数字线划地形图产品(图3-15)。

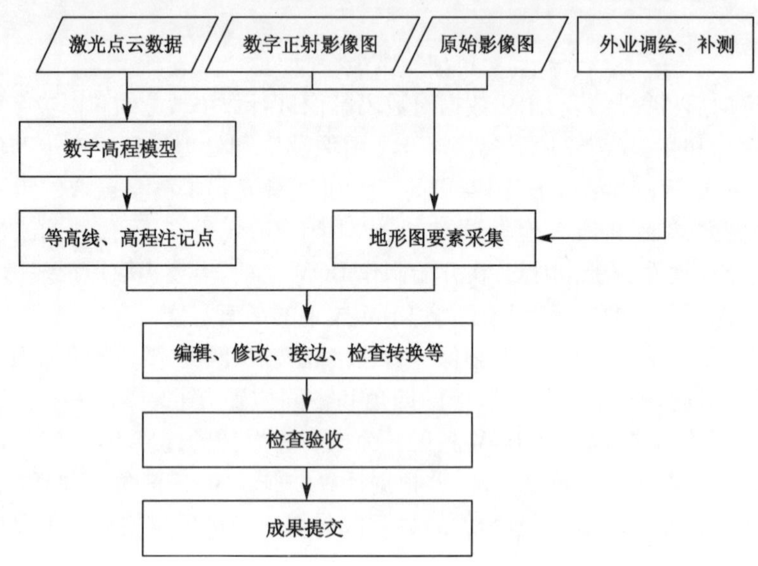

图3-15 数字线划地形图生成流程

1)坎、坡、陡崖等地形特征的快速提取

激光扫描测量获取的点云数据精度高、密度大,能够很好地反映地表的细节信息,可以生生高精度的等高线。但由于地形表面通常不是光滑或均匀变化的,在坡、坎、陡崖等处,地面会出现转折或突变,而当前的等高线生成算法大多不能顾及这些转折和突变,导致生成的等高线失真、精度不高,难以客观地反映地形的真实特征。因此,为了生产高精度的大比例尺数字三维线划地形图,必须获取坡、坎、陡崖等处的地貌特征线。

直接利用激光点提取特征线的方法是通过分析局部激光点的坡度信息,提取坡、坎、陡崖等处的特征点,通过追踪特征点,辅以少量人工干预,提取出高精度的坡、坎、陡崖等处的地貌特征线。

(1)不规则三角网的建立

为了更好地管理离散点,必须建立离散点间的拓扑关系,不规则三角网是表达离散点间拓扑结构的最常用的方法。Delaunay三角剖分是运用最广泛的一种不规则三角网的建立方法。Delaunay三角剖分需满足以下两个准则:

①空圆特性:Delaunay三角网是唯一的(任意4点不能共圆),在Delaunay三角网中任一

三角形的外接圆范围内不会有其他点存在。

②最大化最小角特性:在散点集可能形成的三角剖分中,Delaunay 三角剖分所形成的三角形的最小角最大。从这个意义上讲,Delaunay 三角网是“最接近于规则化的”的三角网。

实现标准 Delaunay 三角剖分的算法主要有逐点插入算法、分割算法和三角网生长算法等,采用前两者或组合方法的较为多见。分割合并算法在 N 个数据点中建立任意三角网的时间复杂度至少为 $O(N\log N)$,其运行效率高,但由于需要采用递归法,内存消耗大;逐点插入法清晰、简单,编程易实现,且空间消耗少,但时间复杂度较高、运行速度慢。可以通过对逐点插入算法进行改进,形成基于格网索引的 Delaunay 三角剖分方法,并用堆栈替代 Delaunay 三角剖分递归算法,减少入栈时的信息保存量,降低内存消耗。

(2)特征点探测

建立好 Delaunay 三角网后,即可遍历三角网中的每个顶点,采用基于坡度的特征点探测方法探测特征点。具体思想如下:对于给定的高差值,随着两点间距离的减小,高程值大的激光点属于坡、坎、陡崖的可能性就越大。

通过上面的算法提取出的坡、坎、陡崖特征点大部分是处于斜面上的点,而坡、坎、陡崖的特征线是由坡、坎、陡崖的顶部点和底部点组成的。因此需要采取类似的算法,对特征点进一步精化,去除斜面上的点。

遍历探测出来的所有特征点,剔除属于斜面上的点,剩下的点即属于坡、坎、陡崖边界特征点,将作为追踪特征线的候选点。

(3)特征线追踪

由于激光扫描测量点云分布的不规则特征,以及真实地形并非像理想中那么平滑,所以以上探测到的特征点中,不仅包含真正的特征点,也包含许多伪特征点,因此,需要在提取特征线的同时剔除伪特征点。由于特征线分为顶部特征线和底部特征线,在提取区域内往往存在很多特征线,可以采用邻域方向优先的方法进行特征线的追踪。其基本思想如下:

①首先对候选特征点进行分类。将特征点根据其在坡、坎、陡崖上的位置,归入顶部候选特征点集合和底部候选特征点集合。

②基于坡、坎、陡崖顶部特征点和底部特征点分别构造顶部特征线段和底部特征线段。由于伪边缘的存在,特征点与其邻域特征点的关系包含 3 种情形:只有一个邻域点(1:1)、含有两个邻域点(1:2)以及含有多个邻域点(1:多)。

③根据特征点的邻域关系搜索特征线的起始端点。由于特征线起始点通常为只含有一个邻域的特征点,因此,只需搜索邻域关系为(1:1)的点作为特征线的起始点即可。

④从特征线起点开始特征线的追踪。追踪的过程如下:首先判断当前特征点是属于底部候选特征点集合还是顶部候选特征点集合,对于当前特征点,若其邻域只有一个候选特征点,且该点已被处理,则标记当前特征线追踪完毕;若邻域含有两个候选特征点,则选择没有被处理的点作为该线的下一特征点,继续追踪;若邻域含有多个候选特征点,则采用“方向优先”原则选择下一特征点,直至所有特征点处理完成后追踪结束。

⑤由于伪边缘的存在,在特征线追踪完成后,以特征线上点的个数作为阈值,删除点数小于阈值的特征线。由于实际地形的复杂性以及激光点采集的随机性,自动提取的特征线必须通过人工辅助编辑才能用于大比例尺三维数字线划地形图的制作。

(4)特征线符号化

特征线提取完成后,还需要对特征线进行符号化,才能让专业技术人员直观地了解特征线所表达的信息。应将追踪并编辑完的特征线导入到专业的成图软件中,利用成图软件中的符号库将特征线设置为标准地图图式规定的样式。

2)地形图要素采集

数字线划地形图(DLG)要素的采集分为等高线、注记点采集和地物、地表形态采集两部分。高精度、高密度的激光点云数据生成的 DEM 可以自动生成等高线及高程注记点,以数字正射影像为参考,在 AutoCAD 等环境下,可以绘制数字线划图的地物、地表形态等要素,然后将成果叠加起来生成完整的 DLG。

(1)等高线自动绘制

等高线是地面上高程相等的相邻各点所连的曲线,等高线由数字地面模型自动内插生成。根据高精度的数字高程模型自动绘制等高线主要包括以下两个步骤:

①利用数字高程模型的矩形或方形格网点的高程,内插出格网边上的等高线位置,并将这些等高线点按顺序排列;

②利用这些顺序排列的等高线点的平面坐标(X,Y)进行插补,即进一步加密等高线点,并绘制成曲线。

基于密集激光点云数据构建的 DEM 数据可如实地反映地表的真实状况,利用 DEM 数据进行自动绘制的等高线相对圆滑。对于局部存在褶皱、不圆滑处,需要在 CAD 中手工编辑才能满足制图的要求,如图 3-16 和图 3-17。

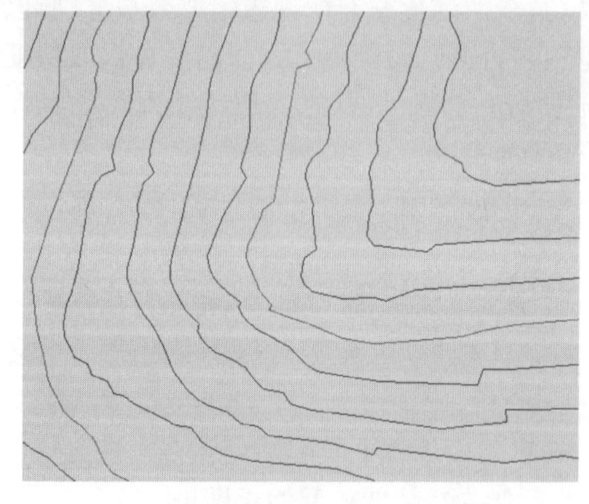

图 3-16　编辑前等高线

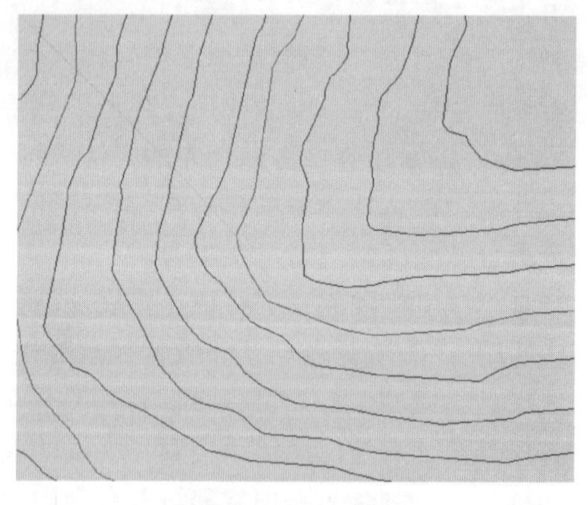

图 3-17　编辑后等高线

(2)高程注记点生成

为了便于在地形图上判定各点的高程,在山顶、倾斜变换点以及等高线的适当部位都应有高程注记。等高线的高程注记,通常注在山脊、山谷等处。

高程注记点的高程值主要是由激光点云内插得出。选择要注记的点的位置,并记录下点的 x、y 坐标值,进而可内插出注记点的高程值。

(3)坎、坡、陡崖等半自动化绘制

陡坎是各种天然形成和人工修筑的坡度在 70°以上的陡峻地段。

在数字线划地形图的成图工作中，陡坎的判断如由人工完成需要占用大量时间。通过自动陡坎探测，在影像上标注出分布于陡坎上下的激光数据点，即可结合这些激光点数据绘制坎、坡、陡崖等。

(4)地物要素采集

交通及附属设施、电力线、管道、水系及附属设施、植被及耕地、园地及林地等各种地形图要素的采集，主要采用"激光点云辅助正射影像进行矢量化法"进行。地物要素采集方法如下：

①在绘图前应对正射影像和激光点进行匹配检查，如果二者不符，应及时查明原因，确定不符对象及其范围，并采取合理可行的补救措施。

②根据正射影像图绘制明显的地物，包括道路、房屋、河流、水塘、电力线等，并按规范进行分类分层。

③在地物判别不太明显的情况下可以参考原始影像。其中绘制房屋时一定要考虑其投影变形，在靠近投影中心的一边要根据房屋地面线绘制，另一边要根据屋顶投影大小对其进行改正。绘制两边有树木的道路时，要考虑树木阴影，可选择在没有树木遮挡的地方测量出路的宽度，然后根据没有遮挡的路边线来估算绘制路的另一边。

④绘制地类界、管线(含一般电线、通讯线、地下管线等)、田埂、陡坎、水沟等，要尽量绘详细，以方便实际调绘。

⑤利用原始激光点数据对房屋和桥梁进行平面位置改正。将需要改正的房屋或桥梁区域选中，然后导入对应区域的地面激光点数据和非地面激光点数据，用不同的颜色进行区分。由于激光点是直接的三维坐标，没有投影差，因此其平面精度是非常高的，根据其高程值大小，可以区分是在房屋上还是在地面上，根据房屋上激光点的范围就可以准确地确定房屋的位置。

⑥自检和互检程序。每幅图完成后，首先要进行自我检查，看是否有漏绘的或者绘错的，对误差比较大的地方应进行改正。然后，内业绘图员之间要相互进行检查，由于每个人的判别都不一样，通过互检可以减少判读错误。

3)地形图外业调绘

地形图外业调绘主要包括：一是野外调绘，即对内业判绘的地物要素属性进行现场确认，核查图上地物要素表示是否齐全，对于有影像的要素可根据影像进行判读补绘，没有影像或影像不清晰的要进行实地测量；二是利用 GNSS-RTK、全站仪等实地测量方法进行野外数据采集，包括对图上未表示且没有影像描绘的要素进行补测，以及图上表示了但处于重要范围内的重要因素，要对其位置重新进行精确定位补测。

结合测区和公路设计特点，地形图外业调绘需要特别注意以下事项：

(1)对建筑物属性(层数)、材质要进行准确调绘，对于在图上无法识别或分清楚的建筑物，利用全站仪或 RTK 进行补测，以反映出建筑物之间的相对关系。当需要绘制草图时必须绘制。草图不求精确，只要同幅图的比例基本一致，地物的相互关系清晰，事后内业处理时不易误判即可。

(2)各类地理名称和工矿企业名称、村镇名称、植被名称等需准确调注。

(3)设计图中的桥头、隧道口、立交互通处的地物需准确调绘及测注。

(4)应实测设计中心线 300m 以内的各类管线及附属设施。高压线应实测其塔架或电杆位置并注明电压值，低压线和通讯线要测出各个杆位，并分清走向。

(5)测区范围内重要的道路(水泥路，沥青路)要实测出路边线，其他主要道路需选择性实测并按规范、图式要求注记等级和建筑材料。

(6)对已有桥梁，须准确测绘出桥梁主体和桥墩的位置。

(7)对于控制线路方案的重点路段，如隧道、特大桥、大型互通式立交、重大不良地质地段、隐蔽地段等，要仔细测量、调绘；不能遗漏重要水渠(特别是山脚的水沟)、地物等对设计有重要意义的地形、地貌，不能遗漏每一条宽大于0.5m的小水沟或人行小路。

(8)现有桥梁和涵洞位置，必须测量和标注对应的桥面、洞口顶高程及河底、沟底高程。如果有下穿的交叉道路，要测量梁底高程。

(9)对于地形图的文字注记，应使用统一字体，字体大小按现行的《国家基本比例尺地图图式》标准确定，文字宽高比0.8，一般不得另行改动和变更。但沿线村名的字体应比国标大一号，并且用红颜色标注，以表示与其他字体的明显区别。在线路经过处，须标明各市、县的分界线。

(10)注意统一大面积的地物符号填充间距，高程点注记至0.1m。

(11)提交地形图时，要及时展绘控制点。地形图上的平面、高程控制点(GNSS点、水准点)如在测图范围以外，需在点之记上绘出控制点所在位置的简易地形图。

(12)其他地物的调绘参照规范、图式执行。

在完成数字线划地形图的等高线自动绘制、地形图要素采集和地形图外业调绘等工作后，根据相应地形图图式要求完成地形图编辑，即可生成满足项目需要的大比例尺线划地形图。

3.5 工程应用

3.5.1 工程概况

贵州省道真至新寨高速公路道真至瓮安段是《贵州省高速公路网规划》中的第三纵线的北段。项目建设里程全长249.784km，其中主线里程长243.703km，道真支线长6.081km。项目主线起于渝黔交界重庆市南川区福寿场，顺接重庆南川至贵州道真高速公路重庆段项目，经道真、正安、绥阳、湄潭、余庆等地至瓮安，与在建的贵州省“678网”之第三纵线中段瓮安至马场坪高速公路顺接(图3-18)。

项目建设规模为设计速度 v =80km/h 四车道高速公路，路基宽24.50m。项目大部分位于贵州省遵义市(里程长211.321km)，经遵义市道真(里程长47.831km)、正安(里程长51.950km)、绥阳(里程长16.780km)、湄潭(里程长76.430km)、余庆五县(里程长18.330km)，终点段位于黔南布依族苗族自治州瓮安县(里程长38.463km)。项目主要控制点为起点重庆市南川区福寿场、道真、正安、湄潭流河渡、终点瓮安县陆家寨。

项目区域位于贵州高原北部向四川盆地过渡的斜坡地带，是大娄山脉的东南段，平均海拔高程为460～1 070m，相对高差为100～200m，地形高低差异明显，但全线地势高低走势不明显，主要的山峰、河流受构造控制明显，走向往往与构造线方向一致。测区以岩溶地貌及侵蚀构造地貌为主，局部区域呈现喀斯特地貌。在该项目地区，传统航空摄影测量方法受天气、地形、植被的影响,仅可满足方案选线与比选的要求,难以获得工程设计所需的高精度、现势性强的大比例尺地形资料;若采用全球定位系统、全站仪或 GNSS-RTK 等测量方式进行人工地面测量,由于地势陡峭、人力很难到达测量现场,且通视条件差,也很难适应工程建设需要。

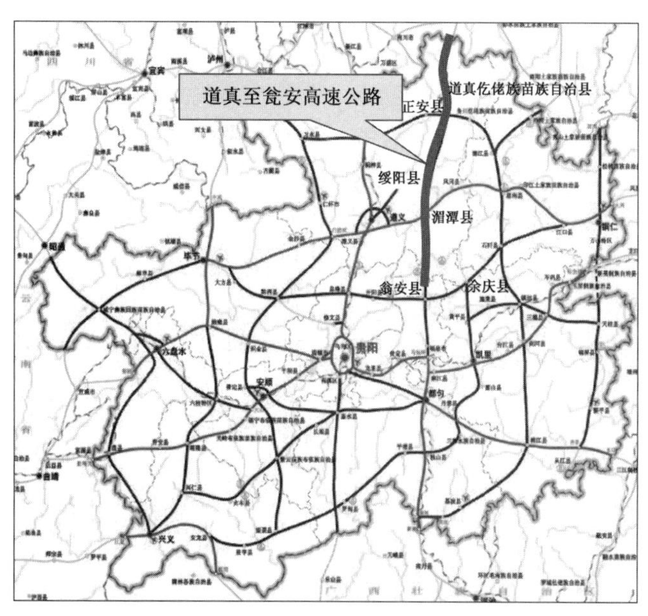

图 3-18　道真至瓮安高速公路区域地理位置

通过将机载激光扫描测量技术应用到道真至瓮安高速公路勘察设计中,不仅地形数据获取速度快、精度高,人工地面工作量极少,而且成果精度满足施工图设计阶段横断面生产的需要,全面提高了公路勘察设计的质量与技术水平,极大降低了外业劳动强度,显著提高了公路测设效率,大幅缩短了公路测设周期。

3.5.2　工程技术应用

道真至瓮安高速公路机载三维激光扫描采用的机载激光扫描设备为美国 Trimble 公司的 Harrier68i 系统。激光扫描仪的型号为 Riegl LMS-Q680,脉冲频率 80 ~ 400kHz,扫描频率 10 ~ 200Hz,扫描角度 45° ~ 60°;数码相机为 Trimble AC P65 +,影像尺寸 6 000 万像素;惯导系统型号属 Applanix POS/AV 系列,采样频率 200Hz;采用运五为激光扫描测量系统搭载平台,起降机场为贵州铜仁机场,机场距离测区较远,为 170 ~ 230km。

为满足项目定测与施工图设计要求,道真至瓮安高速公路机载三维激光扫描的数据采集及测量成果基本技术要求如下:

(1)坐标基准:

①平面坐标系统:西安 80 坐标系(中央子午线为 107°30′,K37 ~ K98 段抵偿投影面为 650m,线路两端抵偿投影面为 900m)。

②高程系统:1985 国家高程基准。

(2)数据采集范围:项目主线(含推荐线、比较线以及连接线)采集范围为路线中心线两侧各 300m,线路两端向外延伸 1 000m;全线服务区、停车区及枢纽互通等,根据勘察设计需要增加数据采集范围。

(3)激光点间距小于1.0m,激光点云旁向重叠度≥10%。

(4)原始数码影像地面分辨率优于0.20m,影像航向重叠度≥56%,影像旁向重叠度≥15%。

(5)数据成果平面精度0.5m,高程精度0.2m。

(6)DOM成果地面分辨率0.2m,TFW格式。

(7)DEM成果格网间距1.0m,XYZ格式。

(8)地形图成图比例尺1:2 000,基本等高距2m,DWG格式。

根据制定的项目基本技术要求,本着高效、经济的原则,确定了项目机载三维激光扫描的原始影像地面分辨率、原始激光数据密度、飞行相对航高和飞机地速等主要技术参数,详见表3-6。

数据采集主要技术参数 表3-6

相对航高(m)	800	相机分辨率(像素)	6 000万
飞机对地速度(km/h)	180	焦距(mm)	50
激光扫描频率(kHz)	100	影像地面分辨率(m)	0.12
激光扫描角(°)	60	影像航向重叠度(%)	60
激光点距(m)	0.85	影像旁向重叠度(%)	15~30
激光带宽(m)	920		

机载激光扫描数据采集实施过程中,项目共布设8处地面GNSS基站,并全部架设于已有的四等GNSS点。参考站两点之间间隔大约30km,起点和终点参考站离线位起点和终点间隔大约10km。道真至瓮安高速公路机载三维激光扫描测量共完成94条航线数据采集(图3-19),航线总长度约1 290km。

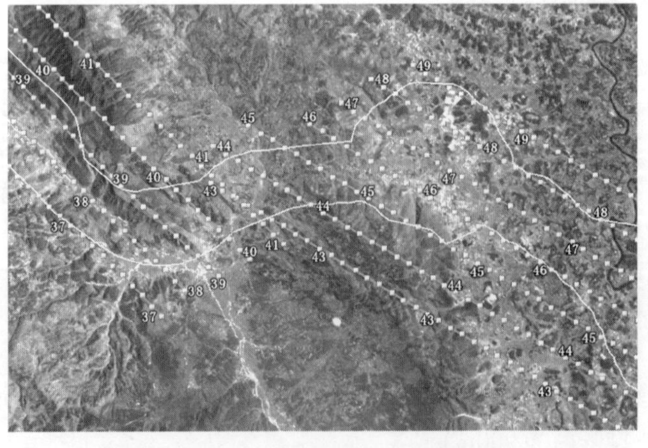

图3-19 道真至瓮安高速公路航线设计图(局部)

贵州省道真至瓮安高速公路工程机载激光扫描测量制作完成了满足项目定测与施工图设计精度要求的高精度数字高程模型、高分辨率数字正射影像及大比例尺数字线划地形图等基础地形资料，成图总面积达 337.30km^2；基于密集的激光点云数据，生成了纵、横断面三维地面线等勘察设计所需的大比例尺、高精度三维地形数据。

机载三维激光扫描测量完成后，项目采用共 351 个水准测量坐标数据，对道真至瓮安高速公路机载激光扫描点云数据进行了高程精度检测，高程精度统计详见表 3-7，高程误差分布直方图见图 3-20。

激光点云数据高程精度统计（m）　　表 3-7

最大值	最小值	平均值	中误差
0.302	-0.396	-0.043	0.134

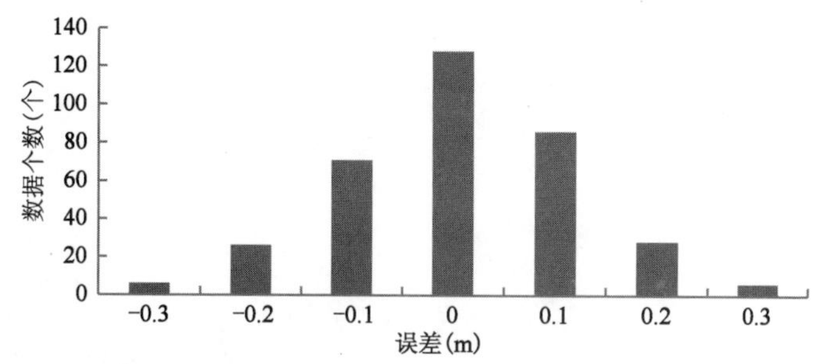

图 3-20　激光点云数据高程精度统计直方图

道真至瓮安高速公路工程沿线布设了大量四等 GNSS 控制点及一级 GNSS 导线点（图 3-21），在高分辨率数字正射影像图上可以十分清晰地识别出来（图 3-22）。项目共识别出 238 个基础控制点的影像标志，通过计算影像坐标值与实测坐标值的差值，用以评价数字正射影像图的平面精度。数字正射影像平面精度统计见表 3-8。

图 3-21　控制点标石正面图像

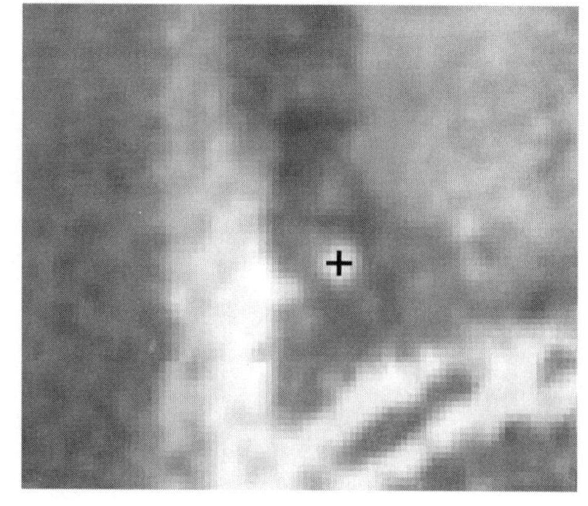

图 3-22　控制点的影像特征

数字正射影像平面精度统计（m）　　表 3-8

最大值	最小值	平均值	中误差
1.053	0.009	0.412	0.483

项目利用机载三维激光扫描数据对全部实测中桩高程进行了精度复核，共复核中桩高程

数据 21 839 个，具体复核情况见表 3-9。项目采用水准测量方法对误差较大的路线中桩(图 3-23)进行了高程复测，复测高程坐标与激光扫描测量成果一致。

中桩实测高程复核精度统计 表 3-9

误差绝对值(m)	中桩数量(个)	百分比(%)
0.0 ~ 0.5	20 507	93.90
0.5 ~ 1.0	812	3.72
1.0 ~ 2.0	364	1.67
>2.0	156	0.71
总数	21 839	100.00

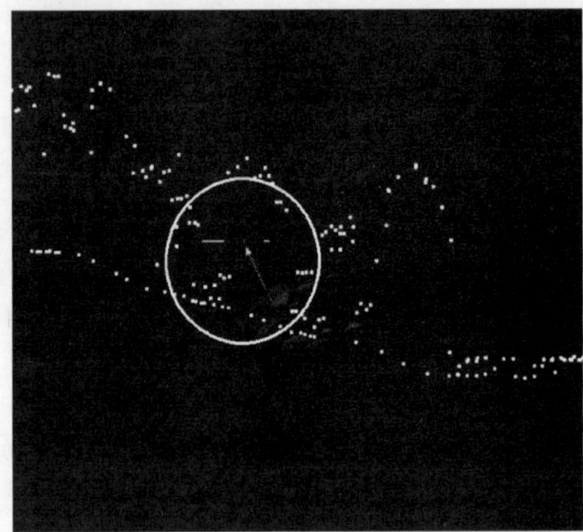

图 3-23 植被覆盖导致人工实测出现较大误差

第4章 改扩建公路激光扫描测量技术

4.1 引 言

随着交通量的激增，不少早期建成的高速公路已经达到或者超过了其设计通行能力；由于功能以及交通地位的提高和路网功能的变化，部分高速公路也出现了交通拥堵、服务水平下降等现象。此外，汽车车型结构和轴载结构变化、路面灾害增加等因素，也使得一些公路不堪重负。对既有公路的改建、扩建、提升路面等级，适应社会经济发展的需要，已经成为公路建设事业的新热点。

公路改扩建的前提为精确全面掌握既有道路的信息，从而在了解公路平、纵、横断面的情况下确定合适的改扩建方案。然而，由于常年的运营和修护，公路的横、纵面形状会发生较大改变，道路竣工资料的精度不能满足改扩建工程的设计要求。为此，需要通过实地测量获取既有道路及其附属结构等的三维信息。而为最大限度地利用现有道路路面，实现桥梁、路基等构造物的无缝拼接，公路改扩建工程对测量的精度要求远高于新建工程。

传统的作业方式，需要大量的人工上路测量，有存在安全隐患、干扰交通、效率低等不足。激光扫描测量技术，集成激光测距技术、惯性导航系统和高精度动态 GNSS 差分定位技术，可在不干扰交通流的情况下快速采集所需的精确三维空间信息。目前应用的激光扫描测量技术包括地面型、车载型和机载型。地面激光扫描测量技术的平面和高程精度均可以达到毫米级，可广泛应用于公路建设过程中的工点测量、桥梁和隧道变形检测等方面。但是由于视野的限制，地面激光扫描测量技术不适宜应用于大面积的精密数字地面模型测量中。

车载激光扫描测量技术是以汽车作为激光扫描仪的运载工具，整个系统由激光扫描仪、IMU 姿态测量系统、GNSS 定位系统、计算机控制系统和点云处理系统组成。由于车载激光扫描仪的高度只有 3 ~4m，扫描的距离低，同时由于车载激光扫描的点云密度达到 600 ~1 000 个/m^2，点间距只有 0.03m 左右，可以克服点间距大而使内插高程误差大的问题，因此车载激光扫描测量可以获得较高的测量精度。

机载激光扫描测量技术，以飞机作为运载平台从空中实现对地精确扫描。随着激光扫描测量设备的不断进步，通过低空作业，机载激光扫描的点云密度可达到 60 个/m^2，由于机载激光扫描测量视角开阔，不易被遮挡，从上往下扫描也更容易穿透植被而获取真实地表信息，因此机载激光扫描测量可以获得较高的测量精度，同时数据信息也更加完整。

本章将主要介绍公路改扩建机载、车载激光扫描测量技术。具体将分别从改扩建公路高精度数据采集、改扩建公路激光扫描测量控制模式、改扩建公路激光数据精化处理、既有道路特征信息提取 4 个方面进行详细介绍，最后给出一个完整的工程应用实例。

4.2 改扩建公路高精度数据采集

目前公路改扩建常用的数据采集方法中,公路周边数字线划地形图主要通过航空摄影测量的方法得到,道路沿线精确的平面坐标和高程则主要通过 GNSS 测量、全站仪测量、水准测量方法得到。

1)航空摄影测量

航空摄影测量是非常成熟的技术,可以大面积获取地形等的空间信息。利用航空摄影测量技术获取空间信息,可以获得包括 DEM、DTM 和 DSM 等的成果。但是这种方法数据处理自动化程度依赖于图像质量及载体姿态,数据处理过程复杂,且对于植被茂密的地方,无法获取精确的地形信息。

2)GNSS 测量

GNSS-RTK 定位技术是以载波相位观测值为根据的实时差分 GNSS 技术,是 GNSS 测量技术与数据传输技术的结合,是 GPS 测量技术中的一个新突破。RTK 定位系统由基准站和流动站组成,其原理是取一个或若干点位精度较高的首级控制点作为基准站,安置一台或若干台接收机作为参考站,对卫星进行连续观测,流动站上的接收机在接收卫星信号的同时,通过无线电传输设备接收基准站上的观测数据,计算机根据相对定位的原理实时计算显示出流动站的三维坐标信息。

以前的静态、快速静态、动态测量都需要事后进行解算才能获得厘米级的精度,而 GNSS-RTK 能够在野外实时得到厘米级的定位精度。GNSS-RTK 方法可以同时获得平面坐标和高程,是目前公路勘测最常用的测量方法。采用 GNSS-RTK 方法测量时一般采用对中杆进行,由于对中杆不可能精确对中整平,因此可能引起较大的测量误差。

3)全站仪测量

采用全站仪方法可以同时获得平面坐标和高程,在公路勘测中,通常使用半测回方法进行平面和高程测量,即水平角和垂直角均采用半测回进行测量。棱角采用对中杆架设,有可能出现较大的误差。

4)水准测量

水准测量只能获得点的高程,水准测量方法是相同条件下测量高程精度最高的方法,高等级的水准测量可以获得毫米级的高程精度,公路勘测中经常使用四等水准测量和等外水准测量的方法。

这些传统的公路数据采集技术及方法已经非常成熟,但利用传统技术进行公路改扩建的空间数据采集也存在诸多缺点。主要存在如下几点缺陷:

(1)存在较大安全隐患。这些方法有大量的人工上路测量作业,遇路面快速行驶的车辆极易酿成交通事故,构成重大安全隐患。

(2)对正常交通秩序造成干扰。为了获取精确的既有道路信息,需要人工上路进行大量的 GNSS-RTK 和水准测量作业,将不可避免地干扰正常交通。

(3)测量工作量大、效率低。GNSS-RTK 和水准测量属于单点测量,为获取道路沿线的纵横断面数据,野外工作量非常大。

(4)信息不完整。为了减少工作量、降低工作强度,往往在地面/路面间隔20m采集一个数据点,不能满足改扩建线形拟合与恢复的需要。

(5)测量成本高。大量野外作业,造成人力和物力成本较高。

传统方法要花费大量的人力、物力等资源,采集速度已远远不能满足当前工程建设的需求。更为重要的是,随着经济社会的发展,如何在不干扰交通流的情况下高效快速地获取高精度数据是一个重大难题。因此,有必要引进激光扫描测量这一先进的空间信息获取技术与手段。

4.2.1　机载激光扫描测量的数据采集

机载激光扫描数据采集,是通过激光发射装置按设置好的时间间隔不断发射激光束,激光束打在反射镜上,通过反射镜的左右摆动,将激光束反射到地面上。激光束碰到物体,将发生反射,此时机载接收装置将记录返回信号,即记录一个相应的数据点。激光束在发生反射时,并非一次全部反射。当激光束经过多次反射时,接收装置将记录多个相应的数据点。飞机沿航线飞行,激光发射、接收装置不断采集、记录地面数据点,从而完成整个区域的数据采集。

高精度原始机载激光扫描数据的采集,是整个工程成败的关键。为此,需要针对公路改扩建的精度要求和机载激光扫描数据采集的特点,确定合适的激光扫描系统,选择合适的飞行平台和飞行参数,研究和探讨具体的采集方案,按照事先制定的详细飞行计划实施。

1)飞行平台

目前,国内已经投入使用并成功应用的机载激光扫描飞行平台主要有:小型飞机如运五B、运十二,小型直升机如贝尔206系列、雷鸟等。

改扩建公路激光扫描测量优先选用直升机获取激光扫描数据(图4-1),它能进行超低空飞行,有利于获取更加精确的激光扫描数据。

图4-1　直升机飞行平台

2)机载激光数据采集任务设计

公路改扩建机载激光数据采集任务设计,有其自身的特点。总的说来,数据采集方案从高效、经济的原则出发,需综合考虑仪器设备的性能、地形、地势、高差、摄区形状、航高、航向重叠度、旁向重叠度和航行协调等一系列要素进行设计,以使最终的激光扫描三维测量数据的精度达到高等级道路改扩建的精度要求。

根据道路改扩建工程对路面和路外精度要求不同的实际特点,结合激光扫描设备的激光束性能和激光点密度等指标,采用高空+低空的两次数据采集方式(图4-2)。

(1)高空数据采集:主要用于路线、互通立交及服务区等大范围的高分辨率数码影像拍摄与大比例尺数字线划地形图生成,需要进行航线设计。

(2)低空数据采集:主要用于获取路线两侧各100m范围内的高密度、高精度激光点云数据,沿高速公路中心线飞行,不需进行航线设计。

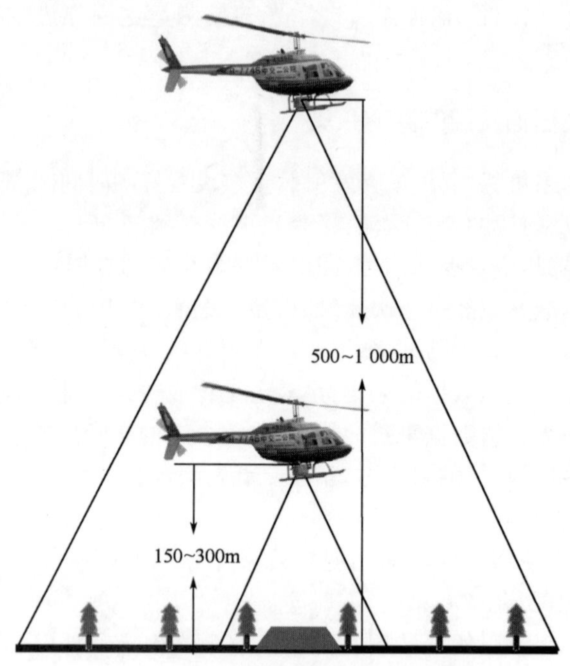

图4-2 高空+低空的机载激光扫描数据采集方案

在航线设计中,应本着"点云密度尽量大,兼顾飞行效率"的原则。点云密度是航线设计中最为重要的一个基本参数,因为点云密度决定了对地形地物表达的精细程度,因此必须首先确定。在设计过程中,围绕点云密度确定相关的其他基本参数,如激光发射频率、扫描频率等。在公路改扩建工程中,通常需要提取公路上的车道标线来拟合老路线型要素,而我国车道标线宽度为0.15~0.20m,为了保证利用点云强度信息能成功识别出车道标线,要求路面点云密度宜大于40个/m^2。而在路外部分,0.5m的激光点间距足以精确反映地形变化,满足横断面、数字高程模型生产等需要。为此,公路改扩建工程的点云密度宜满足表4-1的要求,且分布均匀。

采用这种高空+低空的两次数据采集方式,既可满足公路改扩建工程定测与施工图设计的经济技术指标,同时也能获取项目所需的大范围3D(DEM、DOM、DLG)数字产品。

激光点云密度要求(个/m^2) 表4-1

参数类型	路　面	路　外
激光点云密度	≥40	≥4

3)机载激光扫描测量系统

公路改扩建工程对路面数据精度要求非常之高,为此需要选择能满足精度要求的机载激光扫描系统。这里,尤其需要对激光扫描测量系统中的两个核心部件——激光扫描仪和 IMU 惯性导航系统进行考量。

(1)激光扫描仪

对于公路改扩建项目,宜选择发散度小的激光测量系统,发散度宜不大于 0.5mrad。激光扫描仪应能提供点云强度信息,宜具有接收无穷次回波功能。激光扫描仪的激光发射频率宜根据式(3-1)确定。

(2)IMU 惯性导航系统

在讨论如何选择 IMU 惯性导航系统前,首先概略分析 IMU 测量俯仰角、侧滚角和航偏角误差对激光脚点的影响。

为方便分析,以线扫描方式进行讨论。在地面坐标系中,激光扫描中心的坐标为 $O(X_0, Y_0, Z_0)$,由 GNSS 测量得到,IMU 测量得到的激光扫描器的俯仰角、侧滚角和航偏角分别为 ϕ、ω、κ,根据共线方程,可以计算出激光点在地面坐标系中的坐标(X_p, Y_p, Z_p):

$$\begin{bmatrix} X_p \\ Y_p \\ Z_p \end{bmatrix} = \begin{bmatrix} X_0 \\ Y_0 \\ Z_0 \end{bmatrix} + \begin{bmatrix} a_1 & a_2 & a_3 \\ b_1 & b_2 & b_3 \\ c_1 & c_2 & c_3 \end{bmatrix} \begin{bmatrix} 0 \\ S\sin\beta \\ S\cos\beta \end{bmatrix} \tag{4-1}$$

式中: S——斜距;

β——扫描角;

$(a_i, b_i, c_i)(i=1,2,3)$——由俯仰角、侧滚角和航偏角所构成的旋转矩阵的元素,其具体表达式如下:

$$\begin{aligned} a_1 &= \cos\phi\cos\kappa - \sin\phi\sin\omega\sin\kappa \\ a_2 &= -\cos\phi\sin\kappa - \sin\phi\sin\omega\cos\kappa \\ a_3 &= -\sin\phi\cos\omega \\ b_1 &= \cos\omega\sin\kappa \\ b_2 &= \cos\phi\cos\kappa \\ b_3 &= -\sin\omega \\ c_1 &= \sin\omega\cos\kappa + \cos\phi\sin\omega\sin\kappa \\ c_2 &= -\sin\phi\sin\kappa + \cos\phi\sin\omega\cos\kappa \\ c_3 &= \cos\phi\cos\omega \end{aligned} \tag{4-2}$$

为简化问题,这里不考虑激光测距误差和扫描角误差,只考虑系统只受到姿态角测量误差的影响且姿态角均为 0 的情况。当姿态角均为 0 时,激光点坐标为:

$$\begin{aligned} X_p &= X_0 \\ Y_p &= Y_0 + S\sin\beta \\ Z_p &= Z_0 + S\cos\beta \end{aligned} \tag{4-3}$$

设俯仰角、侧滚角和航偏角误差分别为 $\mathrm{d}\phi$、$\mathrm{d}\omega$、$\mathrm{d}\kappa$,激光点坐标的计算公式为:

$$\begin{aligned} X_p &= X_0 + (-\sin\mathrm{d}\kappa - \sin\mathrm{d}\phi\sin\mathrm{d}\omega) \times S\sin\beta - \sin\mathrm{d}\phi \times S\cos\beta \\ Y_p &= Y_0 + S\sin\beta - \sin\mathrm{d}\omega \times S\cos\beta \\ Z_p &= Z_0 + (-\sin\mathrm{d}\phi\sin\mathrm{d}\kappa + \sin\omega) \times S\sin\beta + S\cos\beta \end{aligned} \tag{4-4}$$

式(4-4)减去式(4-3),可以得到姿态角误差对激光点坐标定位的影响为:

$$\Delta X_{p} = (-\sin d\kappa - \sin d\phi \sin d\omega) \times H\tan\beta - H\sin d\phi$$
$$\Delta Y_{p} = -H\sin d\omega$$
$$\Delta Z_{p} = (-\sin d\phi \sin d\kappa + \sin\omega) \times H\tan\beta \quad (4\text{-}5)$$

式中：H——航高，其值为 $S\cos\beta$。

从式(4-5)可以发现，IMU 测角误差对激光点定位的影响规律如下：

①仅有俯仰角误差时，主要影响激光脚点航向定位精度，航高越高，影响越大，对激光脚点旁向定位和高程没有影响。

②仅有侧滚角误差时，主要影响激光脚点旁向定位精度和高程精度，航高越高，影响越大，对激光脚点航向定位没有影响；同一航高下，激光脚点旁向定位精度与激光扫描角无关，激光脚点的高程误差随扫描角的增大而增大。

③仅有航偏角误差时，主要影响激光脚点航向定位精度，航高越高，影响越大，对激光脚点旁向定位和高程几乎没有影响；同一航高下，航偏角误差对激光脚点航向定位精度的影响随扫描角的增大而增大。

④总体而言，IMU 对激光点定位的精度影响随航高的增加而增大，对平面的影响远大于对高程的影响。在同一航高下，IMU 测角误差对激光点航向定位和高程的影响随扫描角增大而增大，对旁向定位精度的影响与扫描角无关，且对激光点航向定位精度的影响远大于旁向定位精度的影响。

通过误差分析和模拟数据计算，建议 IMU 侧滚、俯仰和航偏角的测量精度要求应根据航飞高度确定，具体可根据表 4-2 中的指标进行选择。

侧滚、俯仰和航偏角测量精度要求(°) 表 4-2

航飞高度(m)	改扩建公路(低空)		改扩建公路(高空)	
	侧滚、俯仰角	航偏角	侧滚、俯仰角	航偏角
200	≤0.010	≤0.015	—	—
500	≤0.003	≤0.007	≤0.010	≤0.015
800	—	—	≤0.005	≤0.008

4.2.2 车载激光扫描测量的数据采集

车载激光扫描技术以汽车作为运载工具。激光扫描仪测量其中心到地面点的距离和角度，其扫描速度可以达到每秒钟几万甚至几十万个点，密度约为 600 ~ 1 000 个/m^2；GNSS 定位系统测量扫描仪定位中心瞬时空间三维坐标；IMU 惯性导航系统测量激光扫描仪定位中心瞬时姿态。计算机控制系统对上述 3 个测量系统进行控制并记录测量数据，利用专业软件处理这些原始观测数据，便可以生成所需要的激光点云数据。

由于车载激光扫描技术中扫描仪的高度只有 3 ~ 4m，扫描距离短，相应的距离测量精度就高，同时由于车载激光点云非常密集，这进一步减少了内插计算引起的误差。因此，车载激光扫描技术可以获得非常高的测量精度，能达到改扩建公路勘测的要求。

在项目实施前，应对地面 GNSS 基准站、设备检校场、地面控制点以及激光点云控制点布设进行详细设计。项目设施过程中，在设备检校方面，应依据车载系统检校原理，选择合适场地并利用布设的一定数量的控制点，完成车载激光扫描系统的高精度检校工作；在数据采集中，应根据公路工程的实际交通情况和测区情况，设计合理的数据采集方案。

(1)车载激光扫描测量系统检校

车载激光扫描测量系统，与机载激光扫描测量系统类似，IMU 的参考坐标系与激光参考坐标系之间存在 3 个姿态角的偏移，又称安置角误差，必须通过严格检校消除其影响。车载激光扫描测量系统检校，需要预先选定合适场地进行检校场的布设。

目前，车载系统检校主要有如图 4-3 所示的 3 种模式。

激光设备的检校通常分为绝对检校和相对检校。一般说来，在实际项目生产中，由于检校场的测量存在一些问题，如工厂厂房测量的许可等，有时候会出现无法进行检校场测量的情况，这种情况下通常采用相对检校的方式。通过相对检校，可以确保各测回、各激光数据之间匹配良好，而整体精度则通过对地面控制点进行精化修正或者比对来计算。而绝对检校，则在检校过程中就利用地面控制点对激光数据进行校正，从而保证项目数据成果的可靠性。在实际项目中，这两种方法都被大量采用。对于公路改扩建工程项目而言，由于实际工程作业环境与检校作业环境可能不一样，绝对检校参数可能与实际并不完全吻合。考虑到工程对数据精度的高要求，建议采用相对检校加后期布设地面控制点的方式来保证数据成果精度。

车载设备检校场中需包含特征建筑物，对检校场地的具体要求如下：

①检校场宜选取在 GNSS 观测条件良好的城市郊区地带，周围无电磁等复杂情况干扰；

②建筑物周围宜有道路可方便车辆调头或者环绕，且道路应平坦，不会对车辆造成较大颠簸；

③检校场中宜有较大的建筑物，对于图 4-3a)中形式，交叉口处宜至少有两处较大建筑物；

④对车载设备进行绝对检校时，建筑物侧墙面上宜有窗户等可方便进行控制点的布设。

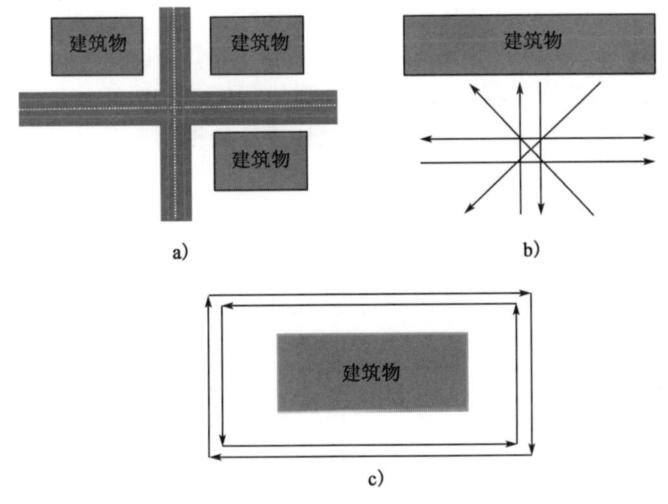

图 4-3　车载系统检校场模式

(2)车载数据采集

车载激光扫描测量数据采集的主要流程如下：

①进行车载设备检校场以及地面基准站、基础控制点、激光点云控制点的布设和测量工作，为项目成果质量控制打下坚实的基础；

②采集车载设备检校场的点云和数码像片数据，利用检校软件对检校场数据进行内业处理，获取车载设备高精度系统检校参数；

③按照设计的车载数据采集方案，完成测区车载激光扫描数据的获取，在采集过程中，利用控制器全面实时检测车载各传感器的运行情况；

④对采集数据及时进行处理和分析，如存在数据遗漏和质量不高的情况，应及时进行补测。

车载激光扫描数据采集的主要技术要求有：

①宜在数据采集车辆前后 50m 范围内安排前导车和后卫车协同数据采集；

②车辆应匀速行驶，速度应不小于 20km/h，且不大于 60km/h；

③车辆不宜急转弯行驶，转弯速度应不小于 20km/h，且不大于 30km/h；

④为防止 IMU 误差的累积，单次作业持续时间应不大于 3h；

⑤为尽可能避免边坡数据空洞，车辆应尽可能在紧急停车道行驶，且每个路段宜来回测量 2 次；

⑥在通过收费站、施工管制等路段时，宜提前联系疏通，使数据采集车不停车通过。

4.3 改扩建公路激光扫描测量控制模式

机载与车载激光扫描测量技术的定位原理相同，影响两者定位精度的主要误差源亦大同小异，主要有：量测误差与集成误差，具体又可分为激光测距误差、GNSS 定位误差、IMU 姿态误差以及各种传感器的集成误差，如视准轴误差、偏移分量误差等。在这些误差源中，大部分误差通过严格的系统检校可以得到很好的消除，最终激光测量数据的精度主要取决于 POS 系统的测量精度。为此，改扩建公路机载与车载激光扫描测量的控制模式基本相同。

仅仅经过系统检校后的机载、车载激光扫描测量系统，获取的成果还无法直接满足公路改扩建定测与施工图设计的精度要求。改扩建公路激光扫描测量控制是整个数据质量控制与提升中的重要环节，不同于新建公路工程，其不仅包括了基础控制点布设、地面基准站布设，还包括了路面控制点布设的内容。

4.3.1 控制模式

改扩建公路机载与车载激光扫描测量控制模式整体思路如图 4-4 所示。

预处理完毕的激光数据，一般处于 WGS-84 坐标系统，但是工程所需的最终平面成果通常应处于国家坐标系或工程坐标系，高程成果应处于正常高系统。首先，利用布设的基础控制点，将原始 WGS-84 坐标系下的基准激光点云转换到工程坐标系下。然后，利用沿线布设的路面控制点，对激光点云的平面和高程进行修正。最终，得到满足公路改扩建定测与施工图设计精度要求的精化后激光点云。

对于基础控制点布设，其作业方法与技术要求与新建公路相同，在此不再赘述。地面基准站布设数量应不少于 2 个，间距应不大于 30km。下面将着重介绍路面控制点布设与测量的相关内容。

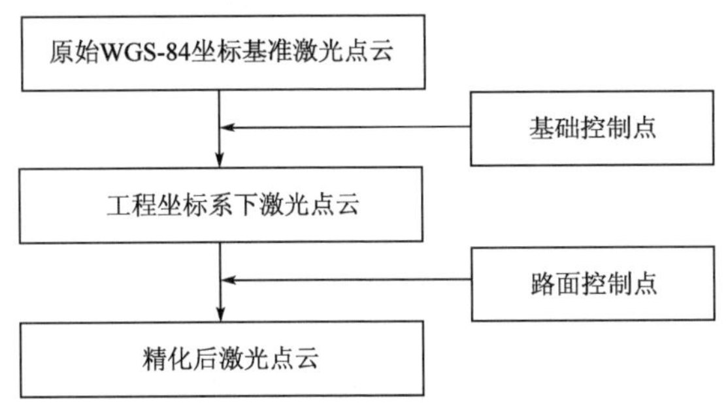

图 4-4　改扩建公路激光扫描测量控制模式

4.3.2　路面控制点布设与测量

路面控制点是指为了激光点云的后续精化处理，在路面上沿线布设的地面控制点，主要用于改善激光点云的平面坐标和高程精度。下面将分别从路面控制点布设间距、路面控制点的布设和路面控制点测量 3 个方面进行阐述。

1）路面控制点布设间距

下面将从运动动力学、POS 系统定位定姿的误差来源及分布的角度分析路面控制点布设间距的设置。

载体平台在 Z 方向的运动主要表现为载体的上下波动和颠簸运动，无论汽车还是飞机，一般均采用了减振技术，以尽可能保证其平稳运行。根据运动动力学分析，其运动轨迹方程必定满足一阶和二阶可导，即运动轨迹的曲线平滑，也就是说在载体平台运动过程中，其高程变化是有规律的，而不会出现瞬间的高程抖动。

对于 POS 系统而言，它通过差分 GNSS 和 IMU，利用 Kalman 滤波器实现组合定位。由于 GNSS 的数据采样频率较低，只有 1 ~ 10Hz，IMU 的采样频率可高达 200Hz 以上，因此，在 GNSS 信号良好的条件下，POS 系统的定位精度主要由 GNSS 保证，而 IMU 主要实现各 GNSS 定位点定位与姿态变化的拟合与加密，从而保证 POS 输出数据的平滑性。所以，由于 IMU 的辅助，POS 系统输出数据在 Z 方向的误差不是随机变化的，而是按照某一周期变化。为此，IMU 位置推算精度能够保持指定精度的时间区间即为所求的误差保证周期。

这里假设：

$$\Delta Z = \frac{1}{2}at^2 \tag{4-6}$$

式中：ΔZ——Z 方向定位误差；

a——加速度；

t——时间。

以加拿大 Novatel 公司的 POS/SPAN 系统为例，在无 GNSS 信号条件下，1min 内 POS 系统的 Z 方向精度下降到 0.13m，则有加速度 $a = \frac{0.13}{3\,600} = 0.000\,036\,11(\mathrm{m/s^2})$，所以在保证误差精度在 0.01m 的条件下，误差保证周期 T 为：

$$T = \sqrt{\frac{0.01}{a}} = \sqrt{\frac{0.01}{0.000\,036\,11}} = 16.64(\text{s}) \tag{4-7}$$

当载体的行驶速度为60km/h时,行驶距离约为277m,当载体的行驶速度为100km/h时,行驶距离约为462m。这表明,使用Novatel公司的POS/SPAN系统,当平台运动速度分别为60km/h和100km/h时,在约250m和500m的运动距离范围内,高程相对误差不超过0.01m。

针对POS系统在一段距离内相对精度非常高的特点,沿平台运动轨迹按一定距离布设高程控制点,在后续的数据处理中,将这些高程控制点用于修正激光扫描测量系统的高程误差,可以获得满足公路改扩建精度要求的测量数据。此外,高程控制点布设间距主要由POS系统性能和平台运动速度2个因素决定,POS系统性能越高、平台运动速度越快,高程控制点的布设间距可越大,即所需的高程控制点越少。

这里选取了某公路改扩建工程的机载激光扫描测量数据进行试验,分别选用不同间隔的路面控制点对激光数据进行精化处理,成果精度对比情况分别见表4-3和表4-4。

不同间隔平面控制点的激光点平面精度对比表(m) 表4-3

控制点间隔	平均值	中误差
无(仅基站)	0.129	0.132
30 000	0.054	0.075
25 000	0.056	0.071
20 000	0.049	0.066
15 000	0.049	0.061
10 000	0.037	0.045
5 000	0.030	0.041
2 000	0.028	0.039
1 000	0.028	0.038

不同间隔高程控制点的激光点高程精度对比表(m) 表4-4

控制点间隔	平均值	中误差
无(仅基站)	-0.089	0.091
10 000	-0.039	0.045
5 000	0.011	0.033
4 000	-0.024	0.030
3 000	-0.018	0.022
2 500	0.001	0.019
2 000	0.013	0.018
1 500	-0.014	0.020
1 000	0.005	0.013
500	-0.002	0.012
250	-0.003	0.013

从表中可以看出,仅利用基站进行坐标基准转换,激光数据的平面、高程精度无法满足高速公路改扩建定测与施工图设计的要求。利用平面和高程路面控制点,激光数据的精度均得

到明显改善，当每10km布设1个路面平面控制点、每1km布设1个路面高程控制点时，平面和高程精度将分别优于0.05m和0.015m。

通过上述理论分析和工程实际，可确定路面高程控制点间隔，机载宜不大于500m，车载宜不大于300m；对于路面平面控制点，间隔宜均不大于2 000m。为了减少路面控制点数量，路面控制点宜在道路两侧交叉布设。

2）路面控制点布设

布设路面平面控制点，主要是用于修正激光点云的平面位置。为此，首先需要能从激光点云中精确识别出路面平面控制点的坐标中心，这对路面平面控制点的形状和敷设材料都有特定的要求。

（1）路面平面控制点宜采用"┳"形或"╋"形等具有明显中心位置的几何图形，如图4-5。控制点尺寸根据激光点云间距确定，其标线宽度宜为2倍激光点云间距，长边长度宜为8～10倍激光点云间距。常用的机载、车载激光扫描测量路面控制点尺寸分别如图4-6和图4-7所示。

图4-5　"┳"形控制点示意图

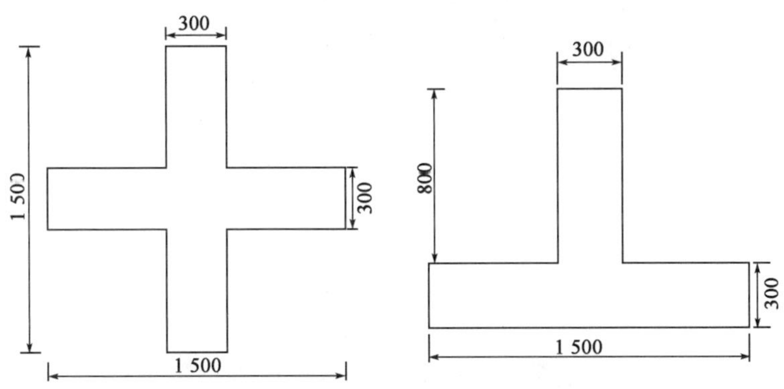

图4-6　机载激光扫描测量路面控制点常用尺寸（尺寸单位：mm）

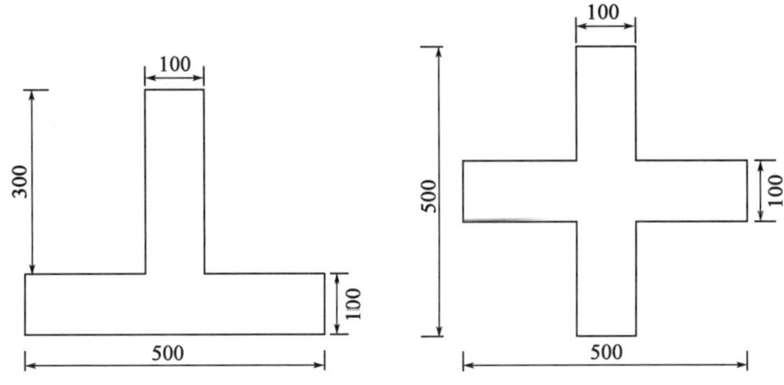

图4-7　车载激光扫描测量路面控制点常用尺寸（尺寸单位：mm）

(2)路面平面控制点喷涂:以添加了15% ~23%反光玻璃珠的白色溶剂型涂料或者热熔型涂料为原料,采用机喷或者手工涂刷的方式,在指定位置喷绘相应形状的控制标记(图4-8)。这种涂料能使控制标记具有与车道标线相似的高反射特性,这样通过激光点云的强度信息,可轻易地将路面控制点识别出来,并精确确定其中心坐标位置。

(3)对于车载激光扫描测量,由于激光点云密度非常之大,点云间距可达到0.05m以下,可以选取一些具有明显位置特征的点,如高速公路减速带等线状地物交角,或者地面交通标线(图4-9)等明显标记作为路面平面控制点。

图4-8　路面平面控制点的敷设

图4-9　地面交通标线

对于路面高程控制点,一般在沿道路两侧靠护栏的硬路肩上布设,距离路缘石0.2m以上。其不需从激光点云中进行识别,通常在路面平整处打入钢钉或刷漆涂绘标志进行标记即可。路面高程控制点布设示意图如图4-10所示。

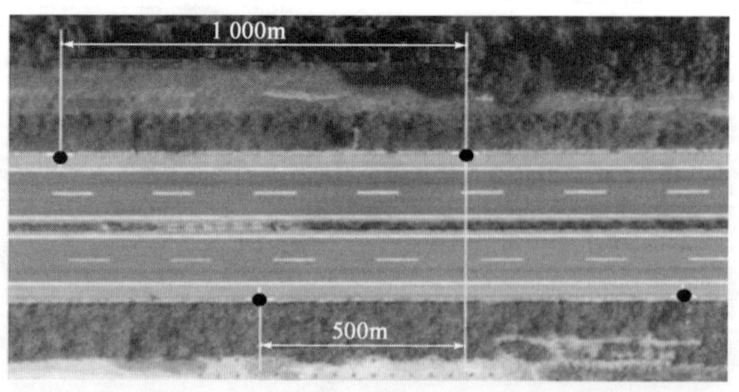

图4-10　激光点云高程控制点布设示意图

3)路面控制点测量

路面控制点应按路面平面控制点和路面高程控制点分类、统一编号并进行测量。

路面平面控制点测量等级应不低于四等,通常采用静态GNSS测量方式,观测技术要求应符合表4-5的规定。

路面平面控制点静态 GNSS 测量观测技术要求 表 4-5

基线长度(km)	≤10	GDOP	≤6
卫星高度角(°)	≥15	观测时间(min)	≥20
同步锁定卫星数(颗)	≥4	观测次数(次)	双基站 1,单基站 3

路面高程控制点的高程成果应不低于四等,其平面位置亦应测出,测量等级应不低于一级。路面高程控制点的高程应采用水准测量,水准测量应起闭于四等及以上高程控制点并应符合表 4-6 的规定。节点间的长度不得大于表 4-6 中规定的水准路线长度的 0.7 倍。

水准测量技术要求 表 4-6

每千米观测高差全中误差(mm)	水准路线长度(km)	视线长度(m)	观测次数		往返较差、附合或环线闭合差(mm)	
			附合或闭合路线	支线或与已知点联测	平原、微丘	重丘、山岭
≤10	≤16	≤100	往 1 次	往返各 1 次	$\leq 20\sqrt{L}$	$\leq 6\sqrt{n}$

注:L 为水准路线长度(km);n 为测站数。

路面高程控制点的平面坐标可采用 GNSS 测量或导线测量方式。GNSS 测量宜采用双基准站快速静态或 GNSS-RTK 方式,观测技术要求应符合表 4-7 的规定。多次测量点位较差小于0.1m时,可直接采用 1 次测量结果作为最后成果。

路面高程控制点 GNSS 测量观测技术要求 表 4-7

技术指标	快速静态	GNSS-RTK
基线长度(km)	≤10	≤5
卫星高度角(°)	≥15	≥15
同步锁定卫星数(颗)	≥4	≥5
GDOP	≤6	≤6
观测时间(min)	≥15	—
观测历元数(个)	—	>20
观测次数(次)	双基站 1,单基站 3	3

当卫星信号不好时,可以选用导线测量方式,其技术要求应符合表 4-8 的规定,其中导线网节点间的长度应不大于表 4-8 中规定的导线长度的 0.7 倍。

导线测量技术要求 表 4-8

测量等级	导线长度(km)	边数(条)	每边测距中误差(mm)	测角中误差(″)	方位角闭合差(″)	导线全长相对闭合差
四等	≤12	≤12	≤10	≤2.5	$\leq 5\sqrt{n}$	≤1/35 000
一级	≤6	≤12	≤14	≤5.0	$\leq 10\sqrt{n}$	≤1/17 000

注:n 为转折角个数。

4.4　改扩建公路激光数据精化处理

目前,激光点云数据处理中,主要对激光扫描器与IMU传感器之间的偏置角进行系统误差检校。无论车载激光扫描测量还是机载激光扫描测量,系统检校后的激光点云均无法满足公路改扩建平面优于0.05m、高程优于0.02m的精度要求。究其原因在于,激光扫描测量系统的测量精度主要受POS系统测量精度的影响,POS系统的定位误差与激光测距点的定位误差是1∶1的关系,而且仅在对应的一个方向上产生影响,即激光测距点x坐标的误差只与POS定位误差中x方向上的误差有关,y、z方向亦是如此。在GNSS信号良好的状态下,x、y方向上的测量精度可以达到20～30mm,z方向上的测量精度可以达到50～100mm。在GNSS信号受到干扰时,尤其对于车载激光扫描,通过隧道、立交桥等时GNSS信号容易被遮挡,此时POS系统的测量数据主要依靠IMU推算,将导致定位定姿精度快速下降。

为此,应在数据采集前,沿路按一定间距布设路面平面和高程控制点,从而可在数据后处理阶段,对激光点云的平面和高程坐标系统误差进行修正,达到改善激光点云数据质量的目的。

4.4.1　平面坐标修正

由于POS系统在短时间内的定位定姿精度有IMU保证,从而使得在一定距离范围内,激光点云数据的相对精度较高。为此,激光点云平面坐标修正采用分段纠正的方法,分段程度宜为5～10km/段,每个分段内路面平面控制点个数宜不少于3个,相邻分段的公共路面平面控制点个数宜不少于1个(图4-11)。

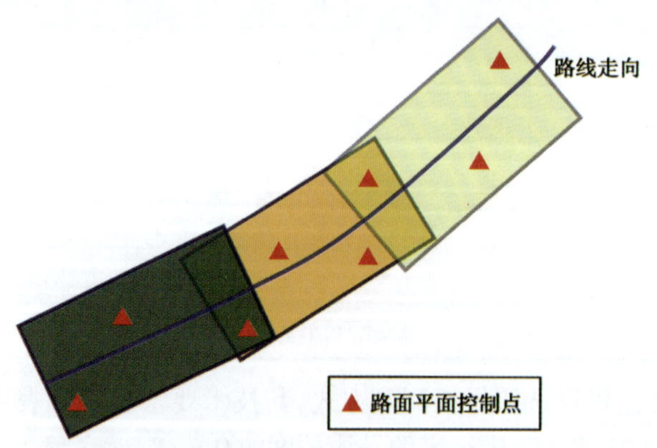

图4-11　平面坐标分段纠正示意图

对每个分段采用仿射变换模式进行修正:

$$\left.\begin{aligned}\overline{X} &= a_0 + a_1X + a_2Y \\ \overline{Y} &= b_0 + b_1X + b_2Y\end{aligned}\right\} \tag{4-8}$$

式中:(X,Y)——修正前的平面坐标;

$(\overline{X},\overline{Y})$——修正后的平面坐标；

a_i, b_i——仿射变换系数($i=0,1,2$)。

4.4.2　高程坐标修正

在路面控制点布设间距的章节中，对激光扫描测量的高程误差进行了分析，可以发现，在一定距离范围内，激光点云的相对精度非常高。为此，利用沿路布设的路面高程控制点，构建高程误差改正模型，可完成对激光点云高程坐标的修正。

高程改正模型构建，具体的实现步骤如下：首先，利用高程控制点的平面坐标内插计算激光高程，与对应的外业实测水准高程相减，获得每个高程控制点位置处的高程差值 dz。同时，根据激光点云数据范围生成最小包络矩形，形成4个虚拟控制点，虚拟控制点的高程误差取与之距离最近的高程控制点的高程差值。然后，以高程控制点和上述4个虚拟控制点的平面坐标和高程差值 dz，构建三角网，建立高程改正模型，如图4-12所示。

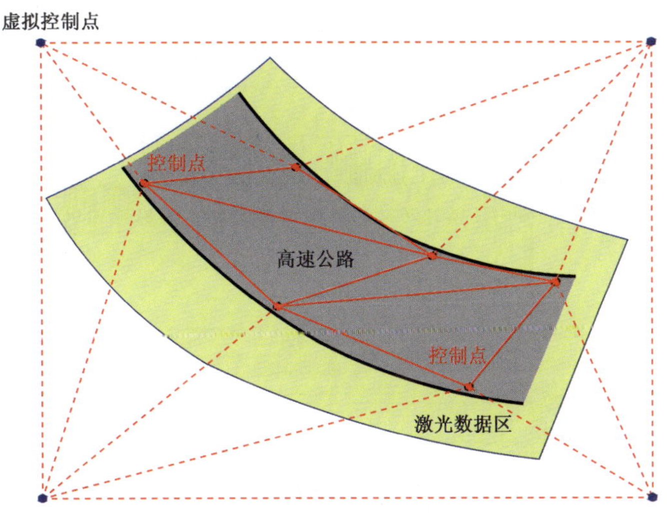

图4-12　高程误差改正模型示意图

设某激光点位于高程误差改正模型中的某个三角形，对应的3个顶点为(x_1, y_1, dz_1)、(x_2, y_2, dz_2)和(x_3, y_3, dz_3)。由于高程误差具有明显的系统性，可认为每个三角形范围内的高程误差呈线性。

对于任意激光点，利用其平面坐标采用式(3-9)可内插得到对应的高程误差改正值，从而实现激光点云数据的高程坐标修正。

4.4.3　试验与结果分析

为验证激光点云数据精化方法的可行性和有效性，分别以泉州至南宁高速公路柳州(鹿寨)至南宁段改扩建工程、南昌至樟树高速公路改扩建工程、京藏高速公路呼和浩特至包头段改扩建工程 HBSJ-1 合同段为例，进行试验与结果分析。

1)泉州至南宁高速公路柳州(鹿寨)至南宁段改扩建工程

泉州至南宁高速公路柳州(鹿寨)至南宁段改扩建工程中，实施机载激光扫描测量的路线里程全长约195km。项目采用罗宾逊R44雷鸟直升机作为激光扫描仪的搭载平台，以100km/h的对地飞行速度，使用Riegl CP560激光扫描测量系统进行相对航高分别为150m、770m的2次机载激光数据采集，数据采集过程中共布设10处地面GNSS基站。150m相对航高数据采集的激光点云间距约0.15m。

为改善项目机载激光扫描测量的精度，沿现有高速公路路面共布设99个地面标记用作激光点云平面控制点，平面采用四等GNSS测量；共布设400个激光点云高程控制点，并进行高程四等、平面一级导线测量。

在完成机载激光点云数据处理后，项目利用布设的99个激光点云平面控制点和400个激光点云高程控制点对激光点云数据的平面和高程精度进行了统计和分析，可以得到修正前机载激光点云的平面精度为0.124m，高程精度为0.045m，此时无法满足改扩建工程中路面平面优于0.05m、高程优于0.02m的精度要求。

通过残差图(图4-13、图4-14)进行分析，可以发现，机载激光扫描测量的误差具有较好的系统性，包括平面x方向、y方向以及高程方向的误差。为此，利用沿途布设的平面、高程控制点可以对其进行精化，从而进一步提高机载激光点云的精度。

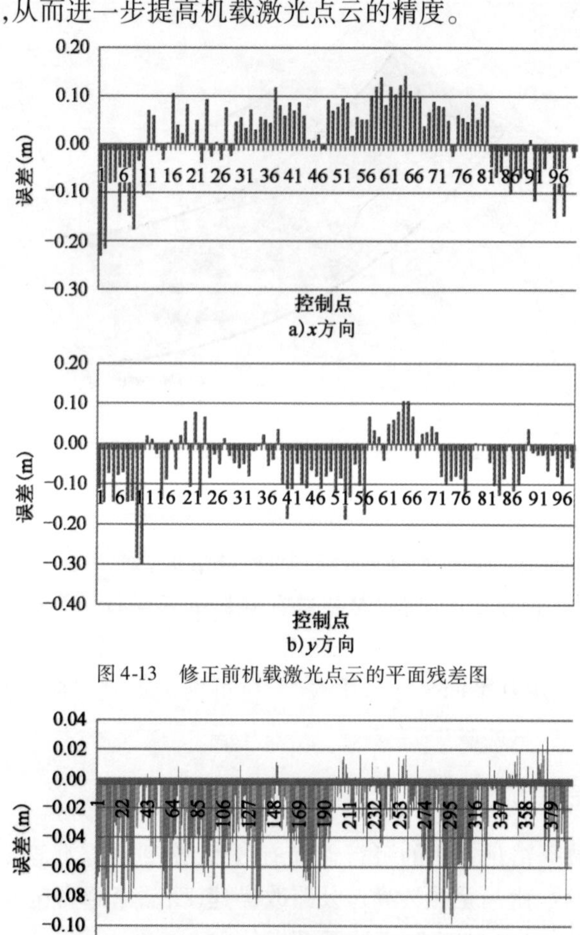

图4-13　修正前机载激光点云的平面残差图

图4-14　修正前机载激光点云的高程残差图

按照前面所述的精化处理方法，利用全部激光点云平面、高程控制点对机载激光点云的平面和高程进行修正，并利用设计单位在现场实测的大量实测数据对修正后的机载激光点云的平面精度和高程精度进行统计。项目共83个平面检测点、3 488个高程检测点，计算得到修正后机载激光点云的平面精度为0.045m，高程精度为0.019m。此外，通过观察修正后的机载激光点云数据平面误差散点图（图4-15）和高程残差图（图4-16），可以发现平面误差比较均匀地散落在0点附近，而高程方向上大部分高程控制点的误差在0.020m以内，在正负方向上交叉排列，这表明修正后的机载激光点云在平面和高程上的系统误差已得到很好的消除，此时的激光点云数据满足改扩建工程中路面平面优于0.05m、高程优于0.02m的精度要求。

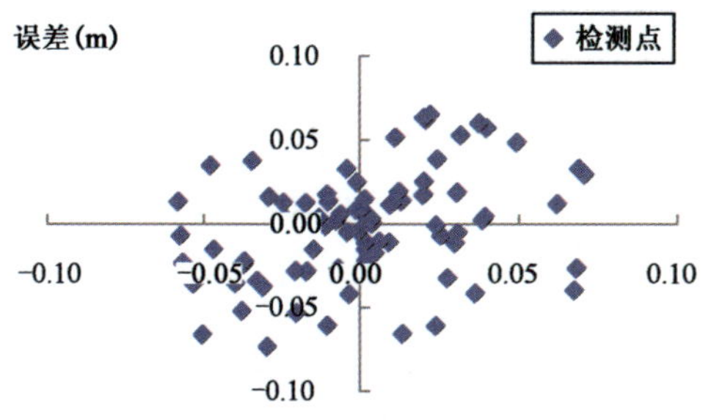

图4-15　修正后机载激光点云的平面误差散点图

图4-16　修正后机载激光点云的高程残差图

修正后机载激光点云数据的高程误差分布直方图如图4-17所示。

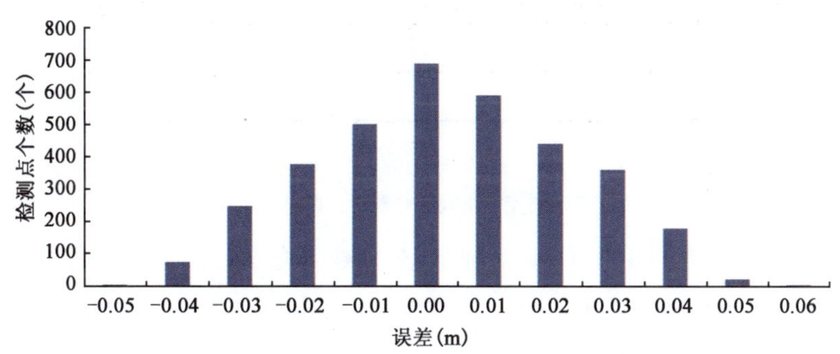

图4-17　修正后机载激光点云的高程误差分布直方图

2）南昌至樟树高速公路改扩建工程

南昌至樟树高速公路改扩建工程，路线里程全长约90km，实施机载激光扫描测量。项目采用小松鼠直升机作为激光扫描仪的搭载平台，以100km/h的对地飞行速度，使用Riegl CP560激光扫描系统进行相对航高分别为150m、770m的2次机载激光数据采集，数据采集过程中共布设6处地面GNSS基站。150m相对航高数据采集的激光点云间距约0.13m。

沿现有高速公路路面共布设45个地面标记，其中36个可准确识别，用作激光点云平面控制点，平面采用四等GNSS测量；共测量177处激光点云高程控制点，其中激光数据范围内共172个高程控制点，高程控制点为四等，其平面坐标采用一级导线测量。

在完成机载激光点云数据处理后，利用布设的36个激光点云平面控制点和172个激光点云高程控制点对激光点云数据的平面和高程精度进行了统计和分析，可以得到修正前机载激光点云的平面精度为0.120m，高程精度为0.040m，无法满足改扩建工程中路面平面优于0.05m、高程优于0.02m的精度要求。

通过对残差图（图4-18和图4-19）进行分析，可以发现，机载激光扫描测量的误差具有较好的系统性，包括平面x方向、y方向以及高程方向的误差。为此，利用沿途布设的平面、高程控制点可以对其进行精化，从而进一步提高机载激光点云的精度。

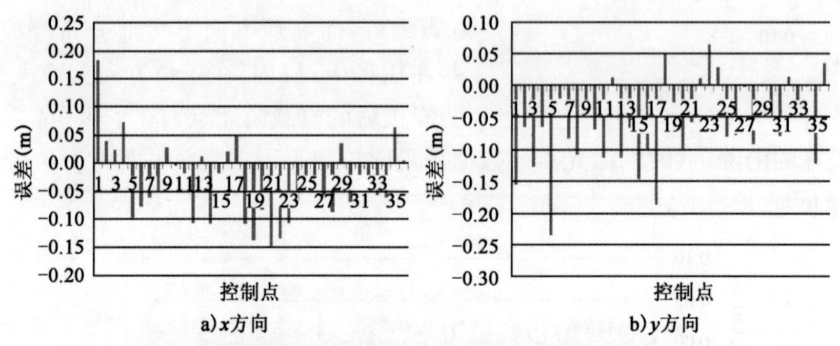

图4-18　修正前机载激光点云的平面残差图

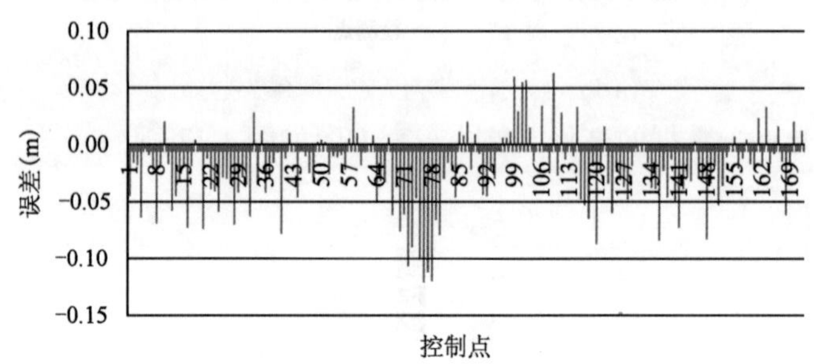

图4-19　修正前机载激光点云的高程残差图

利用36个平面控制点和172个高程控制点对机载激光点云的平面和高程进行修正，并利用项目设计单位在现场实测的大量实测数据对修正后的机载激光点云的平面精度和高程精度进行统计。选取南昌至樟树高速公路改扩建工程的K17+340~K18+340、K41+800~K42+800、K80+000~K81+000三段共3km对机载激光测量成果的精度进行检测、分析，共测得平面检测点26个，高程检测点652个，计算得到修正后机载激光点云的平面精度为0.044m，高程精度为0.011m。此外，通过观察修正后机载激光点云数据的平面误差散点图（图4-20）和高程残差图（图4-21），可以发现平面误差比较均匀地散落在0点附近，而高程方向上，大部分高程控制点的误差在0.020m以内，在正负方向上交叉排列。这表明修正后的机载激光点云在平面和高程上的系统误差已得到很好的消除，此时激光点云数据满足改扩建工程中路面平面优于0.05m、高程优于0.02m的精度要求。

修正后的机载激光点云高程误差分布直方图如图4-22所示。

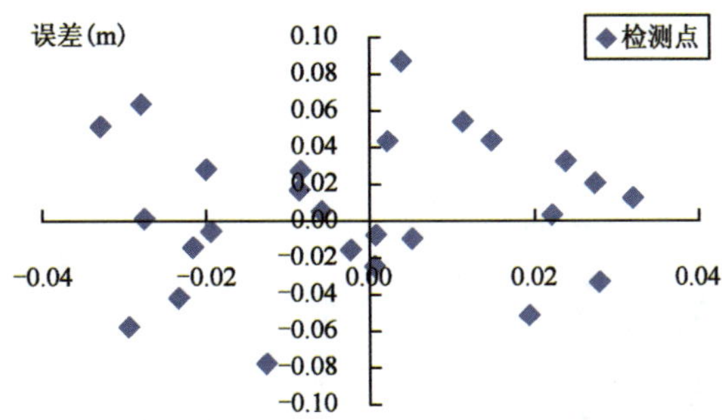

图 4-20 修正后机载激光点云的平面误差散点图

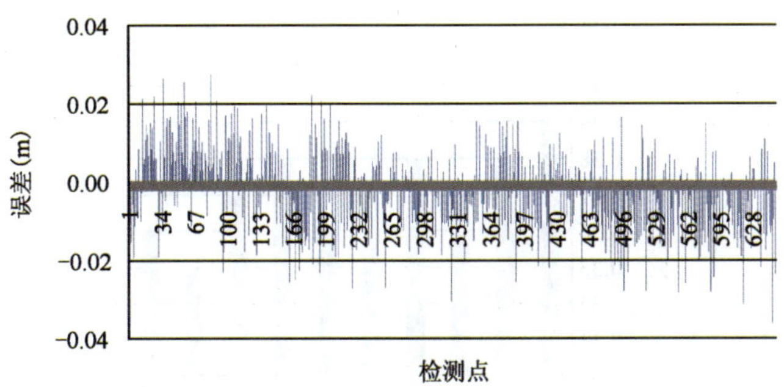

图 4-21 修正后机载激光点云的高程残差图

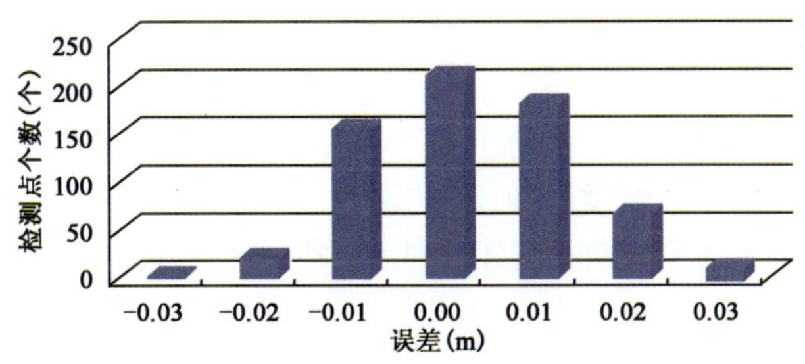

图 4-22 高程误差分布直方图

3)京藏高速公路呼和浩特至包头段改扩建工程 HBSJ-1 合同段

京藏高速公路呼和浩特至包头段改扩建工程 HBSJ-1 合同段其中的 5km 路段进行了车载激光扫描测量试验。在车载激光扫描数据的采集过程中,GNSS 基准站架设在试验路段两端的四等基础控制点。车载激光扫描数据采集前,沿道路每侧 500m 间隔在路面布设 1 个激光点云平面和高程控制点,平面和高程精度均达到四等,共 20 个。此外,项目设计单位在项目沿线进行了大量的桥涵构造物测量,由于车载测量的范围有限,落入范围内的有 9 个实测数据可用于高程控制点的高程精度评估。

利用 10 个平高控制点,对精化前的车载激光点云平面和高程精度进行了统计和分析,可以得到修正前车载激光点云的平面精度为 0.060m,高程精度为 0.371m,无法满足改扩建工程中

路面平面优于0.05m、高程优于0.02m的精度要求。但是,通过对残差图(图4-23和图4-24)进行分析,容易发现,其误差具有较好的系统性,尤其在高程方向上。为此,利用沿途布设的平面、高程控制点可以对其进行精化,从而进一步提高车载激光点云的精度。

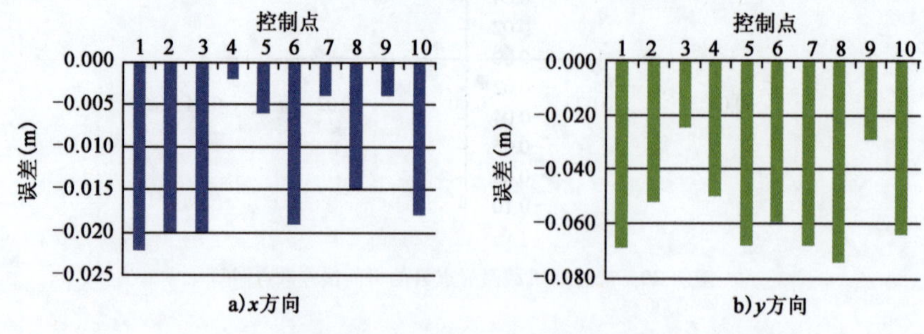

图4-23　车载激光点云的平面残差图

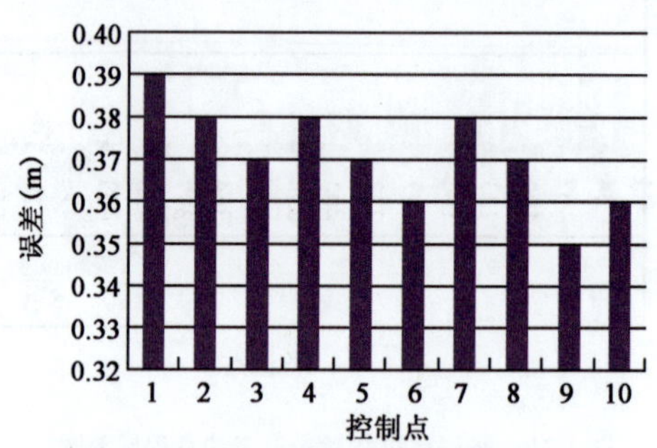

图4-24　车载激光点云的高程残差图

选取10个平高控制点对车载激光点云的平面和高程按照前面所述的方法进行修正,利用余下的19个控制点对平面、高程精度进行统计,计算得到修正后车载激光点云的平面精度为0.011m,高程精度为0.010m。此外,通过观察平面误差散点图(图4-25)和高程残差图(图4-26),可以发现平面误差比较均匀地散落在0点附近,而高程方向上大部分高程控制点的误差在0.020m以内,在正负方向上交叉排列,这表明修正后的车载激光点云在平面和高程上的系统误差已得到很好的消除,此时的激光点云数据满足改扩建工程中路面平面优于0.05m、高程优于0.02m的精度要求。

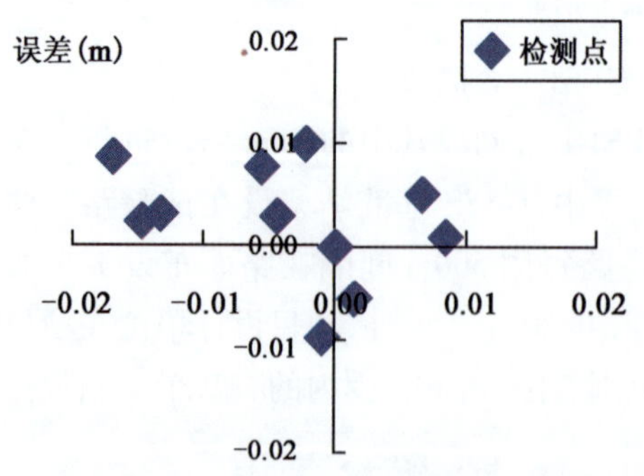

图4-25　修正后车载激光点云的平面误差散点图

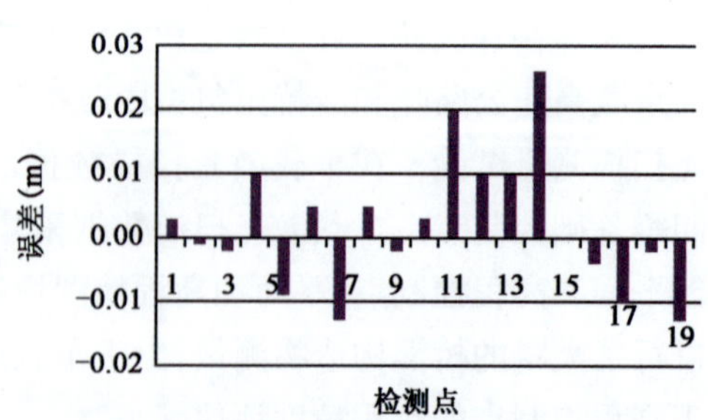

图4-26　修正后车载激光点云的高程残差图

4.5 既有道路特征快速提取

目前,道路特征提取主要采用人工测量的手段,这种方法工作速度慢,劳动强度大。对于一些道路路面上的特征,由于过往的车辆影响,往往无法获取。而机载和车载激光扫描测量数据中,包含了大量的几何和纹理特征信息,研究基于激光点云数据的既有道路特征快速提取,提高特征量测的自动化程度,具有重要的现实意义。

4.5.1 基于点云强度信息的车道标线特征提取

在公路改扩建勘察设计阶段,需要全面掌握既有道路的平纵横线形参数、路线桩号等信息,而由于道路常年的运营和修护,公路的横、纵面形状会发生较大改变,道路竣工资料的精度不能满足改扩建工程的设计要求。关键问题在于准确确定出道路中线的位置,而这往往不容易直接获取。利用车道线与道路中线平行这一几何特性,可以快速精确地计算出道路中线的平面位置。

激光点云中的每个激光点,不仅包含了其对应的三维空间坐标,而且通常带有激光回波信号的反射强度值,即强度信息。点云激光点的强度值类似于影像像素的灰度值。不同材质的物体,由于对激光的反射率大小不一,反映在强度上即有高有低。本节将着重介绍基于点云强度信息的车道标线特征提取技术。

该方法的基本思想是:高速公路的路面材料为沥青,而车道标线由具有较强反射性的白色涂料绘制而成。沥青对激光的反射率较低,仅为20%左右,由于反射率的差异,造成沥青路面激光点的强度信息弱,而车道标线上激光点的强度信息比较强。通过设置合适的强度阈值,可以自动提取出道路标线点云。对每段道路上的激光点云采用最小二乘法进行精确拟合,便可以得到道路标线中心线。

利用最小二乘法以每段车道标线激光点的坐标$(x_i,y_i)$$(i=1,2,\cdots,n)$,不考虑点云的高程,构造该路段车道标线直线方程$y=ax+b$,使得该公式对激光点坐标观测值偏差的平方和最小,即要求:

$$S=\sum_n(y_i-ax_i-b)=\min \tag{4-9}$$

对应的误差方程为:

$$V=AX-L \tag{4-10}$$

式中:$V=\begin{bmatrix} v_1 \\ v_2 \\ \vdots \\ v_n \end{bmatrix}$——每个点云坐标$(x_i,y_i)$对应的残差向量;

$A=\begin{bmatrix} x_1 & 1 \\ x_2 & 1 \\ \vdots & \vdots \\ x_n & 1 \end{bmatrix}$——系数矩阵;

$X=\begin{bmatrix}a\\b\end{bmatrix}$——待求的直线方程参数；

$L=\begin{bmatrix}y_1\\y_2\\\vdots\\y_n\end{bmatrix}$——误差方程的常数项。

可以通过式(4-11)得到直线方程参数的最小二乘估计值：

$$X=(A^{\mathrm{T}}A)^{-1}(A^{\mathrm{T}}L) \tag{4-11}$$

图 4-27 为基于激光点云强度提取的车道标线图。

4.5.2 基于断面剖分的道路特征提取

目前，道路特征如路缘石、护栏、中央隔离带等的量测，主要采用传统的人工外业测量或者基于激光扫描点云人工拾取的方式获得。人工外业测量的方式，需要投入大量的人力资源，不仅测量成本投入高，工作效率低下，而且干扰道路正常交通，对行车和测量人员均造成严重安全隐患；人工拾取激光点云数据采集道路特征时，人员主观随意性大，位置测量精度无法保证。

本节介绍一种基于断面剖分的道路特征提取方法，通过引入断面剖分的思想，将所采集的密集三维激光点云数据投影到二维剖分切片中进行处理，方法简单实用，可实现整个道路沿线复杂道路特征的快速精确获取。该方法的流程如图 4-28 所示。

图 4-27 基于激光点云强度提取的车道标线图

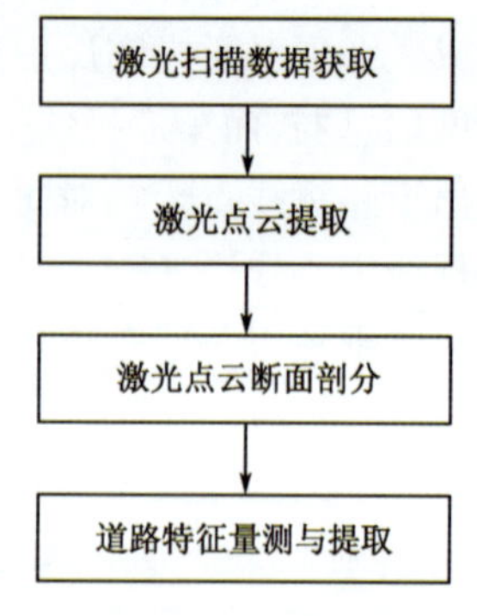

图 4-28 基于断面剖分的道路特征提取方法流程图

首先，提取道路特征附近的激光点云。先人工确定出道路特征的粗略位置引导线。当道路特征处高程变化比较明显时，可通过数字高程模型人工描绘出引导线的大概位置；或者，利用点云的强度信息提取出车道线，利用道路特征与车道线之间的空间几何位置关系，通过偏移车道线获取引导线的大概位置；或者，通过融合叠加激光点云和数码照片，人工描绘出引导线的大概位置。之后，提取距离引导线一定范围内的点云。范围参数根据道路特征具体设定，需综合考虑后继点云模板配准需要、运算效率、减少干扰点云等因素，一般在包含完整道路特征的前提下，取较小的范围参数值。在此基础上，根据道路特征的粗略位置引导线，按一定步长进行断面剖分，生成剖分切片，将距离剖分切片一定范围的激光点投影到各剖分切片中，完成激光点云的断面剖分。之后，在各个剖分切片中进行道路特征的量测与提取。

对于形态简单特征，如路缘石，该类特征在剖分断面中的形态通常表现出非常明显的边缘特性（图4-29），通过拟合直线并求直线交点的方式可实现特征精确定位。具体采用随机采样一致性算法（Random Sample Consensus, RANSAC）进行直线参数的估算。RANSAC算法是一种鲁棒性的数据拟合算法，由Fischle和Bones首先于1981年提出，它的特点是充分利用了所有的观测数据，并将它们分成内点和外点，利用内点数据进行参数估计而剔除不准确的观测数据，是一种容错能力非常强的算法。利用RANSAC算法计算出第一条直线参数后，剔除用于估计第一条直线方程参数的数据点，利用RANSAC算法继续对余下的数据点进行估算，得到第二条直线方程的参数。待两条直线方程求出后，通过求交最终可实现特征点精确位置的计算。

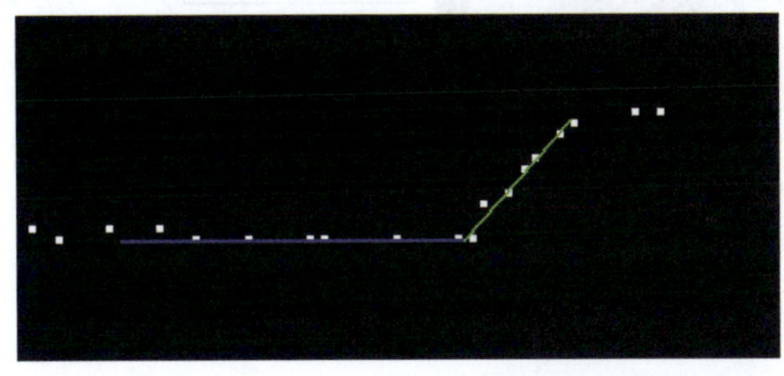

图4-29　简单边缘特征

图4-30为提取的路缘石道路特征线在数字高程模型上叠加的效果图。图中红线为人工粗略给出的引导线，红色点为通过断面剖分方法获取的路缘石特征位置，黄色线为利用所获取的特征位置采用最小二乘法计算和拟合得到的特征线。可以发现，即使粗略位置存在一定偏差，获取的特征线位置仍然非常精确。

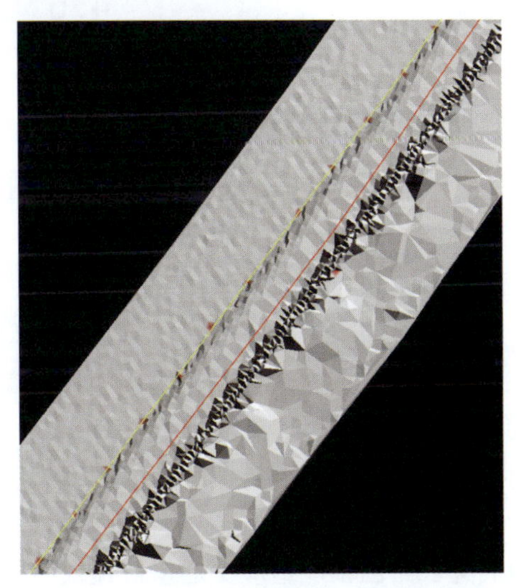

图4-30　提取的路缘石特征线效果图

对于复杂的道路特征，其形态无法通过简单直线表达，这里提出一种基于点云模板配准的方法。该方法主要包括如下步骤：道路特征点云模板的建立、道路特征点云模板初始配准和基于二维迭代最近点算法的精确配准。其基本思想是，首先选择点云信息比较完整的剖分切片，提取出构成所感兴趣道路特征的激光点保存为模板，然后通过初始配准确定特征的近似空间位置关系，最后通过二维迭代最近点算法实现点云模板与特征的精确配准，最终实现复杂特征的精确量测与提取。

激光点云间的邻近关系的建立采用第3章介绍的KD树方法，这里主要介绍为了实现点云模板精确配准采用的迭代最近点算法。迭代最近点算法（Iterative Closest Point, ICP）是目前最受关注的一种经典的点到点的扫描匹配算法。该算法不需要建立特征之间的关联（如提取特征线段等），但要求当前扫描模型数据集是参考扫描模型数据集的子集。算法主要由邻近点的选取和计算采样点相对姿态的变化两步组成，即使用一个迭代过程使两个模型的均方差达到某个阈值,从而得到采样点间的相对位置变化。ICP 算法在进行点对匹配时采用的是比较点间欧式距离的方法,而扫描模型间的变换矩阵是通过最小化欧式距离平方函数得到的。当参考扫描模型与当前扫描模型间的对应点对间的欧式距离误差小于给定阈值或者迭代次数大于指定最大迭代次数时,停止迭代。

ICP 算法是一种迭代算法,具有很高的匹配精度。通过将变换模型简化为二维平面转换模型,可实现基于激光点云模板的复杂道路特征提取。图 4-31 为基于断面剖分复杂特征提取方法的效果图。

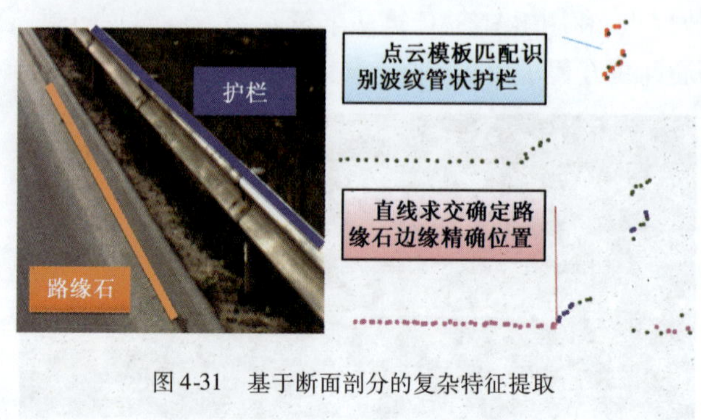

图 4-31　基于断面剖分的复杂特征提取

4.6　工 程 应 用

4.6.1　工程概况

G72 泉州至南宁高速公路(下称“泉南高速”)是国家“7918”高速公路网的重要组成部分,桂林至南宁高速公路(下称“桂柳南”)位于泉南高速西南最西端,是广西“6 横 7 纵 8 支线”高速公路网最为重要的主骨架,是广西壮族自治区加强“两区一带”城镇化、工业化等社会经济发展的基础,是加快北部湾(广西)经济区的开发开放的大通道,也是对接东盟经济圈,加快中国—东盟贸易区融入全球化进程中最为高效的公路大动脉,其在路网中有十分显要和不可替代的地位和作用。

随着我国经济的持续快速发展,以及桂柳南高速公路的全线相继贯通,交通量增长迅速,大型车比例不断递增,道路病害逐渐增加,导致桂柳南高速公路服务水平急剧下降,现有 4 车道高速公路已不能适应交通量快速发展的需求。根据现有统计资料,桂柳南高速公路交通量逐年增长迅速,现有的 2010 年 9 月的交通量统计显示,柳州至南宁段断面平均交通量达 23 476辆/日,其中,六景—三岸局部路段交通量已达 38 842 辆/日,其服务水平已低于二级,其他路段交通量也基本在 13 000pcu/d 以上,随着沿线经济的迅猛发展,在可以预见的将来亦会突破其通行能力。对桂柳南高速公路进行扩建、扩容,提高其技术标准和通行能力,势在必行。

G72 泉南高速公路桂林至南宁段由桂林至柳州高速公路(简称桂柳高速)和柳州至南宁高速公路(简称柳南高速,图 4-32)组成(图 4-33)。

桂柳高速起于庙岭枢纽互通(不含该互通),沿绕城高速公路改扩建至临桂县与桂林机场高速交叉的僚田互通,再沿现有桂柳高速公路向南过包茂高速交通转换的冲口互通,经永福县的苏桥工业园东至永福县城西的福隆工业园处永福互通，经广福沿洛清江边的桂柳高速继续向南至鹿寨县城东北部黄冕林场处的波寨互通，向南至黄冕互通，径鹿寨、雒容、柳州汽车城及柳州市规划区东侧，终于新兴互通北约 2km 处，全长 155.320km。主要控制点有：庙岭、僚田、冲口、苏桥、永福、波寨、黄冕、鹿寨、雒容、官塘、古亭山、新兴。

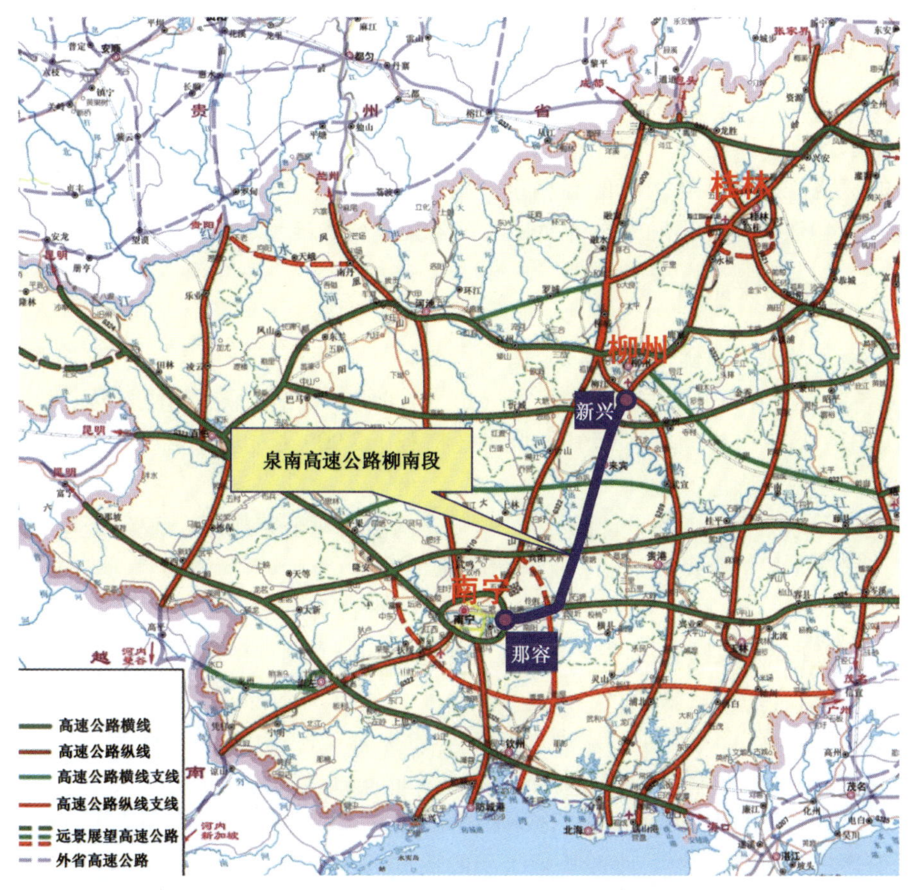

图 4-32　柳南高速公路地理位置

图 4-33　广西桂林至南宁段高速公路

柳南高速起于新兴互通北约 2km 处，路线途经柳州市规划区东南侧、柳江县穿山、来宾凤凰、良江、小平阳,至王灵、古辣设宾阳互通、古辣互通,平行于湘桂铁路以西约1.2km展线,跨六吡水库,经甘棠,跨湘桂铁路,经六景至兴业高速相交的六景东互通,至六景跨郁江后路线折向西沿郁江以南约1.7km布设,至六景至钦州港高速相交设六景西互通(在建),经伶俐继续向西,于郁江东岸约1.5km处到达南宁新外环那容互通(在建),全长193.000km。主要控制点有:新兴、凤凰、来宾、小平阳、宾阳、古辣、六景、伶俐、那容。

柳南高速公路大部分路段重新铺装了沥青混凝土路面,为最大限度地利用好全新铺装的现有道路路面,实现桥梁、路基等构造物的无缝拼接,确保道路的行车安全,其改扩建工程对测量精度的要求远高于新建道路工程。如何在不中断现有道路交通基础上,快速、高效获取扩建施工需要的道路及其附属结构等的高精度三维地面信息数据,是泉州至南宁高速公路柳州(鹿寨)至南宁段改扩建工程勘察设计面临的首要关键技术难题之一。

4.6.2 工程技术应用

泉州至南宁高速公路柳州(鹿寨)至南宁段改扩建工程项目采用Riegl Q560-Ⅱ机载激光扫描仪,惯导系统型号为IGI IMU-IId,其侧滚角、俯仰角和航偏角测量精度分别优于0.005°、0.005°和0.01°,数据采样频率达256Hz,此外还搭载了3 900万像素的高分辨率数码相机用于获取清晰的彩色数码影像。

为满足项目定测与施工图设计的要求,泉州至南宁高速公路柳州(鹿寨)至南宁段改扩建工程项目三维激光扫描测量成果的总体技术要求如下:

(1)成果平面坐标采用工程坐标系,高程采用1985高程基准。

(2)最终提交成果范围为沿路线中心线两侧各300m,互通按甲方提供范围执行。

(3)路面激光扫描测量数据成果平面精度优于0.05m,高程精度优于0.02m。

(4)数字正射影像图(DOM)成果地面分辨率为0.1m,平面定位精度优于0.15m。

(5)数字高程模型(DEM)成果格网间距为0.5m,高程精度为0.1m。

(6)数字线划地形图(DLG)成果的成图比例尺为1:2 000,基本等高距为1.0m。

根据上述技术要求,针对公路改扩建工程的特点,确定了低空+高空的数据采集方案。飞行航高150m,获取柳南高速公路原有路面的高精度数据,飞行航高700m,获取覆盖高速公路外扩更大范围的数据,满足1:2 000比例尺的精度要求。两种不同航高的航摄参数见表4-9。700m相对航高的航线设计如图4-34所示。

航摄参数表　　表4-9

参数类型	低空	高空
相对航高 H(m)	150	700
激光扫描角(°)	60	60
激光扫描频率(kHz)	240	100
相机焦距(mm)	50	50
飞机地速(km/h)	100	100
影像地面分辨率(m)	—	0.1
激光点密度(点/m^2)	50	4

续上表

参数类型	低　空	高　空
相机一般航向重叠度(%)	—	60
相机一般旁向重叠度(%)	—	30
激光点云带宽(m)	150	800

数据采集前，在现有道路两侧硬路肩上，单侧沿线每4km左右喷绘1处"T"形标记，双向交叉排列，对沿线所有路面"T"形标记进行GNSS平面测量，测量成果满足平面四等精度要求，共布设了104个路面平面控制点。同时，布设了路面高程控制点，高程控制点间距为两侧每1km各布设1个，两侧交叉排列，共布设了近400个路面高程控制点，高程控制点平面和高程坐标分别满足一级导线和四等精度要求。柳州至南宁段共布设了10处地面GNSS基站，对10个地面基站进行了GNSS联网观测。

采集了全线的高低空激光点云数据，共946GB；0.1m高分辨率数码影像2 431张，共121GB。对柳州至南宁全线进行了数据处理，面积约40.62km^2，互通、服务区等增加处理范围，面积约11.58km^2。提取了全线4条车道标线用于道路平面线型拟合与恢复，共119 490个坐标数据，生产了设计中心线两侧共4条纵断面点的高程数据，共42 041个用于纵断面拟合。按20m间距、两侧各宽100m自动生产了全线的横断面数据，共生成9 954个；互通、服务区及桥涵构造物的横断面间距按设计需求确定，横断面宽120m，共生成4 914个。

采用大量的外业实测数据对机载激光扫描测量成果的精度进行了检测，主要包括机载激光点云数据的平面精度检测和高程精度检测两部分。平面检测点主要位于现有道路硬路肩部分，高程检测点均匀分布于路肩、路基以及现有道路两侧的被交路等部位。

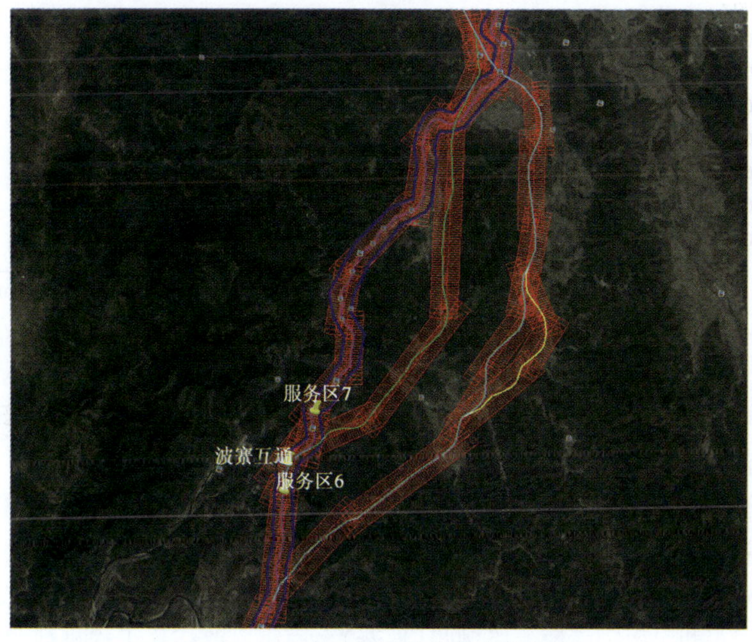

图4-34　700m相对航高的航线设计图(局部)

1）平面精度检测

机载激光扫描测量成果的平面精度检测方法是，首先在密集激光点云数据中辨识检测点的平面位置并读取其坐标值，然后与外业测量成果进行精度对比和分析，统计机载激光测量成果的平面精度。利用具有显著平面特征且能较好识别的地形地物点用作平面检测点，对机载激光测量成果进行平面精度检测，泉州至南宁高速公路柳州（鹿寨）至南宁段改扩建工程全线共83个平面检测点，平面误差统计见表4-10。

平面误差统计表 表4-10

最大值（m）	最小值（m）	平均值（m）	中误差（m）
0.083	0.004	0.039	0.045

2）高程精度检测

机载激光扫描测量成果的高程精度检测方法是，利用外业检测数据的平面坐标和激光点云数据，直接基于密集激光点云数据内插出检测点处的激光测量高程，与实际测量高程值进行比较，并对其误差进行分析，统计出激光测量数据的高程精度。

在泉州至南宁高速公路柳州（鹿寨）至南宁段改扩建工程沿线的每个桥梁、涵洞、背交路采集了大量的点坐标数据。项目采用3 488个外业测量数据用于机载激光测量数据的高程精度检测，其高程误差统计见表4-11，高程误差分布直方图见图4-35。

高程误差统计表 表4-11

最大值（m）	最小值（m）	平均值（m）	中误差（m）
0.052	-0.056	-0.002	0.020

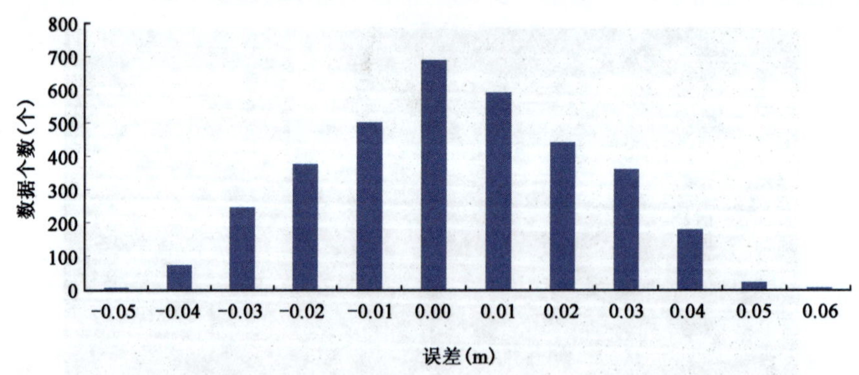

图4-35 高程误差分布直方图

3）现场复测

依据广西桂海高速公路有限公司下发的《关于柳州（鹿寨）至南宁高速公路改扩建工程勘察设计机载测量专题研究评审的通知》，广西桂海高速公路有限公司、中交第一公路勘察设计研究院有限公司、中交第二公路勘察设计研究院有限公司、广西交通规划勘察设计研究院共4家单位分两组对泉州至南宁高速公路柳州（鹿寨）至南宁段改扩建工程机载激光测量专题研究数据进行了现场复核。现场复核工作共投入双频GNSS-RTK（1+1）测量系统2套、电子水准仪 2 台,并分两个小组在 K1379 +324 ~ K1469 +300、K1276 +300 ~ K1379 +324 两段同时开展工作。

本次现场复核工作采取分段抽样复核的方式进行,并重点抽取重要结构物和互通立交等有代表性的地段进行抽样复核验证。现场复核路段主要选择在新兴互通、小平阳互通、古辣互通、六景互通等 6 个路段,具体路线里程为 K1279 +800 ~ K1281 右幅、K1317 +400 ~ K1318 +500 左幅、K1354 +200 ~ K1355 +500 右幅、K1371 ~ K1373 +500 左幅、K1409 +400 ~ K1410 +500 左右幅、K1436 +500 ~ K1438 +800 左右幅,实测路线里程 12.9km,占整个机载激光测量路线里程(约 195km)的 6.62%。

本次现场复核共采集了 442 个检测数据,包括平面检测点、路面高程检测点及横断面检测点等。平面检测点主要布设于现有道路最外侧车道标线中心,并用油漆标记其位置。平面检测点的平面位置采用 GNSS-RTK 方法测量,在测量时采用三脚架固定,确保气泡严格居中。路面高程检测点布设于现有道路硬路肩或最外侧车道标线最中心,并用油漆标记其位置。高程检测点的平面位置采用 GNSS-RTK 测量,在测量时采用三脚架固定,确保气泡严格居中。高程检测点的高程测量采用电子水准仪进行水准测量,并满足四等水准测量精度要求。横断面点、离散点广泛分布于现有高速公路路面、路基及路外等各个位置,其平面、高程测量均采用 GNSS-RTK 测量方法。具体工作量详见表 4-12。

第一组主要对泉州至南宁高速公路柳州(鹿寨)至南宁段改扩建工程的南段(K1379 +324 ~ K1469 +300)进行现场复核工作,并主要选择小平阳互通、古辣互通、六景互通等路段进行激光数据精度复测。

复测工作量统计 表 4-12

检测点类型	检测点数量		
	第一组	第二组	合计
平面检测点	93 *	19 *	112 *
高程检测点	61	43	104
横断面点、离散点	112	186	298
超出激光扫描范围的点	27	13	40
合计	200	242	442

注:* 平面检测点同时用于检测路面高程或横断面高程,在总点数中不重复计。

第二组主要对泉州至南宁高速公路柳州(鹿寨)至南宁段改扩建工程的北段(K1276 +300 ~ K1379 +324)进行现场复测工作,并主要选择新兴互通、K1354 +200 ~ K1355 +500 高边坡等路段进行激光数据精度复测。

通过本次机载激光测量专题研究数据的现场复测工作,泉州至南宁高速公路柳州(鹿寨)至南宁段改扩建工程机载激光测量数据的精度情况如下:

(1)平面精度

①第一组复核平面精度

K1379 +324 ~ K1469 +300 段实测的全部 93 个平面检测点的平面误差统计见表 4-13。

平面误差统计表(第一组)(m)　　表4-13

最 大 值	最 小 值	平 均 值	中 误 差
0.093	0.000	0.041	±0.049

②第二组复核平面精度

K1276 +300 ~ K1379 +324 段实测的全部19个平面检测点的平面误差统计见表4-14。

平面误差统计表(第二组)(m)　　表4-14

最 大 值	最 小 值	平 均 值	中 误 差
0.084	0.009	0.043	±0.047

③综合平面精度

K1379 +324 ~ K1469 +300、K1276 +300 ~ K1379 +324 两段实测的综合平面误差统计见表4-15。

平面误差统计表(综合)(m)　　表4-15

最 大 值	最 小 值	平 均 值	中 误 差
0.093	0.000	0.041	±0.049

(2)路面高程精度

①第一组复核路面高程精度

K1379 +324 ~ K1469 +300 段实测的全部61个路面高程检测点高程误差统计见表4-16。

路面高程误差统计表(第一组)(m)　　表4-16

最 大 值	最 小 值	平 均 值	中 误 差
0.038	-0.010	0.013	±0.018

②第二组复核路面高程精度

K1276 +300 ~ K1379 +324 段实测的全部43个路面高程检测点的高程误差统计见表4-17。

路面高程误差统计表(第二组)(m)　　表4-17

最 大 值	最 小 值	平 均 值	中 误 差
0.016	-0.032	-0.005	±0.012

③综合路面高程精度

K1379 +324 ~ K1469 +300、K1276 +300 ~ K1379 +324 两段实测的综合高程误差统计见表4-18。

路面高程误差统计表(综合)(m)　　表4-18

最 大 值	最 小 值	平 均 值	中 误 差
0.038	-0.032	0.006	±0.016

(3)横断面点、离散点精度

①第一组横断面点、离散点高程精度

K1379 +324 ~ K1469 +300 段实测了全部 112 个横断面点、离散点,其高程误差统计见表 4-19。

横断面点、离散点高程误差统计表(第一组)(m) 表 4-19

最大值	最小值	平均值	中误差
0.150	-0.089	0.046	±0.061

②第二组横断面点、离散点高程精度

K1276 +300 ~ K1379 +324 段实测了全部 186 个横断面点、离散点,其高程误差统计见表 4-20。

横断面点、离散点高程误差统计表(第二组)(m) 表 4-20

最大值	最小值	平均值	中误差
0.301	-0.454	-0.025	±0.099

③综合横断面点、离散点高程精度

K1379 +324 ~ K1469 +300、K1276 +300 ~ K1379 +324 两段实测的综合高程误差统计见表 4-21。

横断面点、离散点高程误差统计表(综合)(m) 表 4-21

最大值	最小值	平均值	中误差
0.301	-0.089	0.007	±0.086

通过本次两个小组对机载激光测量专题研究数据的现场复测工作,得到激光测量数据的平面精度为 ±0.049m,路面高程精度为 ±0.016m,横断面三维地面线的高程精度为 ±0.086m,满足泉州至南宁高速公路柳州(鹿寨)至南宁段改扩建工程勘察设计的要求。

此外,项目通过 POS 姿态数据与地面 GNSS 基站数据联合处理,获取了航迹线数据文件;将原始激光数据进行预处理生成了原始的三维激光点云数据,通过坐标转换和数据精化处理,获得了所需的精化激光点云数据。对三维激光点云进行分类生成了地面点和非地面点,基于分类后的地面点提取出末次回波的点云数据,进行格网化、填补小缝隙、去除粗差点、过滤和内插值等操作,生成了数字高程模型。基于数字高程模型与获取的影像数据制作单幅正射影像,通过拼接、匀色等处理,最终获得了正射影像图。基于正射影像图和数字高程模型,并结合外业调绘成果,生产了数字线划地形图(图 4-36)。

项目基于激光扫描测量数据,快速、高效地生成了工程全线的 3D 数字产品(DEM、DLG、DOM)。在此基础上,结合提取的道路特征(图 4-37),进行了路线平、纵、横拟合设计,代替了人工上路测量。结合高分辨率数字正射影像,直观形象地展示出了公路改扩建设计成果,实现了道路改扩建方案的比选与优化设计(图 4-38)。

工程实践表明,泉南高速柳南段公路改扩建工程的激光扫描测量与协同设计方法经济、高效、安全,成果精度完全满足高速公路改扩建定测与施工图设计的要求,成功解决了项目改扩建勘察设计所需的大比例尺、高精度、大范围三维地面数据获取的关键技术难题,可代替人工上路测量,实现不干扰交通流的道路改扩建基础空间信息获取。

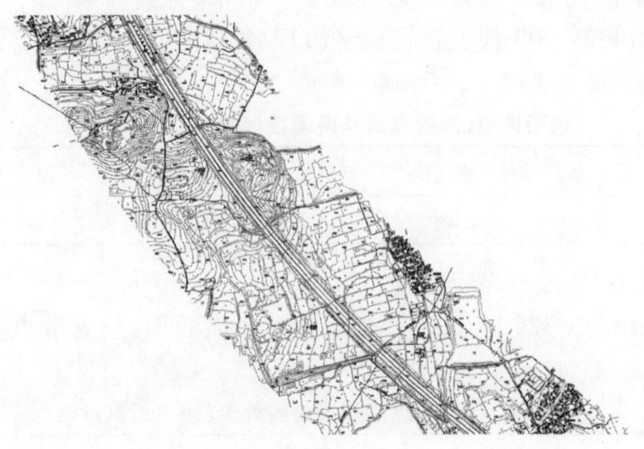

图 4-36　数字线划地形图

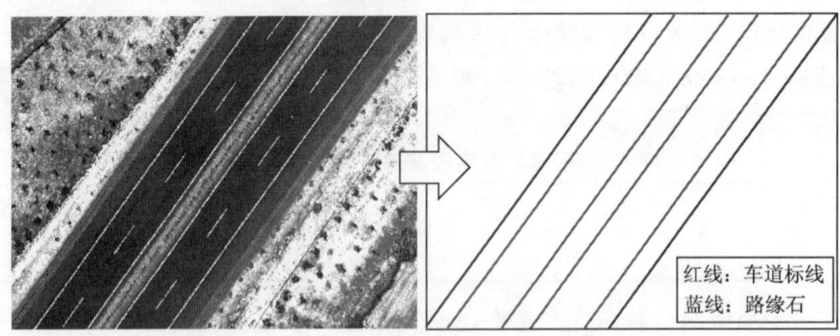

图 4-37　道路特征提取

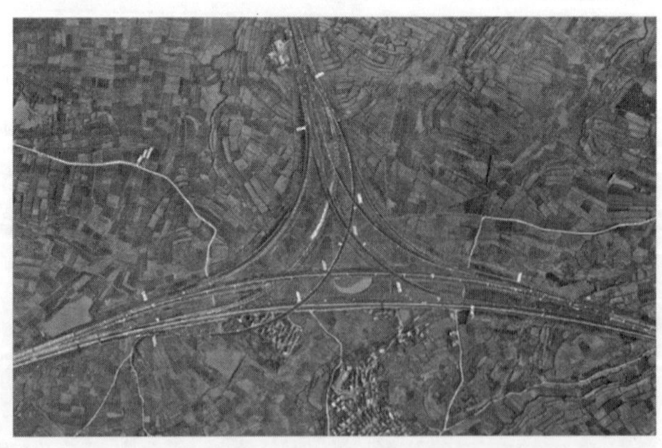

图 4-38　改扩建方案比选与优化设计

第5章　激光扫描测量与公路CAD协同设计

5.1　引　　言

激光扫描测量技术，提供了全新的技术手段以进行高速公路的地形勘测，尤其针对高速公路改扩建工程，可在不中断现有道路交通流的情况下，快速提供高精度的纵、横断面地面线数据等重要测量成果。这些成果不仅能满足后续勘察设计阶段的工程应用需求，定量、定性地服务于道路工程设计，同时可大幅提高现阶段地表环境困难复杂地区道路勘察设计的详勘、施工图设计效率，并有效控制工程施工成本。

激光点云数据作为激光扫描测量数据中最主要的产品，具有高精度、海量、高密度等特点，是公路工程中道路线形设计的主要信息来源。对海量激光点云数据进行有效的管理和高效的处理，并快速获取任意点高程、地面线等基础信息，是实现激光扫描测量与公路CAD协同设计的关键所在。在公路路线、互通立交集成CAD方面，路线的平面、纵横断面设计，地形选线，以及数据之间的交互，进而完成初步设计和施工图设计，是激光扫描测量数据成果应用的落脚点。

激光扫描测量与公路CAD系统的协同与集成，不仅减少了人工野外作业环节，更缩短了路线测设周期，使得地面数据采集、资料获取、数据处理、道路设计与优化直至成果输出等公路勘察设计全过程，实现了信息自动传递，达到了勘察与设计真正的信息共享与协同作业，使公路设计由二维设计变为空间三维设计、由静态设计变为动态优化设计，是不同学科、不同技术的紧密集成。

中交第二公路勘察设计研究院有限公司基于Microstation平台和TerraScan软件开发了一个专门针对公路勘察设计的激光扫描数据处理软件包——公路激光扫描数据处理软件（简称Highway Las），该软件能够基于机载、车载和地面激光扫描数据，生成公路横、纵断面设计所需的基础数据，同时实现与“公路与互通立交集成CAD系统JSL-Road”公路线位设计成果的接口互通，实时性和交互性强，可进行公路路线及互通式立交的平面、纵断面、横断面的自动/交互设计，路基土石方的自动/交互调配，并可自动生成路线及互通设计中主要设计图表及路线/互通的三维立体模型，最后完成各种等级、各种路基形态，包括任意复杂的分离式路基的公路路线与立交的初步设计和施工图设计，大幅提高公路激光扫描数据处理的工作效率，为激光扫描技术在公路设计领域的应用提供了技术保障。

5.2　激光点云数据组织和管理

在获取地面点三维坐标方面，尽管激光扫描技术具有全覆盖、高效率、真三维测量等的技术优势，但后期的数据处理始终被激光点云数据的海量、复杂、高密度、无规律等特点所困扰，与传统航空摄影测量建立的百兆级数据量的数字地面模型不同,即使经过滤波和分类处理后的公路线位设计的原始数据,也往往高达数十、甚至上百 GB。因此,点云数据处理中遇到的第一个问题就是如何对海量三维激光点云进行有效的组织和管理,点云数据组织管理方法的优劣对于整个数据后处理的效率都起到至关重要的作用,要达到数据处理快速高效的要求,激光点云数据的组织和管理应具备算法简单、检索高效、便于实现等特点。

对点云进行有效组织,建立相应的空间索引,是一种非常有效的方法。不同的空间索引方法,有不同的使用范围和适用对象。合适的索引方法对执行点云存储、查询、操作,实现海量点云数据的快速搜索、建模和重复应用、计算以及入库存档有很大的帮助。因此,针对公路工程应用的特点,在实际工程应用中主要有以下两个点云数据组织和管理的方法:一是基于规则格网索引的点云动态管理方法;二是基于路线方案索引的点云动态管理方法。

5.2.1 基于规则格网索引的点云动态管理

规则格网索引的基本思想是将包含点云的整个空间按一定规则用横竖线划分为大小相等的网格,记录每一个网格所包含的激光脚点。当用户进行空间查询时,首先计算出用户查询激光脚点所在的网格,然后通过该网格快速查询所选的激光脚点。例如将点云三维空间划分为 $M \times N$ 个固定的方格网,检索时只检索原来区域的 $1/(M \times N)$,以达到快速检索的目的。

1)建立索引方法

在建立规则格网索引时,首先将激光脚点存入数组中。索引结构主要由网格类和索引数组构成。网格类中包含网格的行号、列号、网格的矩形结构、网格对应目标的索引数组等信息。索引数组中包含索引值、目标在数组中的索引号、目标分类码等信息。

为了保证能精确地拾取边界区域的激光脚点,将整个研究区域的边界各扩大若干个逻辑单位,并使每一个网格的行列号与目标对象的具体坐标建立相对应的关系。对于点云数据,其外接包围框为$\{x_{\min},y_{\min},x_{\max},y_{\max}\}$,给定方格的边长为 r,则点 (x_i,y_i,z_i) 所在的划分单元的索引号 (i,j) 为:

$$i = \frac{x_i - x_{\min}}{x_{\max} - x_{\min}},\ j = \frac{y_i - y_{\min}}{y_{\max} - y_{\min}} \tag{5-1}$$

式中:$(x_{\min},y_{\min},x_{\max},y_{\max})$——划分单元的外接包围框;

(i,j)——划分单元的索引号;

(x_i,y_i)——激光点的平面坐标。

对索引号为(i,j)的方格来说,8 个邻域方格的索引号为$(i-a,j-b)$,$a,b \in \{-1,0,1\}$且 a,b 不同时为 0。为使索引号不出现负值,对点云的外包围框进行边缘延拓,延拓后的外包围方框为$\{x_{\min}-r,y_{\min}-r,x_{\max}+r,y_{\max}+r\}$。点云中的每一个点都可以计算得到对应的索引号,同时每一个索引记录对应的空间单元立方体包含了一定数目的点,这样就建立了点与规则单元立方体的双向索引(图 5-1)。

2)离散点云数据重新组织

索引规则建立完成后,即可扫描所有原始点云数据,将点云数据按照块的形式重新保存为点云文件。建立的原则如下:

(1)一块为一个文件,文件名称的形式为 i_j.las,i、j 为块的索引号。

(2)对于空的块,不建立文件。

(3)建立工程说明文件,文件中记录块的边长 r,以及外包围方框范围 $\{x_{\min}-r, y_{\min}-r, x_{\max}+r, y_{\max}+r\}$。

3)查询

对于点的精确匹配,规则格网查询只需根据被查找点的坐标计算出其所在的单元格索引号,然后在该单元格内查找坐标为 (x,y,z) 的点。对于范围查询,首先计算出与范围相交的格网,然后遍历相交格网中的点,判断点是否在范围内(图5-2)。

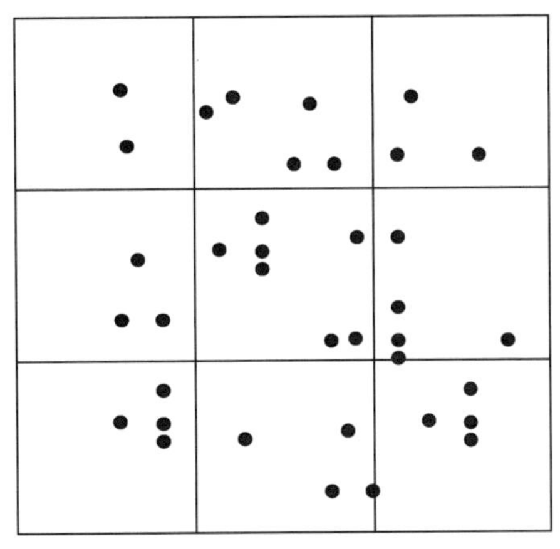

图5-1　规则格网索引

查询区域

35 290+4 970	35 290+4 975									35 290+5 020	35 290+5 025
35 285+4 970	35 285+4 975	35 285+4 980	35 285+4 985	35 285+4 990	35 285+4 995	35 285+5 000	35 285+5 005	35 285+5 010	35 285+5 015	35 285+5 020	35 285+5 025
35 280+4 970	35 280+4 975	35 280+4 980	35 280+4 985	35 280+4 990	35 280+4 995	35 280+5 000	35 280+5 005	35 280+5 010	35 280+5 015	35 280+5 020	35 280+5 025
35 275+4 970	35 275+4 975	35 275+4 980	35 275+4 985	35 275+4 990	35 275+4 995	35 275+5 000	35 275+5 005	35 275+5 010	35 275+5 015	35 275+5 020	35 275+5 025
			35 270+4 985	35 270+4 990	35 270+4 995	35 270+5 000	35 270+5 005	35 270+5 010			

图5-2　基于规则格网的点云数据组织和索引

5.2.2　基于路线方案索引的点云动态管理

基于规则格网的索引方法具有易于实现的优点,但对于公路工程,尤其是超低空机载激光扫描和车载激光扫描采集的点云数据,具有点密度大、线路两侧扫描范围较小等特点,有时需要按照路线方案的桩号等进行数据的查询与处理。基于路线方案索引的点云动态管理方法,其路线方案索引的基本思想是:首先通过路线设计软件获得路线方案,路线方案通过一系列的中桩坐标点进行表达。根据中桩坐标生成各个线路的中线,沿着路线的前进方向按一定间隔生成垂直于路线的矩形格网。记录每个矩形格网中包含的激光脚点。当用户进行空间查询时,除了可以根据点的坐标和范围进行查询,也可以通过桩号进行查询。

1)建立索引方法

基于路线方案建立索引包括以下步骤:

(1)根据路线方案生成沿路线的矩形格网。路线方案通常通过一系列的中桩坐标点进行表达,要建立格网首先应给定格网的长度(平行于路线前进方向的边长)、宽度(垂直于路线方案的边长)和第1个格网在路线方案上的桩号。然后从起点开始以格网长度对路线进行等分,求出各个等分点的桩号及中桩坐标。然后将各个等分点沿着垂直于路线的方向偏移0.5倍格网宽度,偏移后的点即为格网的角点。连续两排角点即可组成一个格网,如

图 5-3所示。

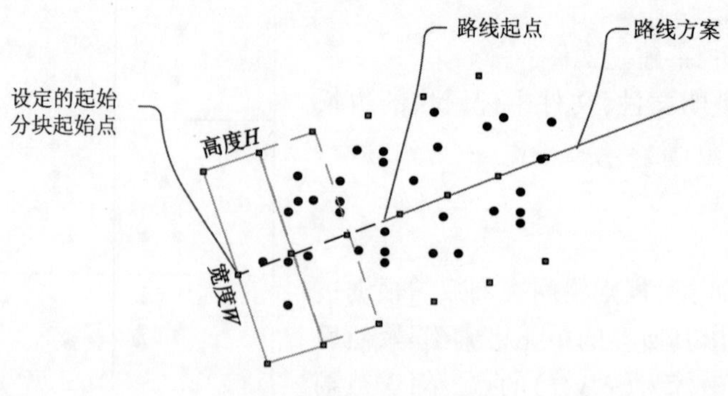

图 5-3　建立矩形格网

(2)记录每个格网的 4 个角点坐标($x_1,y_1,x_2,y_2,x_3,y_3,x_4,y_4$)和该格网与路线的交点桩号($k_Q,k_E$)。

(3)将每个激光点向路线方案做垂线,求得该点在路线上的投影坐标,根据该坐标求得该点在路线方案上的桩号 k_i,根据 k_i 求得该点所在的格网。同时,每个格网中都包含一定数目的激光点,这样就建立了点与基于路线方案格网的双向索引。

2)散点云数据重新组织

索引规则建立完成后,即可扫描所有原始点云数据,将点云数据按照块的形式重新保存为点云文件。建立的原则如下:

(1)一块为一个文件,文件名称的形式为 Q_E. las,Q、E 为块的索引号。

(2)对于空的块,不建立文件。

(3)建立工程说明文件,文件中记录格网的长度(平行于路线前进方向的边长)和宽度(垂直于路线方案的边长)、第 1 个格网在路线方案上的桩号和路线方案文件。

3)查询

对于点的精确匹配,只需将该点投影到路线方案上,求出该点在路线方案上的投影桩号,然后根据桩号确定该点所在格网,在格网内查找坐标点。

对于范围查询,首先将范围投影到路线方案上,计算出该范围在路线方案上投影的桩号区间,通过桩号区间确定格网,然后遍历格网中的点,找出在范围内的激光点,见图 5-4。

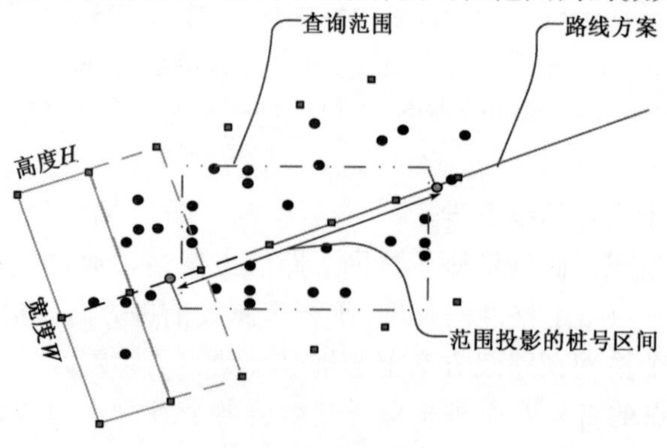

图 5-4　范围查询

5.3　任意点高程插值

任意点高程插值,即根据获取的激光点云地面点数据来求解测区范围内任意位置待插点的高程。由于激光扫描的点云数据具有海量、密集、高精度的特点,在实际公路工程中,都是首先提取待插高程点周围的地面类激光点云数据,通过这些地面点对待插值点进行内插。常用于工程中断面点、边桩点等的高程获取。其基本思想是:在建立索引形成点云数据库的基础上,在数据中查询待插值点的邻域激光点。然后再利用邻域地面激光点构网或者曲面内插出点的高程,在点云分布非常密集的路面区域,甚至可直接利用附近的激光点高程进行赋值。该方法突破了传统的处理思路,不需直接针对所有的点云数据进行构网或者曲面,减少了作业工序,提高了工作效率。

5.3.1　不规则三角网

地面激光点构网或者曲面是绝大部分高程内插模型的基础,不规则三角网(Triangulated Irregular Network,TIN)是用不规则分布的空间数据点构成连续的三角面,来逼近和反映地形表面。与格网数字地面模型相比,TIN 模型在某一特定分辨率下能用更少的空间和时间,更精确地表示更加复杂的表面。通过对激光点云数据进行滤波分类能够获得高精度高密度的地面点数据,经滤波后的离散地面点呈现疏密不均的离散分布,适合使用不规则三角网来构建 TIN 模型。特别当地形包含有大量特征,如断裂线、构造线时,TIN 能更好地顾及这些特征,从而能更精确合理地表达地表形态。地面激光点经过滤波分类后,呈现疏密不均的离散分布,此类数据适宜构建 TIN 模型,鉴于 TIN 能精确地表示地面,在其上内插的地面高程精度将很高。

1)点云数据三角网快速生成

在所有可能的三角网中,狄洛尼(Delaunay)三角网在地形拟合方面表现最为出色,因此常常被用于 TIN 的生成。狄洛尼三角网为相互邻接且互不重叠的三角形的集合,每一个三角形的外接圆内不含其他的点。狄洛尼三角网的各种生成算法基本上可以分为 3 类:三角网生长法、分割—合并算法(又称分治算法)和逐点插入法。

三角网生长法的思路是,先找出点集中距离最短的两点连接成为 1 条狄洛尼边,然后按狄洛尼三角网的判别法找出包含此边的狄洛尼三角网的另一端点,依次处理所有新生成的边,直到最终完成。这种算法的不同实现主要体现在搜寻“第三点”上。近年来,该法已经较少采用。在各项实际工程中比较普及的是分割—合并算法和逐点插入法。

分割—合并算法的思路是,递归地分割点集,直至子集中只包含 3 个点而形成三角形,然后自下而上地逐级合并生成最终的三角网。从时间复杂度上来讲,分割—合并算法最好,但是由于递归地执行,需要较大内存空间。

逐点插入法思路简单,算法容易实现。先建立 1 个初始三角网包含所有的数据点,然后将其余的点逐一插入,对于每一个点用 LOP 算法局部优化,确保其成为狄洛尼三角网。这种算法在不作优化的情况下,时间复杂度较差,但占用的内存最小。

在建立三角网的过程中,邻近点总是优先考虑的,即距离最近的点优先作为边。在三角网组成的四边形中,最短的对角线优先作为连接边,满足三角形长度和最小、角度最大的原则。

Lawson 提出的最大最小角度法,即是在相邻三角形组成的凸四边形中,交换两条对角线,形成等角性最好的三角形,作为三角网建立的局部优化方法。

在 TIN 的构建中,实际仅需要在点云数据中找出待插点周围的地面点数据,并针对这部分数据构网,即可满足高程内插的需要。这样,不仅减少了交换的数据量,节约了内存空间,同时也提高了构建 TIN 的速度,大大提高了后续高程内插的效率。在实际公路工程中,通常提取待插点周围半径 10m 范围内的地面类激光点进行构网(图 5-5),但是在改扩建工程中,针对路面或者边坡位置的待插高程点,由于点云数据的分布非常均匀和密集,可直接提取待插点周围 0.5m 范围内的地面类激光点进行构网。对于构网的算法,以逐点插入法为例,其基本算法过程如下:

(1)生成一个包含原始数据域的初始三角网。

(2)数据点的逐点插入:

①从点集中取出一点 P,找到包含该点的三角形,P 与包容三角形的顶点相连,更新拓扑关系,将新生成的三角形(边)加入优化队列 Q 中;

②若 P 在某一三角边上(图 5-6),将该点与三角边相对的顶点相连,分裂三角形,更新拓扑关系,并将新三角形(外围边)加入优化队列;

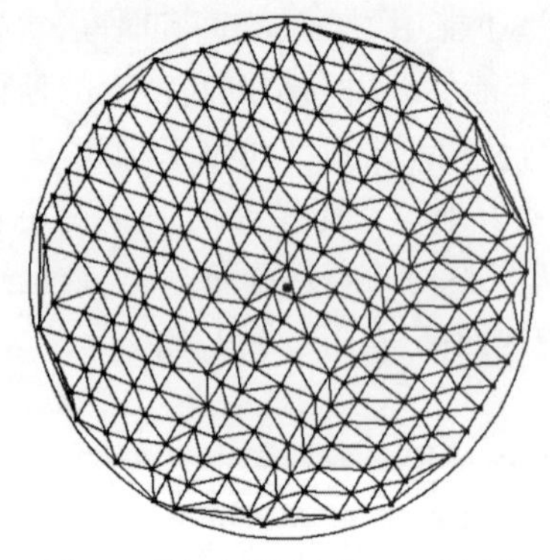
图 5-5 待插点周围半径 10m 范围内地面类激光点构网

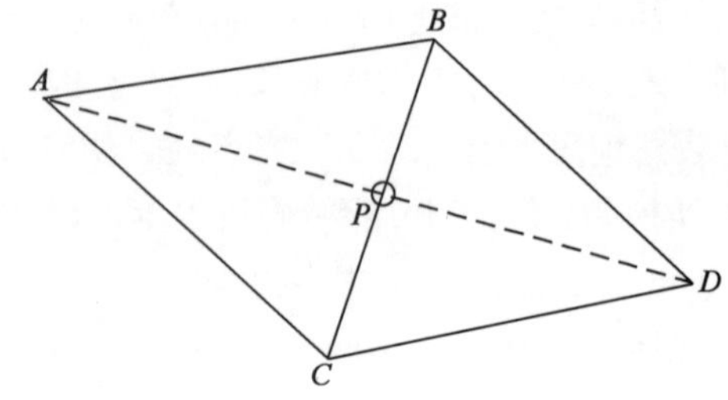

图 5-6 待插点在三角形边上的三角剖分

③三角网局部优化。从队列 Q 中取出一个边,判断具有该公共边的两三角形是否符合空圆法则,是则转下一边;否则交换四边形的对角线,将四边形的边加入优化队列,直至队列 Q 为空。局部优化过程中应维护拓扑关系;

④建立索引关系;

⑤边界追踪,删除无效三角形。

2)约束狄洛尼三角网生成

当特定的线段被作为预先定义的限制条件作用于 TIN 的生成时,则必须考虑带约束条件的狄洛尼三角网(CDT)。这种情况适用于已经提取道路边线、沟渠等特征线后的三角网生成。

带约束条件的狄洛尼三角网与标准狄洛尼三角网非常相似,只是考虑了预先给定的约束条件。CDT 可以引入特征线(断裂线)作为约束条件,作为三角形的边,精确地描述地表形态。

带约束条件的狄洛尼法则:只有当三角形外接圆内不包含任何其他点,且其 3 个顶点相互通视时,此三角形才是一个带约束条件的狄洛尼三角形。

带约束条件的狄洛尼 Lawson LOP 交换:只有在满足带约束条件的狄洛尼法则的条件下,由两相邻三角形组成的凸四边形的局部最佳对角线才被选取。

一旦标准狄洛尼三角网建立起来,便可加入预先给定的约束线段以完成带约束条件的狄洛尼三角网的构建。在三角网中插入一约束线段的具体思路是:确定边与约束线段相交的三角形,如果 2 个这样的三角形有公共边,则将此公共边删除,最后形成约束线段的影响多边形;将影响多边形按约束线段划分为左区 L 和右区 R;对 L 和 R 进行三角剖分,应用带约束条件的 Lawson LOP 对三角形进行优化,更新影响多边形内的三角网。这样约束边成为三角网中的一边,即约束线段被插入。

5.3.2　插值函数模型

影响激光点云高程插值精度的主要因素就是插值法的选取,而任何一种高程插值方法都是基于空间相关性进行的。即空间位置上越靠近,则事物或现象就越相似,空间位置越远,则越相异或者越不相关。下面简述几种在高程插值中常用的插值模型。

1)移动曲面拟合面插值

移动曲面拟合法是以内插点为中心,确定一个邻域范围,用落在邻域范围内的全部或部分采样点,展铺成一张数学曲面计算内插点的高程。其理论依据是局部地形的相似性,并满足两个假设:

(1)地形表面是连续和光滑的。

(2)相邻点之间具有强相关性。

若用于拟合的采样点个数等于函数系数的个数,曲面须严格通过每个采样点;若用于拟合的采样点个数多于函数系数的个数,按最小二乘法求解,此时曲面到每个采样点的距离平方和最小。该插值方法适用于分布无规律的激光点云数据。若带特征线,须去掉与特征线异侧的点,方能使用该方法(图 5-7)。

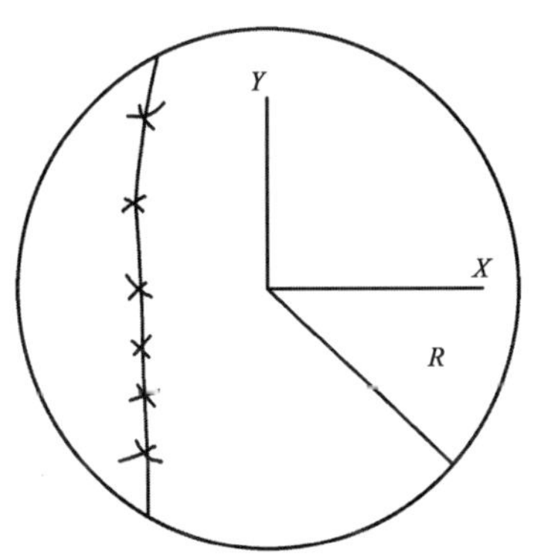

图 5-7　移动曲面拟合插值
X-特征点;—-一般点

移动曲面拟合插值方法原理是:

$$H = AX^2 + BXY + CY^2 + DX + EY + F \qquad P_i \tag{5-2}$$

式中:A、B、C、D、E、F——多项式系数;

(X,Y)——待插点平面坐标;

H——待插点高程;

P_i——权值。

以各点到待定点的距离平方的倒数作为权,即 $P_i = 1/d_i$。根据多于 6 个已知点的(X,Y,H),采用最小二乘法确定 A、B、C、D、E、F 这 6 个参数。

2)双线性插值

对于离散状和规则格网状分布的采样点,双线性多项式内插函数模型均可适用。鉴于激光扫描采样点高密度的特点,较小的局部面元可以用平面近似表示,选择线性内插函数,计算简单、稳定,其原理是:

$$H = a_0 + a_1x + a_2y + a_3xy \tag{5-3}$$

式中：a_0、a_1、a_2、a_3——多项式系数；

(x,y,H)——平面坐标与高程。

已知4个点的平面坐标和高程，即可确定多项式系数。据此，可计算出内插点(x,y)的高程值H。

对于边长为L的正方形格网（图5-8），计算P点高程H的公式为：

$$H = H_A\left(1-\frac{X}{L}\right)\left(1-\frac{Y}{L}\right) + H_B\left(\frac{X}{L}\right)\left(1-\frac{Y}{L}\right) + H_C\left(\frac{X}{L}\right)\left(\frac{Y}{L}\right) + H_D\left(1-\frac{X}{L}\right)\left(\frac{Y}{L}\right) \tag{5-4}$$

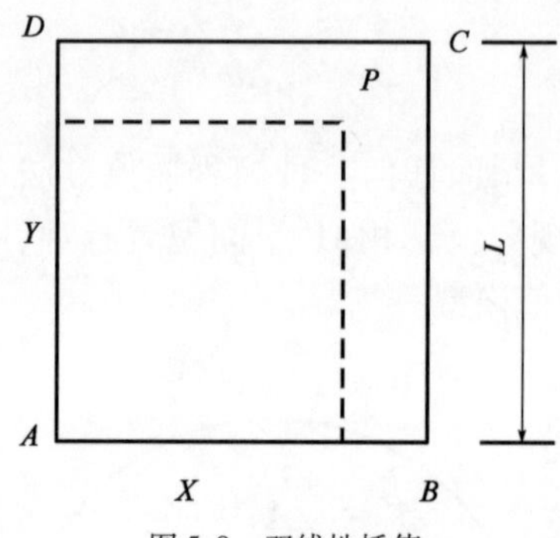

图5-8　双线性插值

式中：H_A、H_B、H_C、H_D——格网点高程；

H——待插点高程；

(X,Y)——待插点在格网中的平面坐标；

L——格网边长。

3）反距离加权插值

反距离加权法（Inverse Distance Weighted，IDW）是最常用的空间内插方法之一。它认为与待求点距离最近的若干个数据点对待求点值的贡献最大，其贡献与距离成反比。以数据点到待求点的距离给予适当的权重，按最小二乘法平差原理求解。权的值与距离成反比，距离越近，对待求点测定值的影响越大。反距离加权法的一般公式如下：

$$Z(X,Y) = \sum_{i=1}^{n} w_i z_i \tag{5-5}$$

式中，Z为待求点，z_i为参与内插的已知点，i为其点数，w_i为分配给参与插值点的权重。

确定权重的计算公式为：

$$w_i = \frac{d_i^{-p}}{\sum_{i=1}^{n} d_i^{-p}} \tag{5-6}$$

式中：d_i——待求点与各已知点之间的距离；

p——常量参数，体现了随已知点与待求点之间距离的增加权重值降低的速度。

反距离加权插值法具有概念容易理解，算法简单高效，参数意义直观等优点。

4）三角面插值

（1）单三角面插值

适用于考虑地形、地貌特征的采样，局部用三角面代替地形表面，能反映地形特征，插值精度高，在实际公路工程的高程内插中，大多采用此插值模型。

假定三角形包含待求点(X,Y)，其3顶点坐标分别为(X_A,Y_A,H_A)、(X_B,Y_B,H_B)、(X_C,Y_C,H_C)，则三角面方程为：

$$\begin{vmatrix} X & Y & H & 1 \\ X_A & Y_A & H_A & 1 \\ X_B & Y_B & H_B & 1 \\ X_C & Y_C & H_C & 1 \end{vmatrix} = 0 \tag{5-7}$$

式中：(X_i,Y_i,H_i)——三角形顶点的平面坐标和高程$(i=A,B,C)$；

(X,Y,H)——待求点的平面坐标和高程。

(2)内外三角面插值

适用于考虑地物、地形特征线,插值精度很高。其原理是:设待求点所处 ΔABC 的3边所邻接的三角形分别为 $\Delta AA'B$、$\Delta BB'C$、$\Delta CC'A$,分别由邻接的三角形外插出待求点 P 的高程值(图5-9)。设由 $\Delta AA'B$ 外插出的高程为 H_1,其权为 P_1;由 $\triangle BB'C$ 外插出的高程为 H_2,其权为 P_2;由 $\Delta CC'A$ 外插出的高程为 H_3,其权为 P_3。$P_i(i=1,2,3)$ 按式 $P_i=C/S_i$ 确定,若取 $C=S_1\times S_2\times S_3$,则 $P_1=S_2\times S_3$,$P_2=S_1\times S_3$,$P_3=S_1\times S_2$。

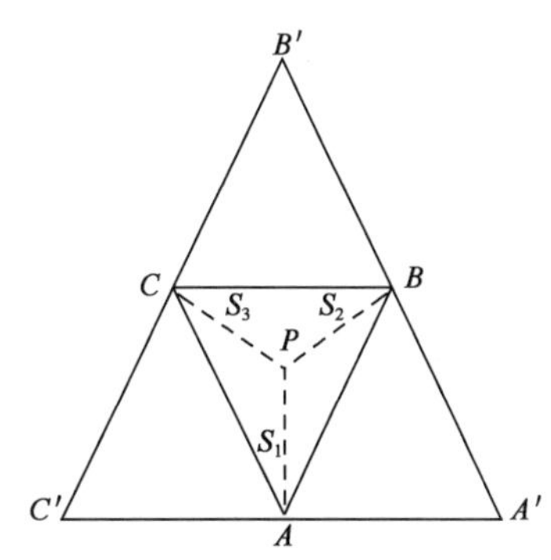

图5-9　内外三角面插值

若 AB 边为由特征线组成的边,则取 $C=S_2\times S_3$,$P_1=0$,$P_2=S_3$,$P_3=S_2$,其余类推。若 AB、BC 边为特征线组成的边,则 $P_1=0$,$P_2=0$,$P_3=1$,其余类推。

若3边全由特征线组成,不外插。

P 点的外插高程由带权平均值求出:

$$H_w = \frac{H_1S_2S_3 + H_2S_1S_3 + H_3S_1S_2}{S_2S_3 + S_1S_3 + S_1S_2} \tag{5-8}$$

式中:S_1、S_2、S_3——分别为 ΔPAB、ΔPBC、ΔPAC 的面积;

H_1、H_2、H_3——分别为 $\Delta AA'B$、$\Delta BB'C$、$\Delta CC'A$ 外插的高程值;

H_w——由带权平均值求得的外插高程。

最后 P 点的高程值 H 可按式(5-9)得出:

$$H = (1-K)H_n + KH_w \tag{5-9}$$

式中:H_n——内插高程值;

H——内、外插高程值;

K——调节系数,K 的取值范围为0.3~0.5,一般取0.4。

(3)基于结构特征的最邻近插值

基于结构特征的最近邻点插值法,作为一种极端的内插方法,在结合结构特征的基础上,它在内插时只用邻近的单个点。该方法根据待求点的位置,结合待求点所在区域的地形地物结构特征,寻找符合特征的距离最近的样本数据点,将该样本点高程赋值给待求点。对于精度高且密度大的激光点云数据,该方法具有很强的适用性。对激光地面点的点云密度足够大且高程变化不大的区域,便可直接采用该方法赋值,可在保证插值精度的同时,提高插值效率。尤其是在是改扩建公路工程中,在路面等较为平坦的区域,即可直接采用邻近激光地面点的高程进行待求点的高程赋值;在沟渠等构造物较为复杂的区域,可结合地物特征,采用与地物特征最符合的邻近点进行赋值。

5.4　地面线快速自动生成

获取准确、丰富的地表三维信息(横断面、纵断面等地面线)是公路勘测设计的一项重要工作。目前采用的方法是利用全站仪或者GNSS-RTK在野外测量出设计所需的地面点或断面的地面线。但是,采用这种方法生成公路地表信息需要耗费大量人力物力,效率很低。

机载激光扫描具有测量精度高、能穿透植被、可克服自然条件影响等优势,更符合横断面测量的要求。在工程中可直接基于高密度、高精度的激光点云数据,快速生成横断面三维地面线,避免通过数字高程模型生成断面三维地面线的精度损失,确保满足道路改扩建详测与施工图设计的精度要求。公路激光扫描数据处理软件(HighwayLas)即可直接基于海量、密集的激光点云数据,快速、高效地生成公路勘测设计所需地面线,可适用于各种复杂地表的地面线生成。其基本思想是:根据中桩坐标计算地面线剖面方向,以剖面作为基础,从分类后的激光点云数据中提取备选点类自动生成断面地面线信息,然后将提取的点云和断面线叠加显示,人工辅助编辑和检查,按照公路设计所需的格式,输出编辑后的准确的断面线地表信息。

5.4.1 点云提取

由于激光点云数据具有海量、高密度的特征,若是直接基于全部激光点云数据生成地面线,涉及的数据量将远远超出计算机内存的容量,同时也严重降低数据处理过程的计算速度。因此,在实际工程中,往往都是先提取地面线周围的激光点数据,进而根据这些激光点进行地面线的快速生成。

点云提取,主要是根据断面地面线确定的方向,对激光点云数据中地面线平面位置附近的激光点云数据进行提取。首先,断面地面线的方向,主要是以中桩平面坐标为基础进行计算,对于每个中桩点,利用其后面的一个中桩点计算路线前进方向,最后一个断面的前进方向与倒数第二个断面一致;然后,根据断面地面线的平面位置从激光点云中提取地面线周围的激光点数据。其主要方法是:

1)确定断面左右侧方向

横断面的计算分左侧和右侧两部分。其左右侧方向确定方法为:假设以某条公路设计线位 K0 +0 为起点,某一个中桩点为 A,其后的中桩点为 B,则 $A \longrightarrow B$ 连线的矢量方向为路线走向,此时的左手方向为当前计算横断面的左侧,右手方向为当前计算横断面的右侧。

2)计算中桩点方位角

根据当前中桩点和下一中桩点的连线计算其与 x 轴正向(正北方向)的夹角,作为当前中桩点的方位角。最后一个中桩点的方位角与前一个中桩点相同。

以相邻两点 $P_1(x_1,y_1)$、$P_2(x_2,y_2)$为例,其连线所形成的与 x 轴正向的夹角根据式(5-10)计算:

$$\alpha = \arctan\frac{\Delta y}{\Delta x} \tag{5-10}$$

式中:α——中桩点方位角;

Δx——$x_2 - x_1$;

Δy——$y_2 - y_1$。在得到计算值后,根据($\Delta x,\Delta y$)所在的象限,将 α 转为 $0 \sim 2\pi$ 的值。

3)计算断面直线方程

根据每一个中桩点的 α 角,可计算获得横断面所在直线的 $\tan\alpha$ 值;结合中桩点坐标(x,y),根据直线点斜式方程:

$$y = kx + b \tag{5-11}$$

式中：$k = \tan(\alpha + \pi/2)$。

代入坐标即可求得横断面线所在的直线方程。

4)确定断面剖线平面位置

以一个横断面的计算为例：以中桩为分界点，沿横断面直线方向两侧各一定距离，确定断面线的边桩位置，最终获取一个横断面剖线的平面位置。

5)提取激光点数据

根据断面剖线的平面位置，计算激光点到剖线的平面距离 d，通过设置距离的阈值 D，将满足条件 $d \leqslant D$ 的激光点全部提取出来，作为断面地面线生成的备用激光点。

5.4.2　断面地面线生成

断面地面线主要是根据断面剖面的平面位置和周围的激光点来生成，由于激光点云密度大、精度高，通常都是根据断面剖面的平面位置，提取各断面周边的激光点云数据，然后通过构建 TIN 模型和内插等方法实现自动生成。断面地面线生成中，最主要的是断面地面线上的断面点采样和高程获取。在断面点采样和高程获取的方法中，常用的主要有以下几种：

1)等间距采样获取横断面

(1)等间距内插

等间距内插法的思想是：沿横断面轴线从中桩到边桩，每隔距离 d 计算一个平面坐标点(图 5-10)，在 TIN 中利用该点定位三角形，用三角形双线性内插计算该点的高程，此点视为横断面地形点，进而即可得到横断面。

(2)交点法

交点法的思想是：从横断面中桩开始，每隔距离 d 计算一个平面坐标点，在 TIN 中利用该点定位三角形，将三角形 D 存入队列中；若下一个平面点定位的三角形 ID 与队尾元素的 ID 不同，将此 D 入队；直到边桩。队中的三角形即横断面轴线穿过的三角形集合(图 5-11)。依次出队，计算每个三角形边与横断面轴线的交点，即可得到横断面。

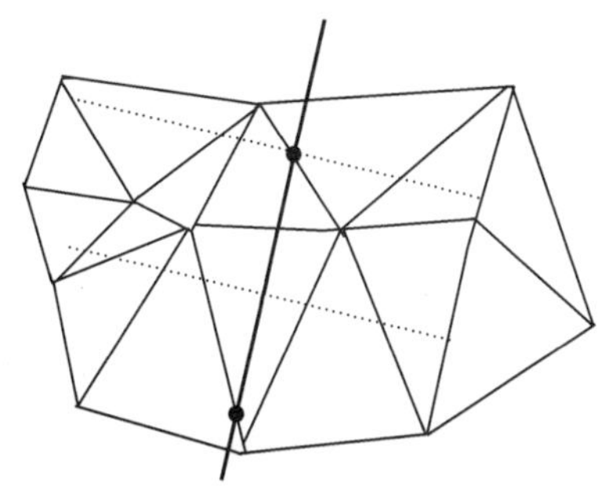

图 5-10　等间距内插法

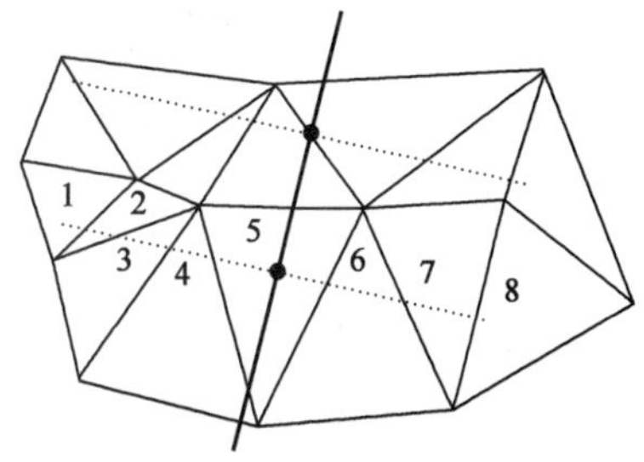

图 5-11　等间距采样三角形法

2)求交获取横断面

在已经建立的 TIN 中进行约束边的镶嵌，判断涉及约束边经过的三角形，即确定约束边的影响区域。从 TIN 中获取横断面，将横断面轴线看作约束边，在判断约束边经过的三角形的同时确定其经过的三角形边，再求取二者的交点，即可得到横断面地形点。

该算法的思想是：先内插边桩高程，叉积判断横断面轴线与边桩所在三角形的相交边(顶点),并求取交点;利用边与三角形的相邻关系,依次确定下一个三角形;逐次利用叉积判断,确定横断面轴线的左、右相邻三角形边,根据两边的端点确定相交边,从而计算出横断面轴线穿过的一系列三角形边(顶点)的交点,直到中桩所在三角形为止。从边桩到中桩计算到的交点集合就是横断面的地形变化点(图5-12)。

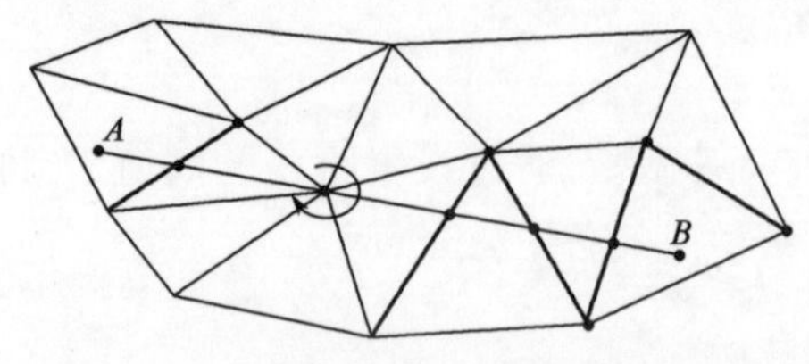

图5-12 断面地形变化点获取过程示意图

3)邻近优先获取横断面

该方法是直接基于提取出的地面类激光点云数据生成断面地面线,不仅融合了常规构建TIN模型内插的方法,同时也充分考虑了激光点云数据的高密度的特征,该法结合地形地物的结构特征,对于路面平坦区域以及边沟等构造物区域的激光点数据,直接基于特征的邻近点赋值。公路激光扫描数据处理软件(HighwayLas)采用的就是该方法,其主要步骤如下:

(1)提取备选点。从激光点云地面类数据中提取出到断面剖面平面距离小于0.8m的激光点作为生成地面线的备选点。

(2)将备选点云中的地面点数据分成3类。将地面点按照到断面剖面的平面距离分成3类:第一类为到断面剖面平面距离[0m,0.1m]的激光点,第二类为到断面剖面平面距离(0.1m,0.3m]的激光点,第三类为到断面剖面平面距离(0.3m,0.8m]的激光点。

(3)利用备选点中第一类地面点生成初始断面线。生成初始断面线的流程是:

①将第一类地面激光点在XY平面上向断面剖面作垂线,以垂足点的平面位置和激光点的高程作为断面点位置,记入断面点类。

②计算断面类点在断面坐标系下的坐标,断面坐标系原点为中桩,断面剖面线方向为S轴方向,高程方向为H轴方向。假设激光点平面坐标为(x_1,y_1),高程为h_1,断面中桩平面坐标为(X_1,Y_1),该激光点在断面坐标系下的坐标(s,h)的计算方法如式(5-12):

$$\begin{cases} s = \mathrm{sqrt}[(x_1 - X_1)(x_1 - X_1) + (y_1 - Y_1)(y_1 - Y_1)] \\ h = h_1 \end{cases} \tag{5-12}$$

式中:(x_1,y_1,h_1)——激光点三维坐标;

(X_1,Y_1)——断面中桩平面坐标;

(s,h)——激光点在断面坐标系下的坐标。

③计算所有断面类点在断面坐标系下的坐标,生成初始断面线。

(4)扫描断面空洞。空洞是指沿断面线方向一定范围内不存在断面点。对于新建公路工程,空洞阈值定为20m;对于公路改扩建工程,路面和边坡的空洞阈值定为5m。扫描断面线探测空洞,若存在空洞,记录断面空洞的起、终点坐标;否则,转(8)。

(5)利用第二类地面激光点填充空洞。在存在空洞的地方,采用(3)的方法通过向断面剖面作垂线计算第二类地面激光点在断面坐标系下的坐标,对该断面周围的激光地面点构TIN,根据该断面点坐标利用三角面插值法内插出高程,并填充断面空洞。

(6)再次扫描断面空洞。扫描填充后的断面,确定是否还存在空洞。若有,记录断面空洞的起、终点;否则,转(8)。

(7)利用第三类地面激光点填充空洞。对于(6)中扫描出的空洞,通过向断面剖面作垂线计算第三类地面激光点在断面坐标系下的坐标,以垂足点的平面位置为断面点的平面坐标,通过对该断面周围的激光地面点构 TIN,根据该断面点坐标利用三角面插值法内插出高程,填充断面空洞。

(8)生成断面线。将产生的断面点,以中桩为原点,左、右侧顺序排列。在断面线上,如果相邻两个断面点的距离小于0.1m,保留高程低的点,或者采用道格拉斯简化算法,对断面线数据进行简化。

基于分离出的地面点云数据,采用邻近优先方法生成断面线的流程见图 5-13。

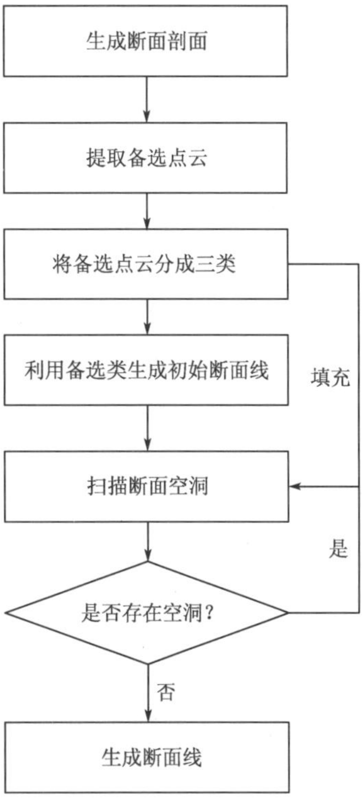

生成断面剖面

提取备选点云

将备选点云分成三类

利用备选类生成初始断面线

填充

扫描断面空洞

是

是否存在空洞?

否

生成断面线

图 5-13　基于地面点云数据生成断面线的方法流程图

5.4.3　检查和编辑

对于自动生成的地面线,结合激光点云数据进行检查,尤其是在植被比较茂密的地区;有必要时,采用人工编辑的方法修正断面线,如图 5-14 所示。检查和编辑修正地面线的流程是:

(1)将地面线、生成的断面点和提取的点云叠加显示。

(2)检查时,在图形环境中同时显示两个视图窗口,一个视图显示 DOM 与激光点云平面信息,另一个视图显示按断面地面线剖切激光点云的剖面信息。

(3)剔除地面线异常突变处对应的断面点。

(4)将高程低于地面线的非地面点作为备选点,结合 DOM 进行分析,并判别是否应纳入地面线中。

(5)根据地面线与水涯线的平面位置交点,间断水域内的地面线。

(6)检查并确保房屋前后的地面线高程与地基表面高程保持一致。

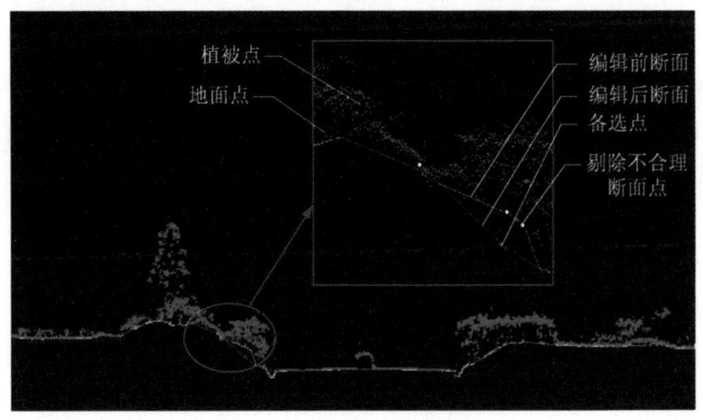

图 5-14　人工辅助编辑断面示意图

在对地面线进行检查和编辑之后，根据编辑后的断面点重新生成公路设计所需的精确的断面线地表信息，再根据不同的公路设计系统，按照其特定的格式输出地面线信息。

5.4.4 地面线自动生成软件

公路激光扫描测量数据处理软件（简称 HighwayLas）是中交第二公路勘察设计研究院有限公司基于 Microstation 平台和 TerraScan 开发的一个专门针对公路勘察设计的激光扫描数据处理软件包。该软件可处理机载、车载和地面激光扫描数据，充分发挥了多平台激光扫描数据在公路设计中的优势。在数据管理上直接在内存中与 Microstation 和 TerraScan 进行数据交换，利用 Microstation 和 TerraScan 的特点实现大量、高效的数据管理。同时与“公路与互通立交集成 CAD 系统 JSL-Road”紧密集成，用户可根据公路线位设计成果实时自动计算各种断面的地面线数据，其结果可单独/批量为 JSL-Road 接收。该软件主要有车道线提取、地面线提取以及地形特征线提取三大模块，其中地面线自动生成模块的主要功能如下：

1）剖线生成和点云提取

在 TerraScan 中打开要生成断面的点云文件。选择 HighwayLas 的“加载中桩文件”菜单，根据项目需要进行断面生成方法和断面宽度等的参数设置（图 5-15），生成标准格式化的中桩文件，并将断面剖线展绘在 Microstation 中。

然后利用生成的断面剖线，基于线分类的方法，提取出到横断面剖线平面距离小于阈值的原始地面激光点和非地面激光点（图 5-16）。

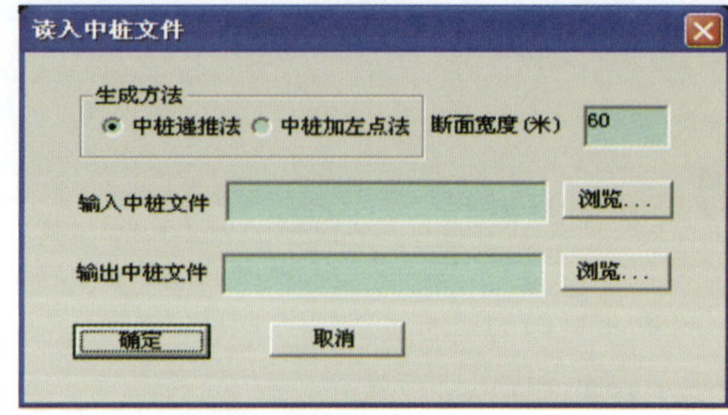

图 5-15　读入中桩文件

图 5-16　提取断面原始激光点

2）断面线生成与展绘

选择 HighwayLas 软件的“生成断面”菜单，选择横断面剖面线生成过程中产生的地面激光点文件和标准格式化中桩文件，由 HighwayLas 软件自动、快速生成项目横断面，并保存断面线文件。

选择 HighwayLas 软件的“横断面展绘”菜单，选择要展绘的横断面和断面对应的标准中桩文件，在 Microstation 中展绘出横断面地面线，见图 5-17。

3）地面线检查与编辑

选择 HighwayLas 软件的“横断面检查”菜单，在窗口中选择中桩文件，并设置合适的检查参数，打开地面激光点、断面点和非地面激光点，检查各个地面线数据（图 5-18），利用 TerraScan 的分类功能编辑横断面。

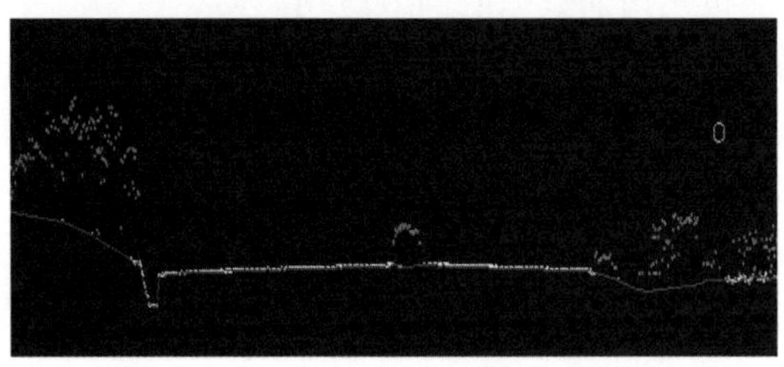

图 5-17　绘制地面线

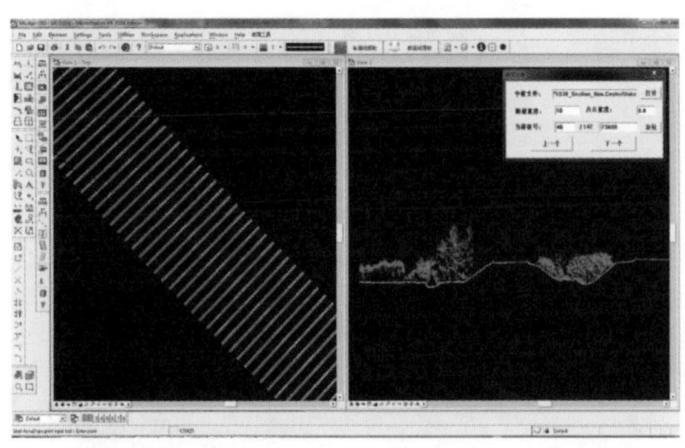

图 5-18　地面线检查

编辑完所有断面点后，将编辑的断面点文件另存。选择 HighwayLas 软件的“编辑断面线生成”菜单，依次选择编辑后的断面点文件和标准格式化的中桩文件，由 HighwayLas 软件自动、快速生成修改后的横断面，并保存断面线文件。

根据公路 CAD 系统的需要，选择按抬杆法或距离法等格式输出横断面计算结果。

5.5　公路路线与互通立交 CAD 协同设计

基于三维激光扫描测量的路线、互通立交设计主要利用基于海量、高精度点云的数字化产品，在纬地、路线大师以及公路与互通立交集成 CAD 系统 JSL-Road 等 CAD 设计软件中进行，从而完成路线平纵横设计、工程数量分析和估算等一系列工作。

5.5.1　三维激光扫描同公路路线与互通立交 CAD 系统集成

三维激光扫描测量系统采集的高密度激光点云，能快速生成高精度的三维地形数据，用于快速比较所有可能的平面线形，进行路面平面优化及空间优化，确定最佳路线位置方案。由于点云数据密度很高，直接导入到 CAD 设计软件中将导致数据量非常大，而且也不能直接读取点云的数据格式，这导致目前只能先将点云转换成数字地面模型，然后再在这些 CAD 设计软件中进行设计工作。这样无疑降低了数据的精度，而且不能充分发挥数据的优越性。

公路 CAD 主要解决公路设计中的几何计算、绘图和优化等问题。它是提高公路设计水平、质量与效率的重要手段。通过对特定的软件系统的数据格式进行定义，可实现数据的交换，将激光数据密度高、数据量大等特点，与常用 CAD 设计软件进行有机结合，可充分发挥激光数据的高精度特性，保证激光扫描数据的高效应用。

结合高分辨率的数字正射影像，运用道路设计的平纵横数据可完成道路三维实体的快速建模。道路三维场景的实时动态浏览与路线的CAD设计数据进行系统集成，即可实现道路设计过程和设计成果的可视化，见图5-19。

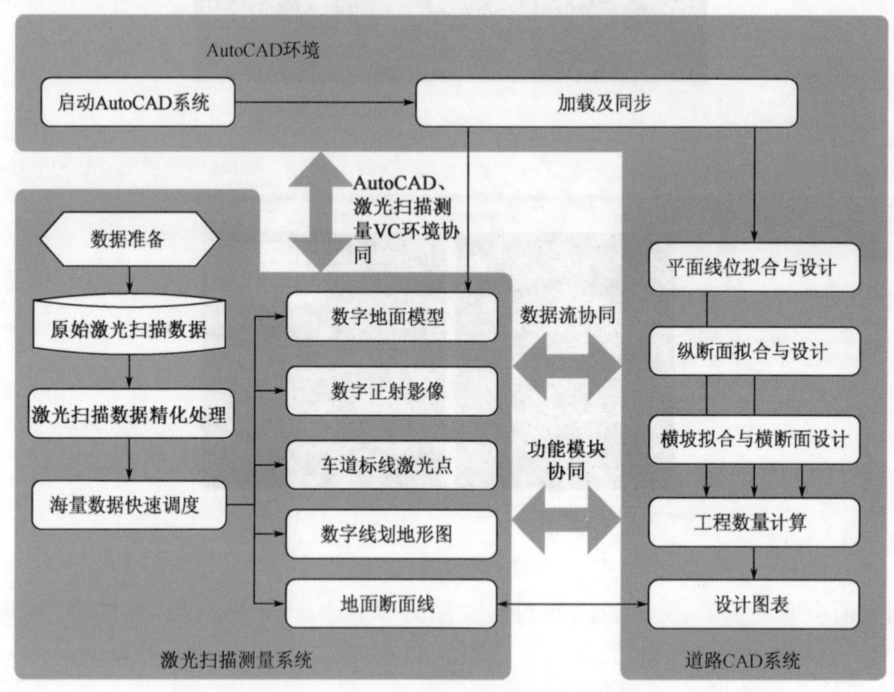

图5-19　三维激光扫描测量与公路CAD协同设计

在AutoCAD环境下开发具有三维激光扫描测量线位地表数据处理功能的软件，不仅符合路线设计人员已有的设计习惯，更能有效地与当前路线设计CAD系统进行数据交互，实现三维激光扫描航测高精度数据源与路线设计的紧密集成，可进一步提高路线设计一体化与自动化水平。

5.5.2　公路CAD系统平、纵、横数据交互

平面线位、纵断面、横断面设计是公路路线设计的主要内容。要实现与公路CAD的集成，则应能从CAD系统中进行路线与互通立交的平面线位定线，并在基于三维激光扫描测量数据完成纵断面和横断面的三维地面线后，通过数据接口实现与CAD系统机载激光测量数据的交互，实现路线设计的自动化与一体化。CAD系统主要是基于Object ARX的AutoCAD的图形环境开发的，因此其数据成果主要有文本和图形两种格式。

首先从公路激光扫描测量数据处理软件中获取平面线位设计所需的基础数据，输入CAD系统，获取其产生的Excel格式平面线位数据，然后通过交点法、线元法进行平面定线，再进行纵、横断面的设计计算。

1）平面线位定线

（1）交点法平面线位定线

交点法与现行采用的设计方法相同：先确定各个平曲线的交点位置，从而确定路线的大致

走向，然后在各个交点内完成平曲线的设计。交点法平面定线主要包含输入交点数据、图形及数据编辑、确定平面线形等内容。

(2)线元法平面线位定线

把直线、圆弧称为基本线元，而把缓和曲线称为连接线元。采用交互的方式，把线元和基本线元如积木一样相互搭接产生平面线形。线元法布线采用图形方式，交互式地将平面线形通过各种线元的图形组合，完成公路平面线形设计。线元法平面线位定线主要包含确定已知线元、根据已知线元给出相关参数产生新线元、实施拖动直至满足设计的需要、确定最终平面线位等内容。

(3)互通式立交平面定线

互通式立交中匝道平面定线主要采用交互式布线提供的线元法进行设计。在匝道平面线形设计时，起终点可能存在辅助线元，最终确认平面线形前，需要对其进行处理，以便获得正确的匝道设计范围。

2)纵断面设计

公路路线的纵断面设计是公路线形设计的关键，其设计比较抽象，考虑因素较多，设计难度较大，设计方案多样。因此纵断面设计应结合激光扫描测量的成果，地形地貌尽可能采用较高的技术指标，防止因平面线形某些极限值的采用而使其与纵面线形无法良好地组合。在设计中应正确地运用公路技术标准及规范，妥善处理政治与经济、整体与局部、远期与近期、公路建设与工业、农田基本建设的关系，多作方案比选，精心优化纵断面的设计工作。

通过激光扫描测量获取各种基础信息(如地形、地质、地貌、植被、灾害等)，进行相应质量控制、数据录入、数据编辑、数据管理和查询统计等操作，进行纵断面设计，可以直观地、精确地、很符合实际情况地反映路线与周围环境和地形的关系，可为设计人员提供很多建设性的指导和指示，可即时生成线路纵断面图。纵断面交互设计的成果数据将自动保存入线路信息数据库，生成接口数据，供路基、桥隧等相关专业使用。

根据平面线形的设计结果及平面计算对纵断面的线形进行初始化，人机交互纵断面设计，最终可确定纵断面线形并输出计算结果及出图。

(1)纵断面线形要素

路线坡长应结合当地地形、地物作综合考虑。路线纵坡以平缓均匀且坡段较长为好，以避免纵断面反复起伏，汽车经常换挡，从而保证行车时速和舒适性。但坡段太长往往又不能满足桥梁及构造物的高要求，或增加了土石方量，无形中提高了工程造价。另外，必须注意两反向曲线转点处、缓和曲线与圆曲线的交点处、缓和曲线与直线的交点处、圆曲线与直线交点处均不能设置变坡点。

其次，竖曲线半径的选择方面，对于凸竖曲线来说，主要是保证必要的行车视距；对于凹竖曲线来说，主要是保证汽车前灯照射的范围满足要求以及限制离心力所引起的超载在车弹簧所能承受的范围之内。竖曲线间的直坡段长度的选择方面，“同向竖曲线间，特别是同向凹曲线间如直坡段不长，应合并为单曲线或变曲线，避免出现断背曲线”。

(2)纵断面线性组合

纵断面线性组合中应保持线形在视觉上的连续性，设计中必须充分考虑纵断面线形与平

曲线形的对应关系。设计中要尽量做到一个长曲线包住几个竖曲线，避免竖曲线插入直线、曲线的变坡点。同时保持线形在视觉上、心理上的均衡性，平纵面线形技术指标应大小均衡，若一个平曲线上包了几个竖曲线，则几个竖曲线半径及竖曲线长度也应均衡。

在保持线形与周围景观的协调性方面，在路线纵断设计中，应注意纵断线形要素和平面线形与纵面线形的组合，还应充分研究与周围环境的协调性。

(3)纵断面设计图成果输出

纵断面的计算成果，可以以两种形式输出，即文本输出和 CAD 输出。

①文本输出：根据 CAD 系统的纵断面文件格式，按桩号、高程方式输出纵断面计算结果，见图 5-20，该文件可以直接被 CAD 系统导入，直接用于道路设计。

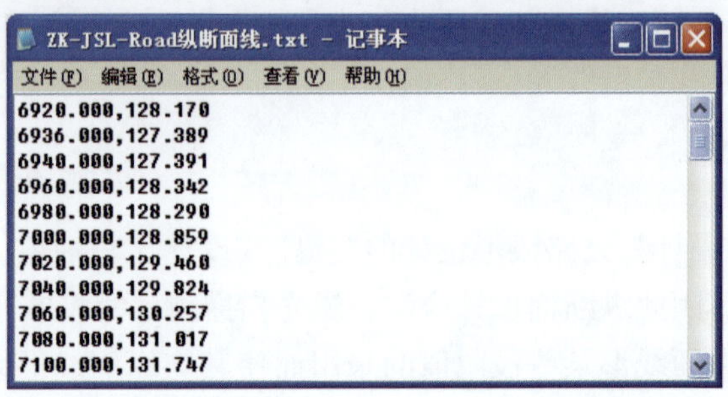

图 5-20 计算生成的纵断面线导出为 CAD 系统的文本文件

②CAD 输出：以桩号为横坐标、高程值为纵坐标，将生成的纵断面线绘制到 AutoCAD 中，见图 5-21、图 5-22。

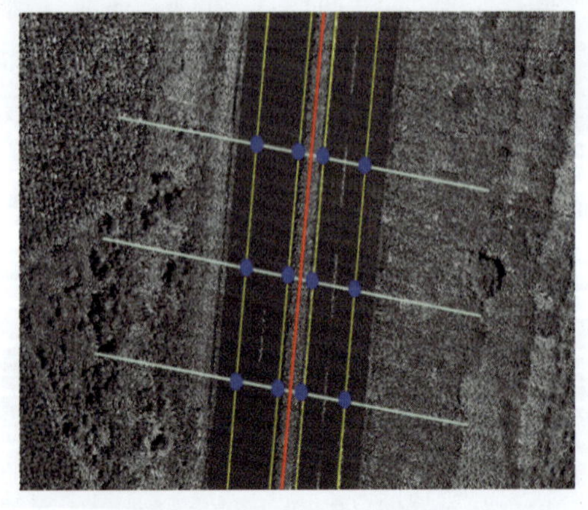

图 5-21 纵断面平面位置示意图

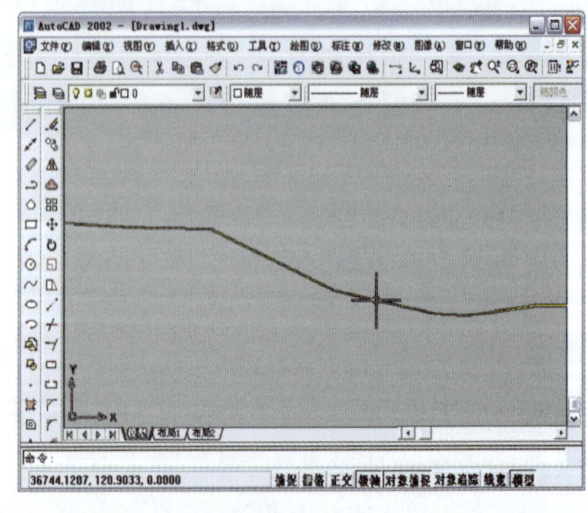

图 5-22 图形输出到 AutoCAD 的纵断面线

3)横断面设计

道路横断面是指中线上各点沿法向的垂直剖面，它是由横断面设计线和地面线组成的，其中横断面设计线包括行车道、路肩、分隔带、边沟、边坡、截水沟、护坡道以及取土坑、弃土堆、环境保护设施等。城市道路的横断面组成中包括机动车道、非机动车道、人行道、绿带、分车带等。高速公路、一级公路和二级公路还有爬坡车道、避险车道；高速公路、一级公路的出入口处还有变速车道等。横断面图中的地面线是表征地面起伏变化的线，主要通过激光扫描测量获得。

根据不同的公路设计系统，可以按照其特定的格式输出断面线地表信息，常用的断面格式有中桩距离法和抬杆法断面。横断面计算结果也有文本和图形两种交互方式。

(1)输出到文本:按照中桩距离法和抬杆法两种格式输出横断面计算结果,见图5-23。

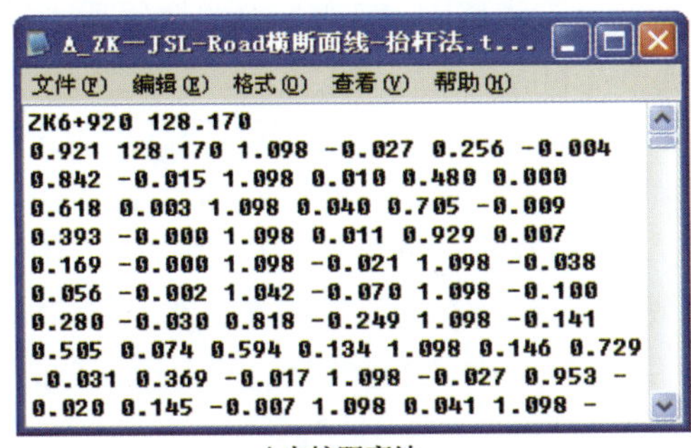

a)中桩距离法

b)抬杆法

图5-23　CAD系统横断面的文本格式

①中桩距离法数据记录格式如下:

每个断面用三行表示:

第一行描述中桩:桩号中桩高程(s_0,h_0);

第二行描述左断面:(s_i,h_i)(i = 1,2,3,…,m),s_i 为断面点到中桩的距离,h_i 为断面点高程,m为点数;

第三行描述右断面:(s_i,h_i)(i = 1,2,3,…,n),s_i 为断面点到中桩的距离,h_i 为断面点高程,n为点数。

②抬杆法数据记录格式如下:

第一行描述中桩:桩号中桩高程(s_0,h_0);

第二行描述左断面:(s_i,Δh_i)(i = 1,2,3,…,m),s_i 为断面点到中桩的距离,Δh_i 为断面点高程与中桩高程差值即 $\Delta h_i = h_i - h_0$,m为点数;

第三行描述右断面:(s_i,Δh_i)(i = 1,2,3,…,n),s_i 为断面点到中桩的距离,Δh_i 为断面点高程与中桩高程差值即 $\Delta h_i = h_i - h_0$,n为点数。

(2)输出到CAD系统:直接将计算结果与激光点云在CAD中绘制显示,见图5-24。

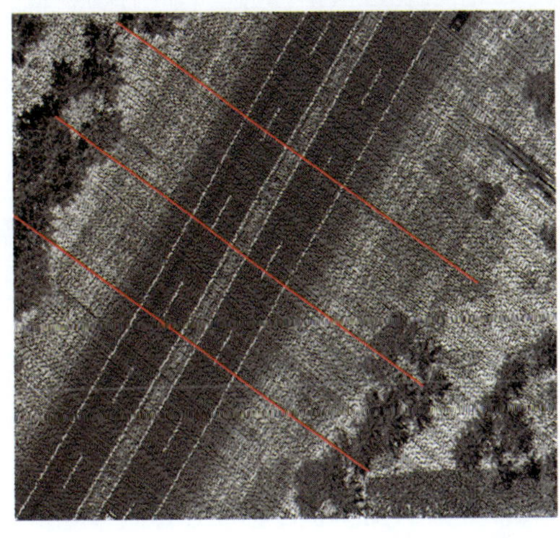

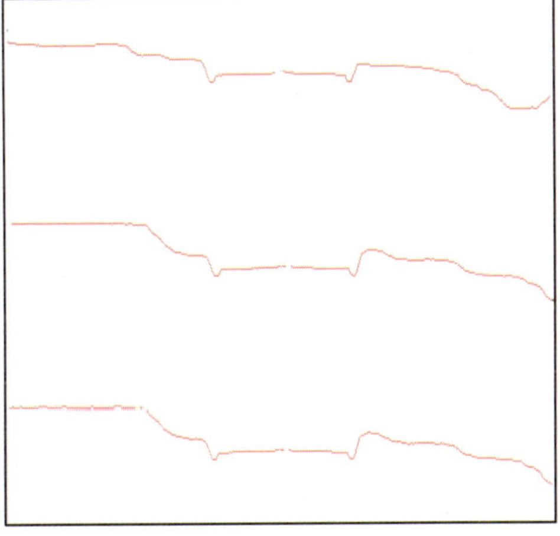

图5-24　激光数据生产的横断面三维地面线

5.5.3 路线方案设计与比选

利用激光扫描数据获取公路沿线区域的环境信息，具有视域广、整体感强、图像逼真、信息量丰富、宏观、直观等特点，特别对地形、地貌、植被、地物等的信息反映最为直接，使得设计人员可以快速地了解路线走廊带的情况，可为确定路线方案、桥址、隧道位置等提供科学合理的依据。

地形选线即是要达到平面顺适、纵面均衡、横面合理。充分根据山区的地形、地貌，巧妙地进行线形布设，尽可能减小工程量和对环境的破坏。山区高速公路地形复杂，选线过程中过分强调高指标不仅会加大工程量，增加造价，还会造成高速公路大填、大挖和大护坡，严重破坏环境和生态平衡。因此山区高速公路选线应结合迂回曲折的山体，高低起伏的地形，宜曲不宜直，合理地选用各种线形要素，在满足规范的前提下尽量做到与地形地貌环境的结合。平曲线形可以采用对称型、不对称型、S 形、卵形等多种曲线组合，达到降低工程造价和减小对环境破坏的目的。在困难路段可以采用左右分离、上下分离、半路半桥、半路半隧等多种分离式路基方式做到与地形地势的协调。

基于地形的路线方案设计与比选主要在激光扫描数据数字化产品的基础上进行，通过纵横断面计算土石方量，进而为方案设计和比选提供参考依据，其主要包括 4 个步骤：平面线形设计、纵面线形设计、横断面设计和方案比选。

以数字正射影像图为背景，并参照地形和环境条件，在平面图上研究公路中心线的形状，即进行线形的设计。将平面设计资料输入公路 CAD 系统，例如交点坐标、平曲线半径、平曲线类型、缓和曲线长度等，计算机可以根据这些资料自动计算路线里程、平曲线要素和曲线上各特征点的桩号以及逐桩坐标。设计者可以根据设计结果，反复地调整设计参数，直至满意为止。

道路平面位置确定以后，计算机利用激光扫描测量提供的激光点云数据进行高程内插，可得到道路中线上任意点的高程值，从而获得纵断面地面线。设计者可以采取自动的方式让计算机产生最优纵断面，然后交给计算机完成纵断面的计算和输出工作。

平面和纵面设计完成后，能准确地定出公路中线的空间位置。通过横断面设计，则可以确定公路的三维空间形状。设计者根据路线所经地区的地形、地质、水文、气候等条件，确定各段的标准设计横断面形式及构造物布置形式，在道路 CAD 系统可根据标准横断面自动进行横断面设计。道路 CAD 系统可显示设计成果，设计人员可以在屏幕上修改不合理的设计断面。根据输入的数字高程模型和横断面设计结果，道路 CAD 系统可以计算土石方工程数量和土石方累计数据，并最终输出横断面设计图和有关图表。

方案比选是在路线设计的基础上，结合方案周围的地形、地质、人文及工程数量、造价等各项社会、经济指标，综合对比、分析，推荐出科学、合理、技术条件较好的路线方案。根据各路线方案的土石方工程数量和工程造价，从宏观上把握路线的走向、从微观洞察沿线周围的地形、地质、人文、景观条件，最终确定出满意的路线设计方案，见图 5-25。

5.5.4 墙趾地形线的采集

挡土墙设计包括挡土墙的平、纵、横布置设计。一般先对挡土墙纵向进行大致布设，再布置横断面，最后进行平面布置。其中纵、横向布置均需先进行路基横断面设计，并且纵、横向布设相互影响。

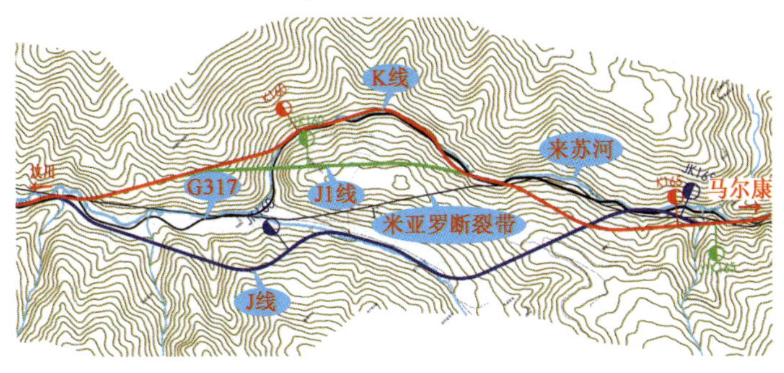

图5-25　路线方案比选

挡土墙的纵向布置是在墙趾纵向地面线上完成的，因此需要先设计墙趾纵向地面线。一般情况下，路基横断面间距为20m，但在设置挡土墙处横断面地形往往起伏较大，20m的间距不能准确反映挡土墙墙趾的设置情况，必须对横断面进行加密处理，通常做法是按最不利横断面墙趾(如间隔5m)放设墙趾中桩。

挡土墙墙趾地形线的生成，主要基于采集的高密度、高精度激光扫描三维地形数据生成的路基横断面地面线，采集的横断面地面线间距更为密集。通过挡土墙横断面戴帽，选取挡土墙墙趾到路基中桩的距离及高程作为特征点的特征值，将特征点以纵断面形式输出，便得到挡土墙墙趾地形线。

1)密集横断面地面线的采集

对需要设置挡土墙的路段采集密集的横断面地面线，可根据地形条件，采用不同的间距(如0.5m、1m、2m、5m等)，见图5-26。

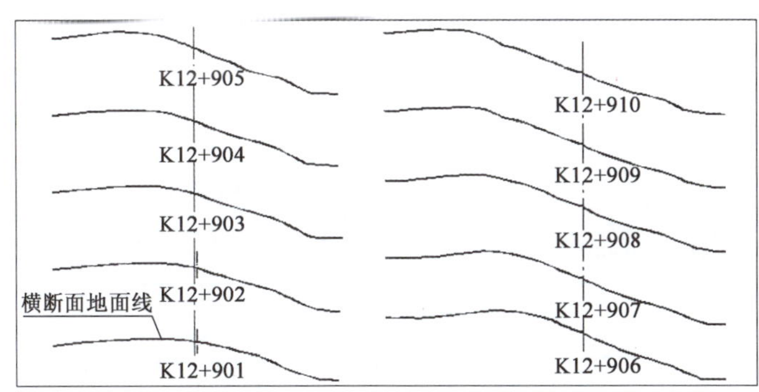

图5-26　密集的横断面地面线(间距1m)

2)逐个横断面戴帽

对密集采集的横断面地面线进行逐个挡土墙横断面戴帽，见图5-27。

3)墙趾地形线的生成

对经过挡土墙横断面戴帽的横断面，选取挡土墙墙趾到路基中桩的距离及高程作为特征点的特征值，将特征点以纵断面形式输出，即是挡土墙墙趾地形线。

根据内业试算可确定蓝线和黑线2种挡土墙截面尺寸，墙趾对应2个地面点，即 A 点和 B 点，根据 A、B 点距离路基中桩的距离，利用前面路基横断面的数据采集方法，可以采集墙趾 A、B 点的地面高程，见图5-28。

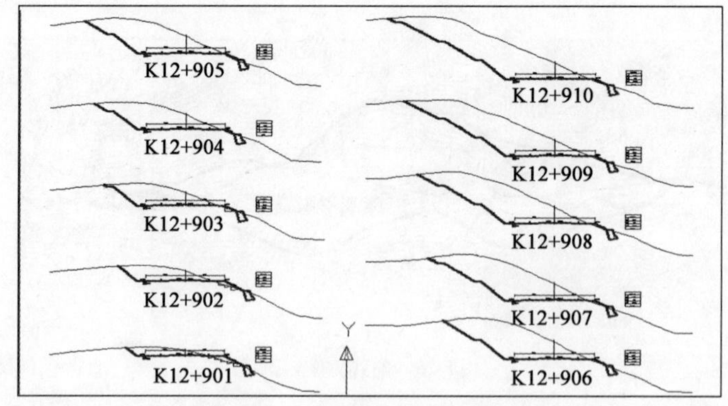

图 5-27　逐个横断面戴帽（间距 1m）

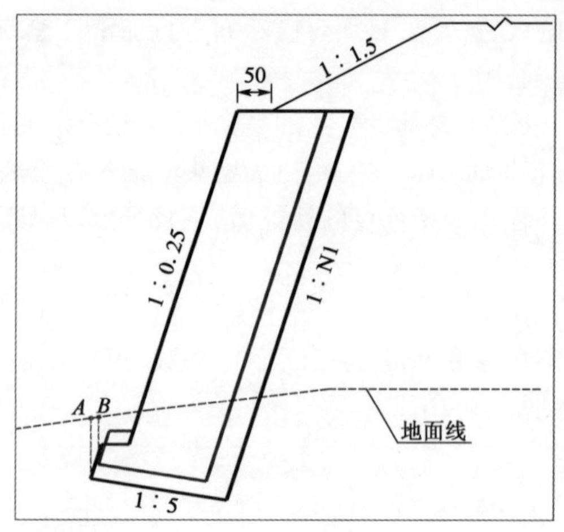

图 5-28　同一路基横断面不同断面挡土墙墙趾对应地面点采集示意图

分别确认每条路基横断面的墙趾地面点后，将多个墙趾垂直对应的地面高程纵向相连就可绘出墙趾地面线，根据墙趾地面线即可进行挡土墙纵向布设，见图 5-29、图 5-30。

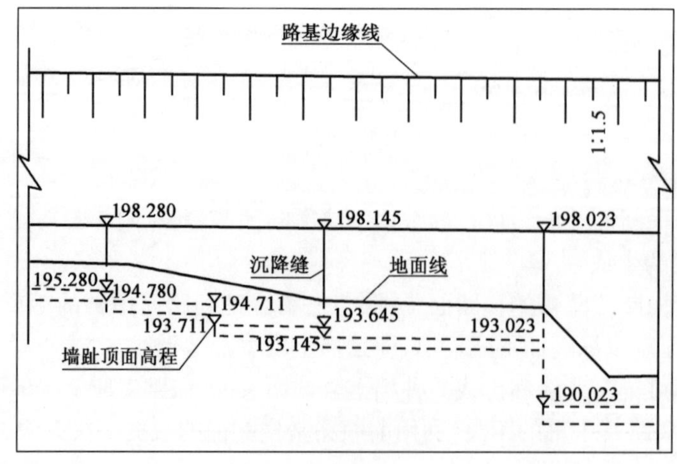

图 5-29　墙趾纵向地面线上挡土墙布设示意图

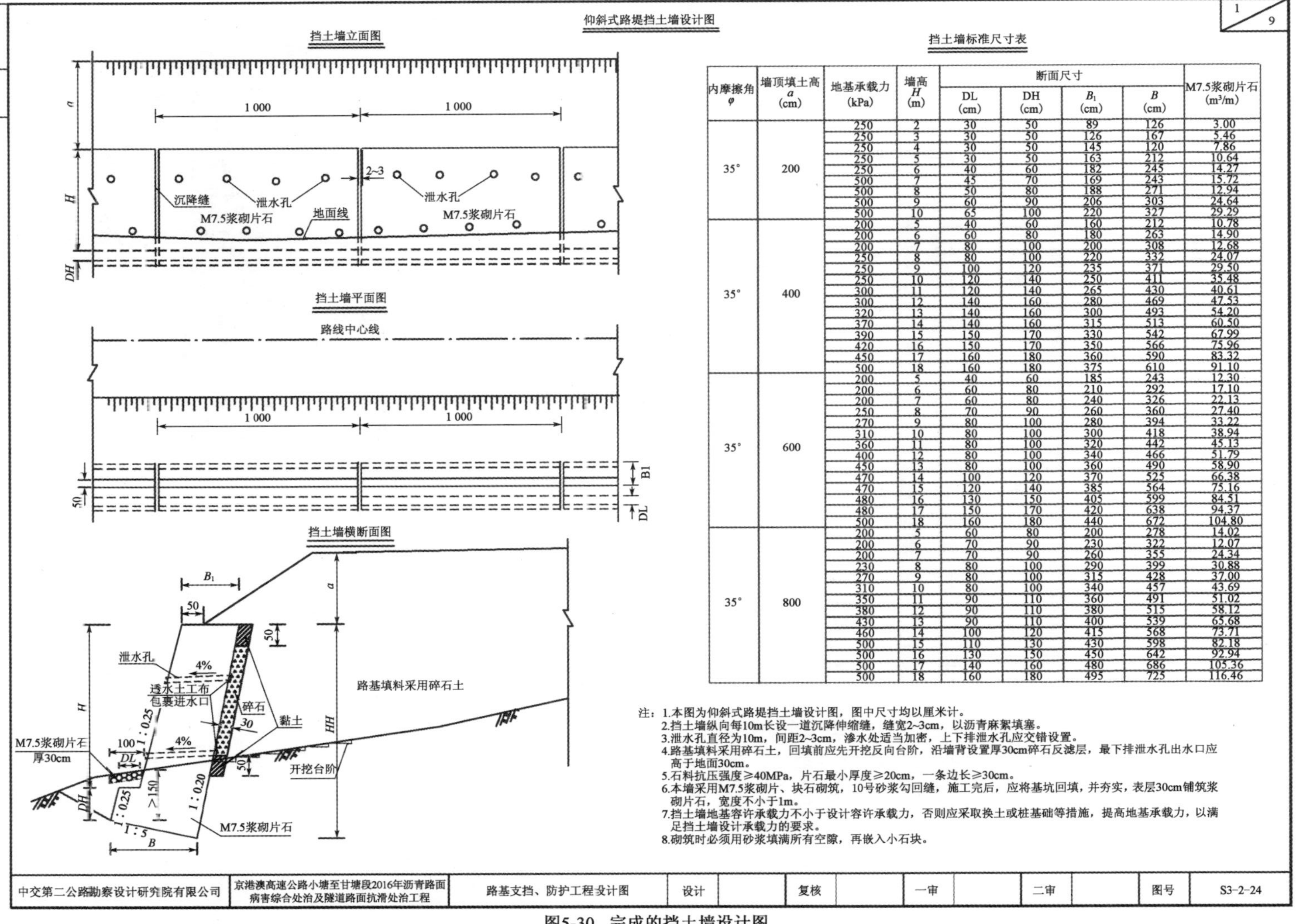

挡土墙标准尺寸表

内摩擦角 φ	墙顶填土高 a (cm)	地基承载力 (kPa)	墙高 H (m)	断面尺寸 DL (cm)	断面尺寸 DH (cm)	断面尺寸 B_1 (cm)	断面尺寸 B (cm)	M7.5浆砌片石 (m³/m)
35°	200	250	2	30	50	89	126	3.00
		250	3	30	50	126	167	5.46
		250	4	30	50	145	120	7.86
		250	5	30	50	163	212	10.64
		250	6	40	60	182	245	14.27
		500	7	45	70	169	243	15.72
		500	8	50	80	188	271	12.94
		500	9	60	90	206	303	24.64
		500	10	65	100	220	327	29.29
35°	400	200	5	40	60	160	212	10.78
		200	6	60	80	180	263	14.90
		200	7	80	100	200	308	12.68
		250	8	80	100	220	332	24.07
		250	9	100	120	235	371	29.50
		250	10	120	140	250	411	35.48
		300	11	120	140	265	430	40.61
		300	12	140	160	280	469	47.53
		320	13	140	160	300	493	54.20
		370	14	140	160	315	513	60.50
		390	15	150	170	330	542	67.99
		420	16	150	170	350	566	75.96
		450	17	160	180	360	590	83.32
		500	18	160	180	375	610	91.10
35°	600	200	5	40	60	185	243	12.30
		200	6	60	80	210	292	17.10
		200	7	60	80	240	326	22.13
		250	8	70	90	260	360	27.40
		270	9	80	100	280	394	33.22
		310	10	80	100	300	418	38.94
		360	11	80	100	320	442	45.13
		400	12	80	100	340	466	51.79
		450	13	80	100	360	490	58.90
		470	14	100	120	370	525	66.38
		470	15	120	140	385	564	75.16
		480	16	130	150	405	599	84.51
		480	17	150	170	420	638	94.37
		500	18	160	180	440	672	104.80
35°	800	200	5	60	80	200	278	14.02
		200	6	70	90	230	322	12.07
		200	7	70	90	260	355	24.34
		230	8	80	100	290	399	30.88
		270	9	80	100	315	428	37.00
		310	10	80	100	340	457	43.69
		350	11	90	110	360	491	51.02
		380	12	90	110	380	515	58.12
		430	13	90	110	400	539	65.68
		460	14	100	120	415	568	73.71
		500	15	110	130	430	598	82.18
		500	16	130	150	450	642	92.94
		500	17	140	160	480	686	105.36
		500	18	160	180	495	725	116.46

注：1.本图为仰斜式路堤挡土墙设计图，图中尺寸均以厘米计。
2.挡土墙纵向每10m长设一道沉降伸缩缝，缝宽2~3cm，以沥青麻絮填塞。
3.泄水孔直径为10m，间距2~3cm，渗水处适当加密，上下排泄水孔应交错设置。
4.路基填料采用碎石土，回填前应先开挖反向台阶，沿墙背设置厚30cm碎石反滤层，最下排泄水孔出水口应高于地面30cm。
5.石料抗压强度≥40MPa，片石最小厚度≥20cm，一条边长≥30cm。
6.本墙采用M7.5浆砌片、块石砌筑，10号砂浆勾回缝，施工完后，应将基坑回填，并夯实，表层30cm铺筑浆砌片石，宽度不小于1m。
7.挡土墙地基容许承载力不小于设计容许承载力，否则应采取换土或桩基础等措施，提高地基承载力，以满足挡土墙设计承载力的要求。
8.砌筑时必须用砂浆填满所有空隙，再嵌入小石块。

中交第二公路勘察设计研究院有限公司	京港澳高速公路小塘至甘塘段2016年沥青路面病害综合处治及隧道路面抗滑处治工程	路基支挡、防护工程设计图	设计		复核		一审		二审		图号	S3-2-24

图5-30　完成的挡土墙设计图

由于影响挡土墙横断面尺寸的因素较多,需要经过多次试算才能最终确定挡土墙横断面尺寸,不同的挡土墙横断面尺寸又对应不同的墙趾地面点,这就需要多次测量墙趾处的地面高程,加上挡土墙的横断面密集,通常外业工作量会很大。利用三维激光扫描测量技术采集的海量地形数据,可以在内业设计工作中快速、自动、准确地完成墙趾地面点的高程信息采集,不需多次进行外业测量,可以大大减少甚至不需进行墙趾地面点数据的测量工作。

5.5.5 征地图的生成

公路建设项目用地主要由路基、防护设施、排水设施、桥梁、涵洞、隧道、交叉等公路主体工程,以及收费设施、服务设施、管理及养护设施等公路沿线设施工程的用地组成,公路征地图即是建设用地最直观的表达。

公路征地图中标明了征地界桩的支距,连接征地界桩形成的折线就是道路征地界。道路征地界是道路工程合法占用土地的分界线,在实地以一定密度的界桩标定。在道路工程施工前,只有明确道路征地界之后,才可以在现场清查和统计征地界内赔偿对象如树木、房屋、水井、电杆等的准确数目;根据道路征地界桩及地类分界点的坐标值,可以精确计算征地面积及地类面积,为征地赔偿提供依据。利用激光扫描测量获取的高精度激光点云数据,可满足公路设计的需要,精确绘制公路征地图,甚至可进一步利用激光扫描测量获取的高分辨率正射影像,辅助进行征地范围的土地调查。

征地图的生成,主要是在确定道路中心线位置后,根据道路的功能与性质,考虑适当的横断面形式和各组成部分的合理宽度,确定道路红线宽度。在设计中,则是主要利用路基横断面设计数据,在所有横断面的设计完成后,利用横断面两侧的设计边线,根据用地宽度的需要,采集路基横断面两侧的用地宽度,通过公路路线与互通立交 CAD 系统坐标转换,得到征地图,见图 5-31。

生成占地宽度是完成公路征地图的关键,公路路线与互通立交 CAD 系统根据横断面设计的两侧最外侧设计边线,以及征地界距最外侧边线的距离计算出占地宽度,并生成占地宽度数据。然后,将占地宽度数据导入公路路线与互通立交 CAD 系统,程序根据桩号和左、右侧的占地宽度即可生成公路征地图,见图 5-32。

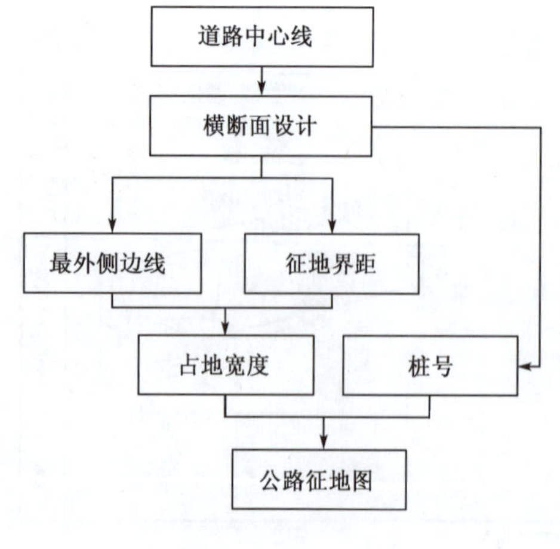

图 5-31　征地图生产流程

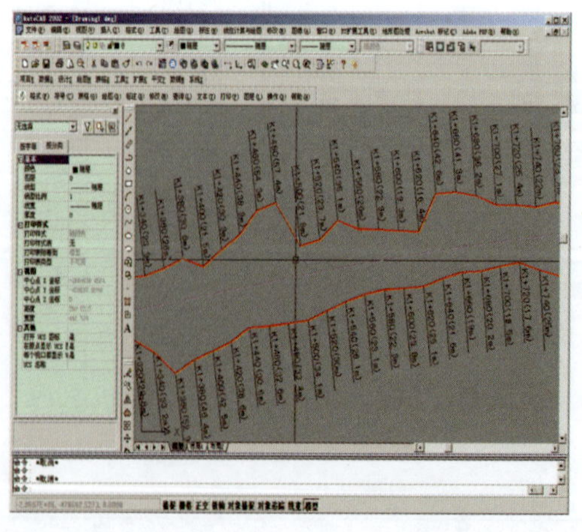

图 5-32　桩号和占地宽度表示的公路征地图

5.6 工 程 应 用

5.6.1 工程概况

汶川至马尔康高速公路是《国家公路网规划(2013—2030 年)》“上海—成都”高速公路(G42)成都—昌都并行线(G4217)中的重要路段。也是四川省高速公路网规划的 16 条成都引入线中“成都—德格—西藏”线和“成都—阿坝—青海”线的重要路段,是四川内地通往西藏、青海等地区的重要交通大动脉,见图 5-33。

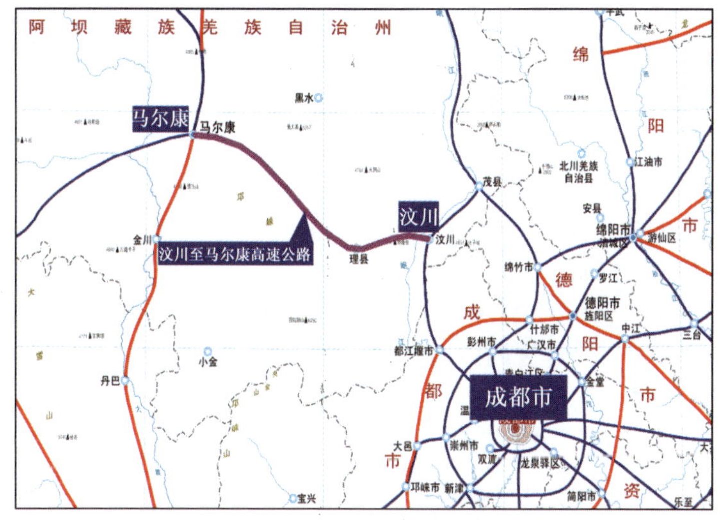

图 5-33　汶川至马尔康高速公路地理位置图

项目位于阿坝藏族羌族自治州境内,项目起点顺接在建的映秀至汶川高速公路,止于四川省阿坝藏族羌族自治州州府马尔康,构成了联系省会成都市、阿坝州,及我国西部地区的向南出海大通道,对构建西部经济发展高地,建设西部综合交通枢纽,完善四川省高速公路网和区域公路网结构,提高区域公路综合运输能力,深入推进西部大开发战略具有重要意义;同时本项目也满足国防建设、维护藏区稳定的要求,适应通道内交通需求日益增长的需要。

图 5-34　汶川至马尔康高速公路沿线环境

工程区域地处青藏高原东缘与四川盆地西北边缘交错接触带,地形复杂,地势西北高、东南低。东南为龙门山,中西部为邛崃山脉。区域多为高山峡谷区,山势陡峭,峰峦叠嶂,沟壑纵横,谷底幽深,路线基本沿来苏河和梭磨河分布,见图 5-34。最低点位于马尔康卓克基镇,海拔 2 713m,最高点鹧鸪山海拔 4 780m。

路线经过区地层有中生界及新生界,沿线第四系松散堆积层、沉积岩和变质岩均有出露。地层区划分属川西地层区马尔康地层分区。基岩种类繁多，岩性复杂，分布面积大的地层主要为三叠系(T)地层，第四系松散沉积物仅零星分布于山坡、沟谷和山前地带。项目构造主体位于马尔康地向斜三级构造单元。主要构造为马尔康北西向构造，有米亚罗压扭性断层及松岗压扭性断层。

工程区域跨松潘—甘孜褶皱系一级构造单元。该一级单元进一步区划分为龙门山陷褶断束、茂汶—丹巴地背斜、马尔康地向斜3个三级构造单元。项目区域褶皱断裂构造发育，构造期次多，构造活动复杂。与路线相关的构造体系主要为2个：薛城S形构造、马尔康北西向构造。薛城S形构造位于薛城、理县及米亚罗一带，由一系列S形褶皱和压性断裂组成。旋转中心位于理县附近。S形构造在理县一带褶皱挤压紧密，两端特别是卧龙一带有明显的散开，项目区主要位于该构造的中段。马尔康北西向构造位于理县以西大部，长130余km，宽70km，总体走向310°~325°，地层主要为三叠系一套变质岩系地层，因为挤压强烈，岩层多近直立，甚至倒转，尖棱状褶曲十分发育。

工程区域地形起伏较大，工程地质条件复杂，发育的不良地质及特殊地质现象主要为滑坡、崩塌、泥石流、冰雪灾害、季节性冻土等。

路线起于汶川县城以南凤坪坝，接汶马高速公路止点，设汶川枢纽互通连接映汶高速、汶马高速和汶九高速；沿杂谷脑河上行，与G317平行布线，经克枯、木卡、薛城、甘堡至理县；再经朴头、古尔沟、夹壁至米亚罗；经尽头寨，穿越鹧鸪山，经梭磨、止于卓克基，路线长度共174.750km。

全线共分为17个勘察设计合同段，其中激光扫描测量技术主要应用于该项目工程A11标段，即第12、15、16、17合同段。第12合同段主线全长9.141 179km，桩号为K169+500~K178+671.598段；第15合同段主线全长11.4km，桩号为K190+300~K201+700段；第16合同段主线全长9.860 86km，桩号为K201+700~K211+400段；第17合同段主线全长12.06km，桩号为K211+400~K223+460段。因此，本项目勘察中利用激光扫描测量技术的路线总里程为42.462 039km。

5.6.2 工程技术应用

汶川至马尔康高速公路项目在数据采集中全面应用三维激光扫描测量技术，不仅地形数据获取速度快、精度高，且人工地面工作量极少，可以直接满足初测、初步设计及施工图设计阶段横、纵断面生产的需要。在与公路路线、互通立交CAD协同设计上，该项目全面采用中交第二公路勘察设计研究院有限公司主持研究开发的国家“九五”重点科技攻关成果“GPS、航测遥感、公路CAD集成技术”——利用航测遥感技术及地质资料进行地质选线，确保路线避开大的不良地质区域；综合利用“公路激光扫描数据处理软件(简称HighwayLas)”的测量成果与“公路与互通立交集成CAD系统JSL-Road”进行数据动态交互，对路线进行优化设计，形成初设、施工图文件，计算机成图率100%。海量的三维激光扫描测量数据更方便公路初测、初步设计的路线方案比选与优化。路线布设以地形、地质选线为基础，尽可能绕避不良地质；减少占地、特别是占用耕地，减少土地分割，避开村庄；并使平、纵配合良好，线形流畅舒顺，与环境配合良好，实现了建设和运营的综合成本最优。

1)激光扫描测量成果生产

测区航摄飞行设计从高效、经济的原则出发，综合考虑仪器设备的性能、地形、地势、高差、摄区形状、航高、航向重叠度、旁向重叠度和航行协调等一系列要素进行设计，整个工程区域共设计了 22 条航带，采用了德国 TopoSys 公司的 Harrier68i 机载激光扫描系统，见图 5-35。

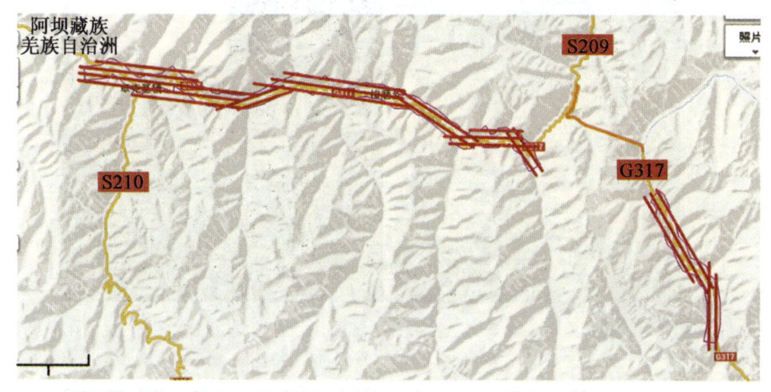

图 5-35 汶川至马尔康高速公路 A11 标段激光扫描航线示意图

航测采集后，利用三维激光扫描测量系统软件对采集的数据进行处理，获得了高精度的分类激光点云数据、高分辨率数字正射影像图，同时利用公路激光扫描数据处理软件快速生成了任意点高程和纵、横地面线等三维激光扫描测量成果，为工程的初步设计、定测阶段提供了准确、可靠的地形依据。其中：

①主线路线横断面地面线（中桩距离法）数量共 6 316 个，横断面地面线总长度共1 203.78km；

②互通、服务区、涵洞、隧道和桥梁等横断面地面线（中桩距离法）数量共 4 129 个，横断面地面线总长度共 654.23km；

③中桩和桥边线桩高程值内插共 14 765 个；

④隧道洞口 1∶500 比例尺数字地形图 12 幅，总面积 0.903km^2。

(1)横断面三维地面线自动生成

汶川至马尔康高速公路项目周边自然环境比较复杂，一方面植被较多，利用 GNSS-RTK 进行横断面测量，GNSS 信号必然会受到高大树木的遮挡，导致测量的结果误差较大；另一方面，该项目周围地势复杂，不仅有湍急的河流穿越项目区，而且河流对岸的山坡植被茂密、山坡陡峭，无法通过人力直接上山测量，所以传统的测量方法需耗费大量的人力物力，效率很低。

因此，利用激光扫描测量成果，直接基于高密度、高精度的激光点云数据，快速生成了横断面三维地面线，见图 5-36，同时满足高速公路勘察设计详测与施工图设计的精度要求。

汶川至马尔康高速公路项目直接基于激光点云数据生成的横断面三维地面线，如图 5-37 所示。

项目勘察设计所需横断面三维地面线的宽度及间距按设计需要生成，其生产方法采用中桩距离法，数据记录格式如图 5-38 所示。

汶川至马尔康高速公路采用机载三维激光点云数据，共生成主线横断面三维地面线 6 313 个，互通、服务区横断面线 1 928 个，挡土墙、高边坡横断面线 1 023 个，桥墩台横断面线 695 个，全部横断面三维地面线的总长度达到 1 858.04km。

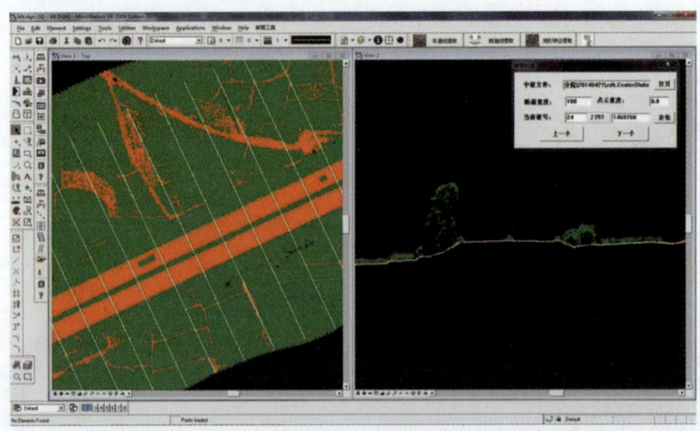

图 5-36　汶川至马尔康高速公路地面线自动生成

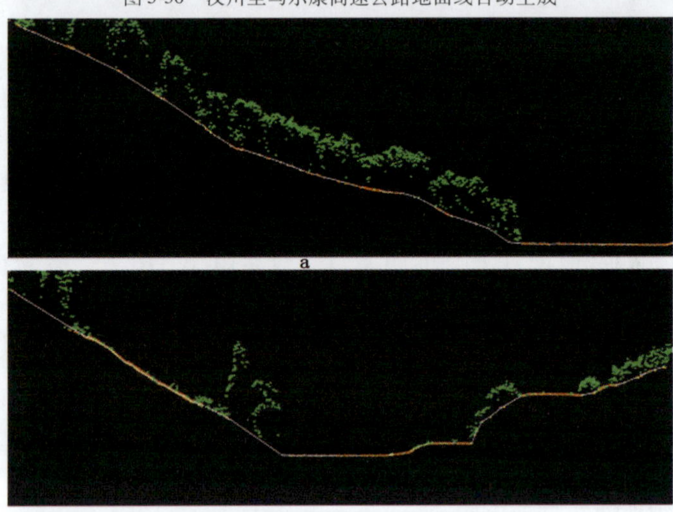

a

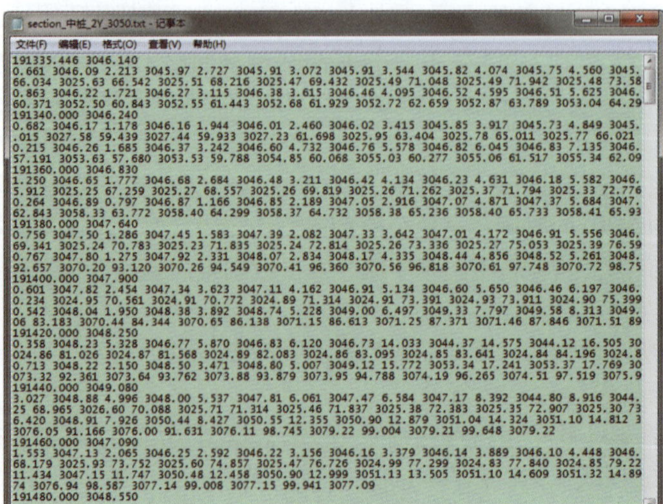

图 5-37　基于激光点云数据生成的横断面地面线
（图中黄色点为地面点，绿色点为非地面点，白色线为生成的横断面地面线）


```
191335.446 3046.140
0.661 3046.09 2.213 3045.97 2.727 3045.91 3.072 3045.91 3.544 3045.82 4.074 3045.75 4.560 3045.
66.034 3025.63 66.542 3025.51 68.216 3025.47 69.432 3025.49 71.048 3025.49 71.942 3025.48 73.58
0.863 3046.22 1.721 3046.27 3.115 3046.38 3.615 3046.46 4.095 3046.52 4.595 3046.51 5.625 3046.
60.371 3052.50 60.843 3052.55 61.443 3052.68 61.929 3052.72 62.659 3052.87 63.789 3053.04 64.29
191340.000 3046.240
0.682 3046.17 1.178 3046.16 1.944 3046.01 2.460 3046.02 3.415 3045.85 3.917 3045.73 4.849 3045.
.015 3027.58 59.439 3027.44 59.933 3027.23 61.698 3025.95 63.404 3025.78 65.011 3025.77 66.021
0.215 3046.26 1.685 3046.37 3.242 3046.60 4.732 3046.76 5.578 3046.82 6.045 3046.83 7.135 3046.
57.191 3053.63 57.680 3053.53 59.788 3054.85 60.068 3055.03 60.277 3055.06 61.517 3055.34 62.09
191360.000 3046.830
1.250 3046.65 1.777 3046.68 2.684 3046.48 3.211 3046.42 4.134 3046.23 4.631 3046.18 5.582 3046.
5.912 3025.25 67.259 3025.27 68.557 3025.26 69.819 3025.26 71.262 3025.37 71.794 3025.33 72.776
0.264 3046.89 0.797 3046.87 1.166 3046.85 2.189 3047.05 2.916 3047.07 4.871 3047.37 5.684 3047.
62.843 3058.33 63.772 3058.40 64.299 3058.37 64.732 3058.38 65.236 3058.40 65.733 3058.41 65.93
191380.000 3047.640
0.756 3047.50 1.286 3047.45 1.583 3047.39 2.082 3047.33 3.642 3047.01 4.172 3046.91 5.556 3046.
69.341 3025.24 70.783 3025.23 71.835 3025.24 72.814 3025.26 73.336 3025.27 75.053 3025.39 76.59
0.767 3047.80 1.275 3047.92 2.331 3048.07 2.834 3048.17 4.335 3048.44 4.856 3048.52 5.261 3048.
92.657 3070.20 93.120 3070.26 94.549 3070.41 96.360 3070.56 96.818 3070.61 97.748 3070.72 98.75
191400.000 3047.900
0.601 3047.82 2.454 3047.34 3.623 3047.11 4.162 3046.91 5.134 3046.60 5.650 3046.46 6.197 3046.
0.234 3024.95 70.561 3024.91 70.772 3024.89 71.314 3024.91 73.391 3024.93 73.911 3024.90 75.399
0.542 3048.04 1.950 3048.38 3.892 3048.74 5.228 3049.00 6.497 3049.33 7.797 3049.58 8.313 3049.
06 83.183 3070.44 84.344 3070.65 86.138 3071.15 86.613 3071.25 87.371 3071.46 87.846 3071.51 89
191420.000 3048.250
0.358 3048.23 5.328 3046.77 5.870 3046.83 6.120 3046.73 14.033 3044.37 14.575 3044.12 16.505 30
024.86 81.026 3024.87 81.568 3024.89 82.083 3024.86 83.095 3024.85 83.641 3024.84 84.196 3024.8
0.713 3048.22 2.150 3048.50 3.471 3048.80 5.007 3049.12 15.772 3053.34 17.241 3053.37 17.769 30
073.32 92.361 3073.64 93.762 3073.88 93.879 3073.95 94.788 3074.19 96.265 3074.51 97.519 3075.9
191440.000 3049.080
3.027 3048.88 4.996 3048.00 5.537 3047.81 6.061 3047.47 6.584 3047.17 8.392 3044.80 8.916 3044.
25 68.965 3026.60 70.088 3025.71 71.314 3025.46 71.837 3025.38 72.383 3025.35 72.907 3025.30 73
6.420 3048.91 7.926 3050.44 8.427 3050.55 12.355 3050.90 12.879 3051.04 14.324 3051.10 14.812 3
3076.05 91.166 3076.00 91.631 3076.11 98.745 3079.22 99.004 3079.21 99.648 3079.22
191460.000 3047.090
1.553 3047.13 2.065 3046.25 2.592 3046.22 3.156 3046.16 3.379 3046.14 3.889 3046.10 4.448 3046.
68.179 3025.93 73.752 3025.60 74.857 3025.47 76.726 3024.99 77.299 3024.83 77.840 3024.85 79.22
11.434 3047.15 11.747 3050.48 12.458 3050.90 12.999 3051.13 13.505 3051.10 14.609 3051.32 14.89
74 3076.94 98.587 3077.14 99.008 3077.15 99.941 3077.09
191480.000 3048.550
```

图 5-38　中桩距离法横断面数据图

项目生成的横断面三维地面线情况详见表5-1。

项目生成的横断面三维地面线　　表5-1

序　号	项　目	数量(个)	单侧宽度(m)	断面线总长(km)
1	主线横断面线	6 313	100或60	1 203.78
2	互通、服务区横断面线	1 928	100或200	409.75
3	挡土墙、高边坡横断面线	1 023	100或70	124.76
4	桥墩台横断面线	1 178	100或50	119.72
5	合计	10 442	—	1 858.04

基于机载激光扫描技术获取的海量、高密度激光点云可实时、精确地为CAD系统提供三维地面线数据,大大提高了公路勘察设计中地表信息的获取效率,节省了外业测量工作量,更缩短了路线测设周期,其成果满足公路交通建设详测与施工图设计的精度要求。

(2)隧道洞口1:500比例尺地形图测绘

汶川至马尔康高速公路的各个隧道洞口需要测绘1:500大比例尺三维数字线划地形图,由于项目所在区域地形地质条件复杂、峰峦连绵、植被茂密,同时属于高海拔地区,隧道洞口等工点更是多处于高山深涧、植被繁茂地区,工作条件、生活条件均较为艰苦,其1:500大比例尺地形图的测绘给公路勘察设计造成了严峻的困难。

常规的公路勘察设计主要基于航空摄影测量辅之于人工测量的方式,但是传统的航空摄影测量方法受天气、地形、植被的影响,一般仅能满足方案选线与比选的要求,无法获取桥隧设计所需的1:500大比例尺、高精度地形资料;而另一方面,采用人工地面测量的方法,即利用GNSS静态测量、GNSS-RTK、全站仪等测量的方式,需深入每一个隧道洞口尤其是每个测量点,但由于地势陡峭,人力很难到达测量现场,且植被遮挡严重,通视条件差,存在作业困难,效率低下等问题,很难适应项目工程建设的需要。

机载激光扫描技术通过发射和接收激光脉冲能直接快速得到地表三维点云,获取的点云数据精度高、密度大,能够很好地反映地表的细节信息,可以直接生产高精度的等高线和高程注记点。然后可利用高分辨率DOM数据产品进行地物要素采集,并结合激光点云数据获取相应地物点的高程数据。通过将等高线矢量数据与地物采集所获得的矢量数据进行叠加,即可生成所需的1:500大比例尺数字线划地形图产品。

汶川至马尔康高速公路共有王家寨1号隧道、王家寨2号隧道、毛木初隧道、赶羊沟隧道、扑鸭脚隧道、卓克基隧道6个隧道共12个进、出洞口,以及王家寨1号隧道平导洞口。项目对其进行了机载二维激光扫描测量,完成了1:500大比例尺地形图的测绘生产,测图面积约0.907km^2(图5-39)。

2)与公路CAD系统的交互

该项目公路设计中涉及的平、纵、横数据,主要通过公路与互通立交集成CAD系统JSL-Road等软件进行导入,因此在激光扫描数据处理的成果中,导出了可与公路设计软件进行自由交互的数据结构,完好地应用到了设计过程当中(图5-40)。

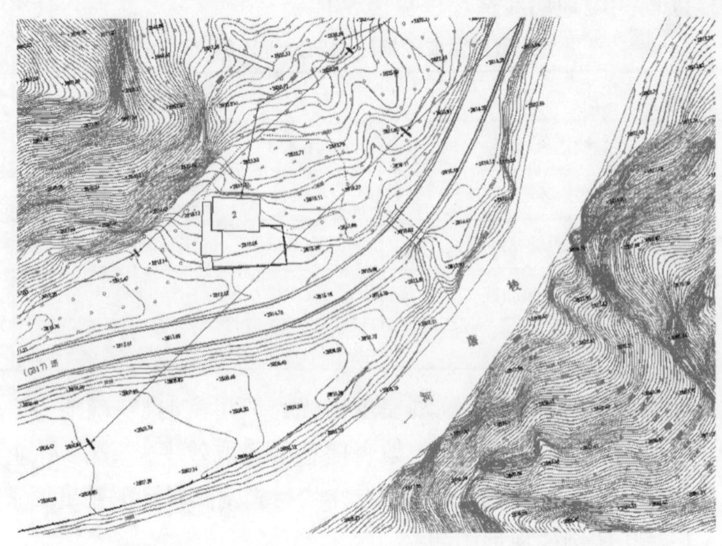

图 5-39　隧道洞口 1:500 大比例尺数字地形图

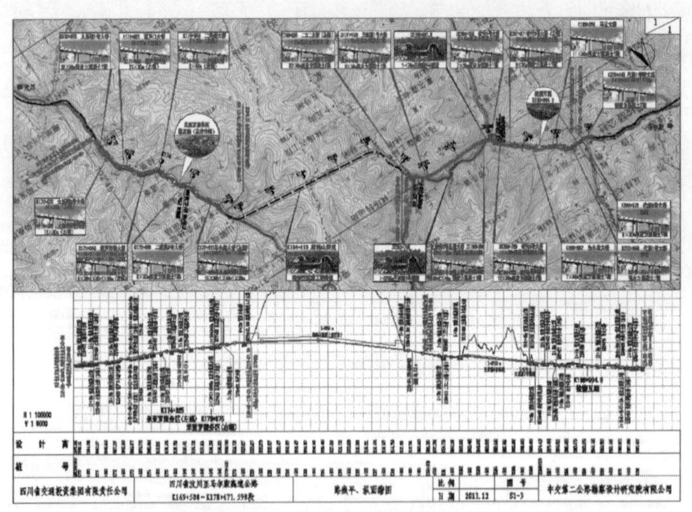

图 5-40　汶川至马尔康高速公路 A11 标段路线平、纵面图

在平面线位交互设计中，直接利用激光测量成果，在 CAD 环境中采用线元法进行平面设计，将平面布线简化为直观的线元拼接，可处理任何复杂的平面线形，直接对激光测量的成果进行平面交点的动态交互，见图 5-41。

在纵断面交互设计中，根据激光扫描测量提供的对应格式的纵断面数据，实现仿常规设计过程的无序动态拉坡，且可任意设置需要的控制方式，可动态增加、删除、移动变坡点，如图 5-42和图 5-43。

在横断面设计中，用基于模板的智能化自动设计，可可视化实时更换边坡模板类型及修改横断面任意部分，如地面线、路幅设计线、边坡、边沟、挡土墙、截水沟等，并自动实时显示修改后的面积，如图 5-44 和图 5-45。

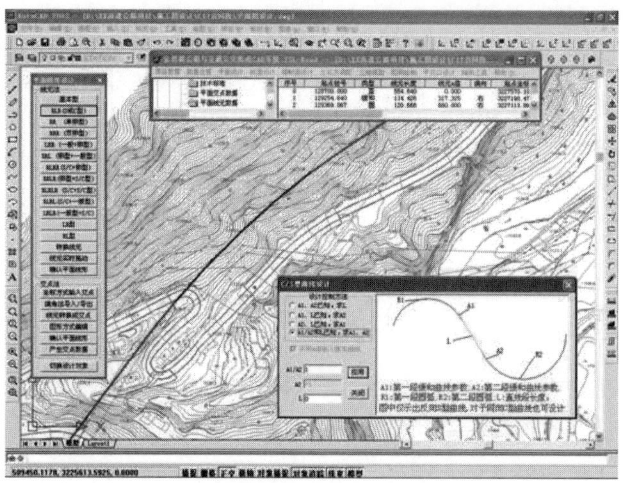

图 5-41　道路平面数据在 CAD 中交互

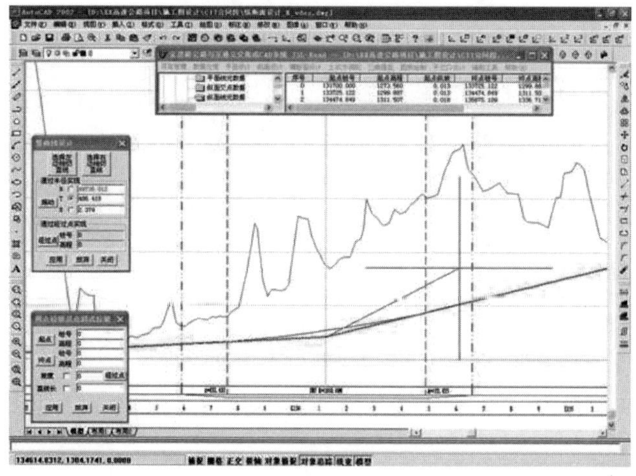

图 5-42　纵断面数据在 CAD 中交互

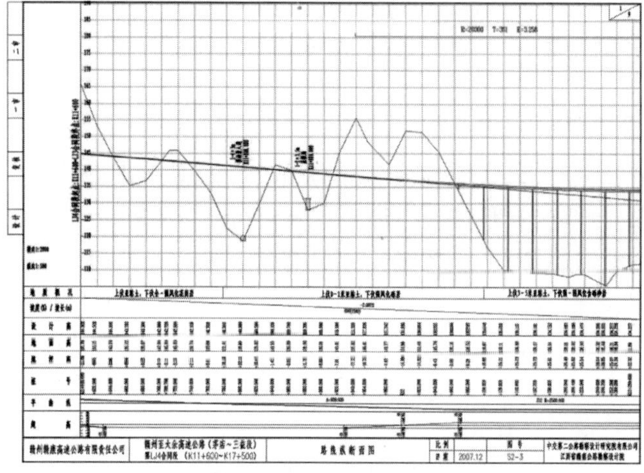

图 5-43　激光数据与路线软件集成生产的路线纵断面图

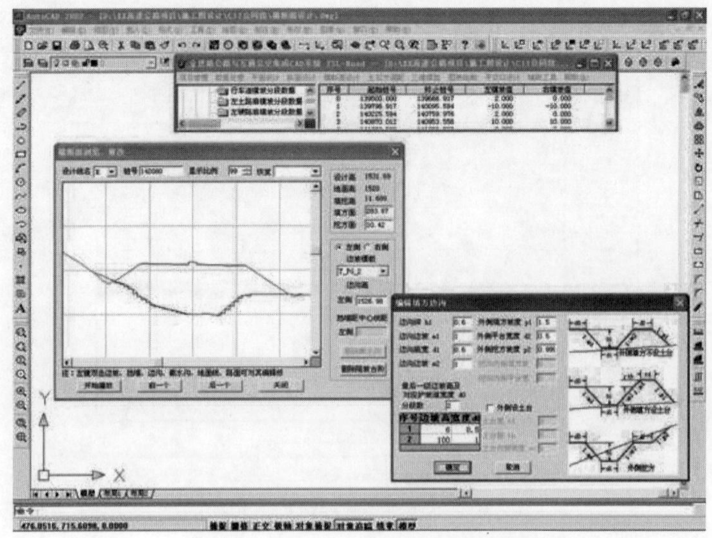

图 5-44　横断面数据在 CAD 中交互

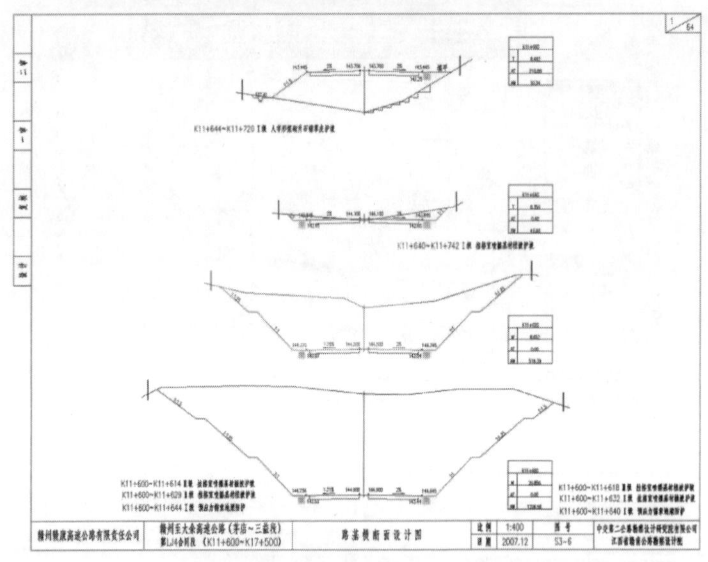

图 5-45　激光数据与路线软件集成生产的路线横断面图

在激光扫描测量成果与 CAD 的集成应用中,同时可以采用可视化方式进行边沟排水设计,交互式动态方式进行填挖方路基边沟沟底拉坡,根据边沟纵坡自动调整沟底高程,并自动更新横断面设计和填挖方数量,见图 5-46。土石方计算可自动处理填石断面、掺拌合物、填前碾压、清根植土、超填、超挖等类情况;可自动进行土石方调配,可视化交互修改调配结果,满足用户特殊要求;可根据地形条件、运输距离及施工机械,自动设置最合适的运输方式,指导施工。

3)公路路线的设置及方案比选

公路路线方案的比选以新店子至甘堡段路线方案为例(图 5-47),路线比较方案见表 5-2。

K 线、E2 线路线方案比较 表 5-2

项　目	K　线	E2　线	初 步 比 选
路线长度	12.675km	12.852km	K 线短 0.177km
平纵面指标	平面指标较好,纵面指标相当	平面指标略差,纵面指标相当	E2 线较好
地形及地质条件	地形、地质条件相对较好	地形、地质条件相对较差	K 线较好
工程规模	工程规模略大	工程规模略小	E2 线较好
征地拆迁	征地少、拆迁略大	征地多、拆迁少	K 线稍好
环境影响程度	环境影响较小	环境影响小	E2 线较好
施工条件	施工条件较好	施工条件较好	两方案总体相当
其他	路线对甘堡电站大坝干扰大,且停车区位置选择困难	对电站无干扰,且易于设置停车区	E2 线较好
运营安全	运营安全相当	运营安全相当	两方案总体相当
比选结果		推荐	

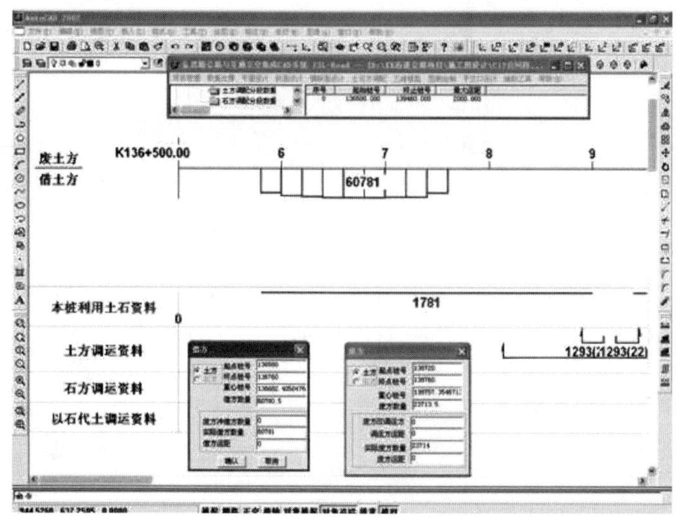

图 5-46　激光测量成果用于 CAD 中土石方计算

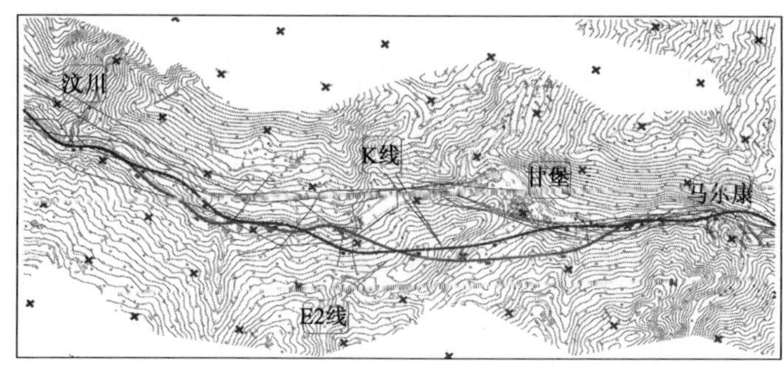

图 5-47　新店子至甘堡段 K 线、E2 线路线方案平面图

经两方案综合比较,E2 线方案虽建设里程较 K 线长 0.177km,桥梁长 1 115.15m,特殊路基处治路段长 409m,但 E2 线隧道工程较 K 线短 822m,对甘堡电站大坝无影响,且利于木堆停车区设置,施工条件好,隧道弃渣少,利于环境保护,因此推荐 E2 线方案。

4)互通式立交的设置及方案比选

汶川枢纽互通式立交位于本项目起点,接映秀—汶川高速公路。映汶高速止于汶川县威州镇凤坪坝(止点 K48 +200),向北延伸,沿岷江上行即为汶川—九寨沟高速;向西延伸,沿杂谷脑河上行,即为汶川—马尔康高速公路。因此,汶川枢纽互通是为解决汶九、汶马高速公路交通转换而设置的"Y"形枢纽互通式立交。

由于本互通位于起点位置,其主线与乐宜路交叉位置已经确立,两高速连接位置位于凤坪坝河漫滩,地形平坦,两方案布设位置相同,因而仅进行型式比较(图 5-48)。为确保不加宽映汶路已建的沙窝子岷江大桥,两方案立交的交叉位置均向马尔康方向移,致使九寨沟至马尔康方向匝道的加速车道部分段落进入隧道内。虽然方案一马尔康至九寨沟方向匝道绕行距离较长,但是相对于方案二来说具有以下优点:主流方向顺畅;工程规模小,对国道 213 无影响;占地规模小,拆迁数量较小。

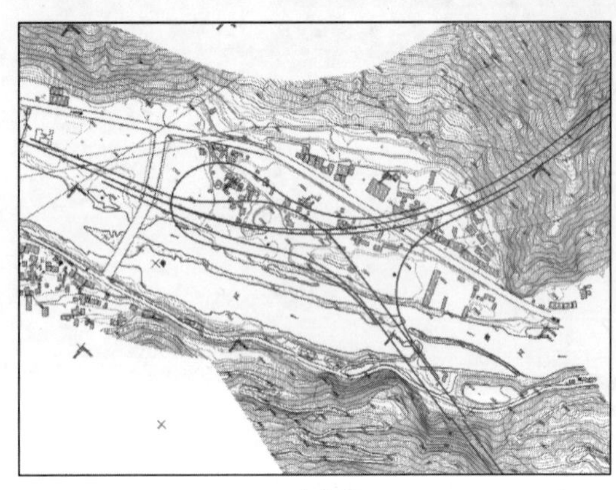

a)方案一

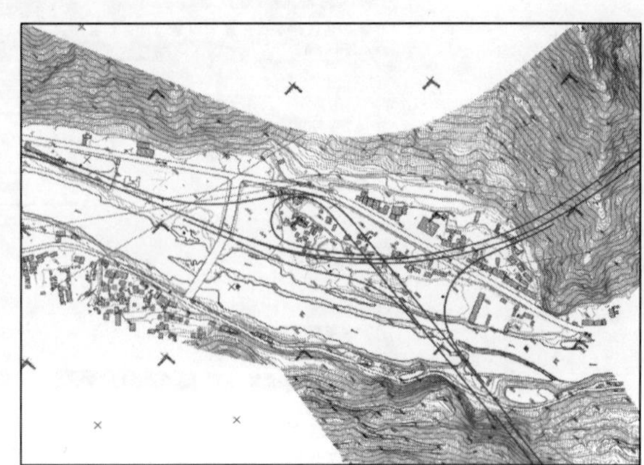

b)方案二

图 5-48 汶川枢纽互通方案比选

5)挡土墙布设和征地图生成

汶川至马尔康高速公路工程区域,可能出现滑坡、泥石流、塌方等的地质灾害,严重影响人民生命和财产的安全。为减少人民生命财产的损失,保护已建工程,挡土墙的布设尤为重要。工程中利用激光扫描测量采集的高密度、高精度激光扫描三维地形数据生成了密集的路基横断面地面线,得到了挡土墙墙趾地形线,并进一步完成了挡土墙设计,见图 5-49。

在所有横断面设计完成并输出了土方数据文件后,通过公路路线与互通立交 CAD 系统坐标转换,利用路基边线,根据当前项目的路幅宽度得到了征地图,将三维激光扫描测量技术采集的彩色高分辨率卫星影像与公路征地图进行叠加,即生成了更清晰、直观的征地图文件,见图 5-50。

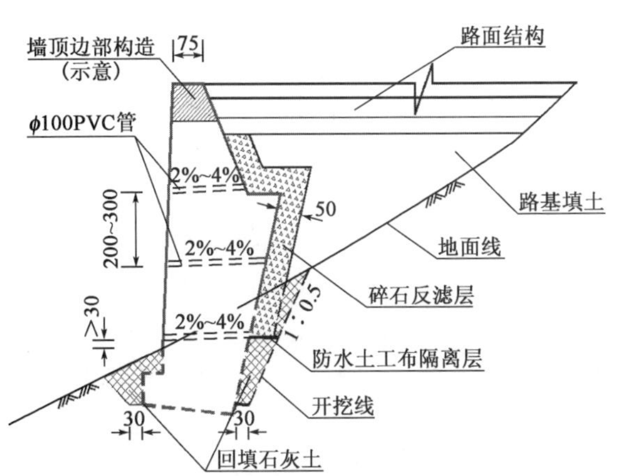

工程数量表

工程项目			单位	数量
挡土墙	M7.5浆砌片石	墙身	m^3	118.9
		基础	m^3	23.9
	C15片石混凝土	墙身	m^3	
		基础	m^3	
	ϕ100PVC泄水管		m	72.6
	砂砾		m^3	3.6
	挖基		m^3	198.4
	回填石灰土		m^3	99.8
	防撞护栏座C25混凝土		m^3	11.3
	ϕ245塑料套筒		m	5.5

图 5-49 挡土墙设计图

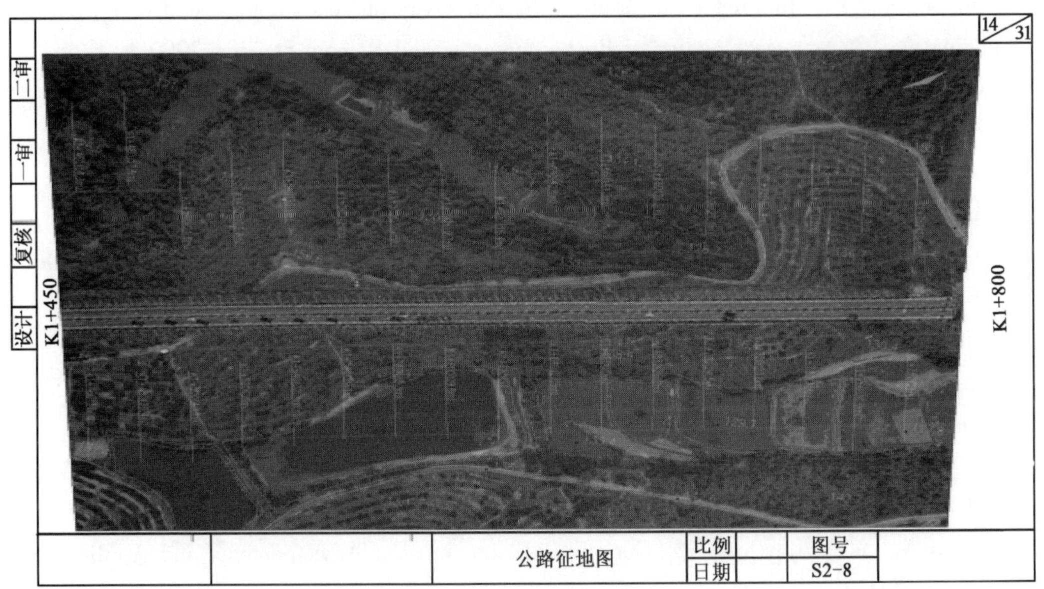

图 5-50 公路征地图

参考文献

[1] Abuhadrous I. , Ammoun S. , Nashashibi F.. Digitizing and 3D Modeling of Urban Environments and Roads Using Vehicle-Borne Laser Scanner System[C]//IEEE/RSJ International Conference on Intelligent Robots and Systems (IROS 2004), Sendai, Japan, 2004.

[2] Alrashdan A. ,Moravaili S. ,Fallahi B.. Automatic Segmentation of Digitized Data for Reverse Engineering Applications[J]. IIE Transaction,1999,32(1): 59-69.

[3] Axelsson P.. DEM Generation from Laser Scanner Data Using Adaptive TIN Models[J]. International Archives of Photogrammetry and Remote Sensing,2000,33(B4): 110-117.

[4] Baltsavias E. P.. Airborne Laser Scanning :Basic Relations and Formulas[J]. ISPRS Journal of Photogrammetry and Remote Sensing, 1999, 54(2-3):199-214.

[5] Baltsavias E.. P.. Airborne Laser Scanning: Existing Systems and Firms and Other Resources [J]. ISPRS Journal of Photogrammetry and Remote Sensing,1999,54(2-3): 164-198.

[6] Behan A. ,Mass H. G. ,Vosselman G.. Steps towards Quality Improvement of Airborne Laser Scanner Data[J]. Internet Publication,Delft University of Technology,Faculty of Civil Engineering and Geosciences,Section of Photogrammetry and Remote Sensing,2000.

[7] Boehler W. , Bordas Vicent M. , Marbs A.. Investigating Laser Scanner Accuracy[J]. Proceedings of XIXth CIPA Symposium, Antalya, Turkey, 2003:30-34.

[8] Boissonnat J. D.. Geometric Structures for Three-dimensional Shape Representation[J]. ACM Trans Graphics, 1984, 3(4): 266-286.

[9] Bossler J. ,Goad C. ,Johnson P. ,et al.. GPS and GIS Map the Nation's Highways [J]. Geo Info Systems, 1991, 1(3): 27-37.

[10] Briese C.. Three-Dimensional Modelling of Breaklines from Airborne Laser Scanner Data[J]. International Archives of Photogrammetry and Remote Sensing,2003,35(B3): 1097-1102.

[11] Briese C. , Pfeifer N.. Airborne Laser Scanning and Derivation of Digital Terrain Models [C]//Proceedings of the 5th Conference on Optical 3-D Measurement Techniques Vienna, 2001:80-87.

[12] Brooks M. W. ,Culpepper E. ,Guenther G. C. ,et al.. Advancements and Applications of the SHOALS Laser Bathymetry System[C]//Proceedings of International Technical Meeting of the Satellite Division of the Institute of Navigation,1998: 15-18.

[13] Chauve A. , Mallet C. , Bretar F. , et al.. Processing Full-Waveform Lidar Data: Modelling Raw Signals[J]. International Archives of Photogrammetry, Remote Sensing and Spatial Information Sciences, 36 (Part 3/W52),2008:102-107.

[14] Edelsbnmner H. , Mucke E.. Three-dimensional Alpha Shapes[J]. ACM Trans Graphics, 1994, 13(1): 43-72.

[15] Egger D.. Systemanalyse der Laser entfernungsmessung [M]. Deutshe Geodaetische Kommission Bayer. akad. wiss,München, 1985.

[16] EL-Sheimy N. , Schwarz K. P. , Gravel M. . Mobile 3-D Positioning Using GPS/INS/Video Camera[J]. Proceedings of Mobile Mapping Symposium, OSU Center for Mapping, 1995, 236-249.

[17] Friedlaender H. , Koch B. . First Experience in the Application of Laserscanner Data for the Assessment of Vertical and Horizontal Forest Structures[J]. International Archives of Photogrammetry and Remote Sensing, 2000,33(B3):693-700.

[18] Frueh C. , Jain S. , Zakhor A. . Data Processing Algorithms for Generating Textured 3D Building Facade Meshes from Laser Scans and Camera Images[J]. Computer Vision, 2005, 61(2): 159-184.

[19] Gielsdorf F. , Rietdorf A. , Gruending L. . A Concept for the Calibration of Terrestrial Laser Scanners[C]//Proceedings of FIG Working Week, Athens, Greece, 2004:22-27.

[20] Gumhold S. ,Wang X. ,Macleod R. . Feature Extraction from Point Clouds[C]//Proceedings of the 10th International Meshing Roundtable,2001: 293-305.

[21] Habib A. ,Bang K. ,Kersting A. P. ,Lee D. C. . Error Budget of LiDAR Systems and Quality Control of the Derived Data[J]. Photogrammetric Engineering and Remote Sensing,2009, 75(9):1093-1108.

[22] Habib A. ,Kersting A. P. ,Bang K. I. ,Al-Durgham M. . A Strip Adjustment Procedure to Mitigate the Impact of Inaccurate Mounting Parameters in Parallel LiDAR Strips[J]. The Photogrammetric Record,2009,24(126): 171-195.

[23] Habib A. ,Kersting A. P. ,Bang K. I. . Impact of LiDAR System Calibration on the Relative and Absolute Accuracy of the Adjusted Point Cloud[C]//EuroCOW Workshop on Integrated Systems for Sensor Georeferencing and Navigation,Working Group 1/5,2010:171-195.

[24] He G. P. , Gunningham D. , Bossler J. . Spatial Data Collection with the GPSVan Mobile Mapping System[C]//Proceedings of ISPRS Commission IV Symposium, 1994, 30(Part 4): 107-113.

[25] Hofton M. ,Minster J. B. ,Blair J. B. . Decomposition of Laser Altimeter Waveforms[J]. IEEF Transactions on Geoscience and Remote Sensing,2000,38(4):1989-1996.

[26] Hoppe H. , DeRose T. , Duchamp T. . Surface Reconstruction from Unorganized Points[J]. ACM Proceedings of Siggraph, 1992, 26(2):71-78.

[27] Horaud R. , Mohr R. , Lorecki B. . On Single-scan Line Camera Calibration[J]. IEEE Transactions on Robotics and Automation, 1993, 9(1): 71-74.

[28] Huising E. J. ,Gomes P. L. . Errors and Accuracy Estimates of Laser Data Acquired by Various Laser Scanning Systems for Topographic Applications[J]. ISPRS Journal of Photogrammetry and Remote Sensing,1998,53(5): 245-261.

[29] Huntner G. , Cox C. , Kremer J. . Development of a Commercial Laser Scanning Mobile Mapping System-StreetMapper[C]//Processing of 2nd International Workshop of the Future of Remote Sensing, 2006:12-15.

[30] Inaba K. , Manandhar D. , Shibasaki R. . Calibraiton of a Vehicle-based Laser/CCD Sensor

System for Urban 3D Mapping[C]. Proceedings of the Asian Conference on Remote Sensing, 1999:147-152.

[31] Kilian J., Haala N., Englich M.. Capture and Evaluation of Airborne Laser Scanner Data [J]. International Archives of Photogrammetry and Remote Sensing, 1996, 31 (B3): 383-388.

[32] Kraus K., Pfeifer N. A New Method for Surface Reconstruction from Laser Scanner Data[J]. International Archives of Photogrammetry and Remote Sensing, 1997, 53(4): 80-86.

[33] Kraus K., Pfeifer N.. Advanced DTM Generation from LiDAR Data[J]. International Archives of Photogrammetry and Remote Sensing, 2001, 34(3/W4): 23-25.

[34] Kraus K., Pfeifer N.. Determination of Terrain Models in Wooded Areas with ALS Data[J]. ISPRS Journal of Photogrammetry and Remote Sensing, 1998, 53(4): 193-203.

[35] Kraus K., RiegerW.. Processing of Laser Scanning Data for Wooded Areas [C]. Photogrammetric Week 99, 1999.

[36] Kraus K., Rieger W.. Processing of Laser Scanning Data for Wooded Areas[C]//IEEE Transactions on Geoscience and Remote Sensing, 2003.

[37] Larocque P. E., West G. R.. Airbome Laser Hydrography: an Introduction[C]//Proceedings of ROPME/PERSGA/IHB Workshop on Hydrographic Activities in the ROPME Sea Area and Red Sea, 1999: 24-27.

[38] Lee H. S., Younan N. H.. DTM Extraction of LiDAR Returns via Adaptive Processing[C]//IEEE Transactions on Geoscience and Remote Sensing, 2003, 41(9): 2063-2069.

[39] Lichti D. D.. A Method to Test Differences between Additional Parameter Sets with A Case Study in Terrestrial Laser Scanner Self-calibration Stability Analysis[J]. ISPRS Journal of Photogrammetry and Remote Sensing, 2008, 63(2):169-180.

[40] Lichti D. D.. Error Modeling, Calibration and Analysis of an AM-CW Terrestrial Laser Scanner System[J]. ISPRS Journal of Photogrammetry and Remote Sensing, 2007, 61(5): 307-324.

[41] Lillycrop W. J., Banic J. R.. Advancements in the US Army Corps of Engineers Hydrographic Survey Capabilities: The SHOALS System[J]. Marine Geodesy, 1993.

[42] Lohmann P., Koch A.. Quality Assessment of Laser-scanner-data[C]//Proceedings of ISPRS Joint Workshop "Sensors and Mapping from Space", University of Hanover, Institute of Photogrammetry and Engineering Surverys, 1999.

[43] Manandhar D., Shibasaki R.. Auto-extraction of Urban Features from Vehicle-borne Laser Data[C]//ISPRS Conference on Geospatial Theory, Processing and Applications, 2002.

[44] Manandhar D., Shibasaki R.. Feature Extraction from Range Data[C]//The 22th Asian Conference on Remote Sensing, Singapore, 2001.

[45] Manadhar D., Shibasaki R.. Prototype Development f or Vehicle-based Laser Mapping System (VLMS)[C]//Proceedings of the 19th ISPRS Congress, Amsterdam, ISPRS, 2000: 359-366.

[46] Manandhar D. , Shibasaki R.. Vehicle-borne Laser Mapping System (VLMS) for 3-D Urban GIS Database[C]//7th International Conference on Computers in Urban Planning and Urban Management, USA, 2001.

[47] Morin K. ,El-Sheimy N.. A Comparison of Airborne Laser Scanning Adjustment Methods[C]// ISPRS WGII/2 Three-Dimensional Mapping from InSAR and LiDAR Workshop Proceedings,2001.

[48] Nagai M. , Shibasaki R. , Manandhar D.. Calibration Methodology for Laser Scanner External Parameters [EB/OL]. http://www. gisdevelopment. net/aars/arcs/2004/gen_sensors/acrs2004_a4008pf. htm, 2004.

[49] Pauly M. ,Keiser R. ,Gross M.. Multi-scale Feature Extraction on Point Sampled Surfaces [J]. Computer Graphics Forum,2003,22(3): 281-289.

[50] Petzold B. ,Axelsson P.. Result of the OEEPE WG on Laser Data Acquisition[J]. International Archives of Photogrammetry and Remote Sensing, Amsterdam, 2000, 33 (B3): 718-723.

[51] Petzold B. ,Reiss P. ,Stossel W.. Laser Scanning-surveying and Mapping Agencies are Using a New Technology for Deviation of Digital Terrain Models[J]. ISPRS Journal of Photogrammetry and Remote Sensing,1999,54(2-3): 95-104.

[52] Pfeifer N. ,Stadler E.. Derivation of Digital Terrain Models in the SCOP + + Environment [C]//OEEPE Workshop On Airborne Lasers Scanning and Interferometric SAR for Detailed Digital Terrain Models,2001.

[53] Pless R. , Zhang Q. L.. Extrinsic Calibrat ion of a Camera and Laser Range Finder[C]// Proceedings of IEEE / RSJ International Conference on Intelligent Robots and Systems, 2004: 2301-2306.

[54] Ressl C. ,Mandlburgera G. ,Pfeifer N.. Investigating Adjustment of Airborne Laser Scanning Strips without Usage of GNSS/IMU Trajectory Data[C]//Proceedings of ISPRS Workshop, Laser Scanning 2009,2009:195-200.

[55] Roggero M.. Airbome Laser Scanning: Clustering in Raw Data[J]. International Archives of Photogrammetry and Remote Sensing,2001,34(3/W4): 227-232.

[56] Schenk T.. Modeling and Analyzing Systematic Errors in Airborne Laser Scanners[D]. USA: The Ohio State University,2001.

[57] Sithole G.. Filtering of Laser Altimetry Data Using a Slope Adaptive Filter[J]. International Archives of the Photogrammetry, Remote Sensing and Spatial Information Sciences,2001,34 (3/W4): 203-210.

[58] Sohn G. ,Dowman I.. Terrain Surface Reconstruction by the Use of Tetrahedron Model with the MDL Criterion[J]. International Archives of the Photogrammetry, Remote Sensing and Spatial Information Sciences,2002,34(A3): 336-344.

[59] Stamos I. , Allen P. E.. 3-D Model Construction Using Range and Image Data[C]//Proceedings of IEEE Conference on Computer Vision and Pattern Recognition, 2000 (1):

531-536.

[60] Thiel K. H. ,Wehr A.. Operational Data Processing for Imaging Laser Altimeter Data[C]// Proceedings of the Fourth International Airborne Remote Sensing Conference and Exhibition,1999.

[61] Vaughn C. , Bufton J. , Krabill W. , et al.. Georeferencing of Airborne Laser Altimetry Measurements[J]. International Journal of Remote Sensing, 1996,17(11):2185-2200.

[62] Vosselman G.. Slope Based Filtering of Laser Altimetry Data[J]. International Archives of Photogrammetry and Remote Sensing,2000,33(B3): 935-942.

[63] Vosselman G. ,Maas H. G.. Adjustment and Filtering of Raw Laser Altimetry Data[C]// Proceedings of OEEPE Workshop on Airborne Laser Scanning and Interferometric SAR for Detailed Digital Elevation Models,2001:1-3.

[64] Wehr A. , Lohr U.. Airborne Laser Scanning-an Introduction and Overview[J]. ISPRS Journal of Photogrammetry and Remote Sensing, 1999, 54(2-3):68-82.

[65] Wagner W. ,Ullrich A. ,Ducic V. ,et al. Gaussian Decomposition and Calibration of a Novel Small-footprint Full-waveform Digitising Airborne Laser Scanner [J]. ISPRS Journal of Photogrammetry and Remote Sensing,2006,60(2): 100-112.

[66] Yang M. ,Lee E.. Segmentation of Measured Point Data Using a Parametric Quadric Surface Approxamation[J]. Computer Aided Design,1999,31(7): 449-457.

[67] Yokoya N. ,Levine M. D.. Range Image Segmentation Based on Differential Geometry: a Hybrid Approach[J]. IEEE Transact ions on Pat tern Analysis and Machine Intelligence, 1997,11(6): 643-649.

[68] Zhao H. J. ,Shibasald R.. A system for Reconstructing Urban 3D—Objects Using Ground-based Laser Range and CCD Sensor[C]//International Workshop on Urban 3D and Multimedia Mapping,1999.

[69] Zhao H. J. ,Shibasaki R.. Automated Registration of Ground-based Laser Range Image for Reconstructing of Urban 3D Object[J]. IAPRS,1997,32(30/W2): 27-34.

[70] Zhao H. , Shibasaki R.. Reconstructing a Textured CAD Model of An Urban Environment Using Vehicle-borne Laser Range Scanners and Line Cameras[J]. Machine Vision and Applications, 2003, 14(1): 35-41.

[71] 曹力.多重三维激光扫描技术在山海关长城测绘中的应用[J].测绘通报,2008(3): 31-34.

[72] 昌彦君,彭复员,朱光喜,等.海洋激光测深技术介绍[J].地质科技情报,2001,20(3): 91-94.

[73] 陈楚江,王丽园,余绍淮.基于机载激光雷达的公路勘察设计[J].交通科技.2010(7): 11-13.

[74] 陈楚江,余绍淮,明洋,等.精密机载激光扫描测量及道路改扩建设计[J].公路交通科技,2012,29(1):43-47.

[75] 陈卫标,陆雨田,褚春霖,等.机载激光水深测量精度分析[J].中国激光,2004,31(1):

101-104.

[76] 陈育伟.机载推帚式机载激光扫描成像系统的分析[J],红外,2003,370(10):1-5.

[77] 杜国庆,史照良,龚越新,等.LiDAR技术在江苏沿海滩涂测绘中的应用研究[J].城市勘测,2007(5):23-26.

[78] 韩友美.车载移动测量系统激光扫描仪和线阵相机的检校技术研究[D].青岛:山东科技大学,2011.

[79] 何秉顺,赵进勇,王力,等.三维激光扫描技术在堰塞湖地形快速测量中的应用[J].防灾减灾工程学报,2008,28(3):394-398.

[80] 黄文元,党建军,黄爱华.我国公路改扩建工程勘测方法对比分析[J].公路,2011(3):84-86.

[81] 黄先锋,李卉,江万寿,等.机载激光扫描数据误差分析与精度改善研究进展[J].遥感信息,2007(3):91-95.

[82] 江水,盛业华,李永强,等.基于车载激光扫描的带状地物表面快速重建[J].地球信息科学,2007.

[83] 康永伟,钟若飞,吴俣.车载激光扫描仪外参数标定方法研究[J].红外与激光工程,2008(37):250-253.

[84] 李德仁.移动测量技术及其应用[J].地理空间信息,2006,4(4):1-5.

[85] 李德仁,郭晟,胡庆武.3S集成技术的LD2000系列移动道路测量系统及其应用[J].测绘学报,2008,37(3):272-276.

[86] 李必军,方志祥,任娟.从激光扫描数据中进行建筑物特征提取研究[J].武汉大学学报(信息科学版),2003.

[87] 李滨.徕卡三维激光扫描系统在文物保护领域的应用[J].测绘通报,2011(11):84-85.

[88] 李奇,马洪超.基于激光雷达波形数据的点云生产[J].测绘学报,2008,37(3):349-354.

[89] 李树楷.遥感时空信息集成技术及其应用[M].北京:科学出版社,2003.

[90] 李新,程国栋,卢玲,等.空间内插方法比较[J].地球科学进展,2000,15(3):260-265.

[91] 李永强,盛业华,刘会云,等.基于车载激光扫描的公路三维信息提取[J].测绘科学,2008.

[92] 李志林,朱庆.数字高程模型[M].武汉:武汉大学出版社,2003.

[93] 刘春,陈华云,吴杭彬.激光三维遥感的数据处理与特征提取[M].北京:科学出版社,2010.

[94] 刘春,张蕴灵,吴杭彬.地面三维激光扫描仪的检校与精度评估[J].工程勘察,2009(11):56-66.

[95] 刘经南,张小红.激光扫描测高技术的发展与现状[J].武汉大学学报(信息科学版),2003,28(2):132-137.

[96] 刘经南,张小红,李征航.影响机载激光扫描测高精度的系统误差分析[J].武汉大学学报(信息科学版),2007,27(2):111-117.

[97] 刘学军,符锌砂.公路数字地面模型整体建立原理及方法[J].西安公路交通大学学报,

2000,20(3):16-20.

[98] 刘学军,符锌砂,赵建三. 三角网数字地面模型快速构建算法研究[J]. 中国公路学报,2000,13(2):31-36.

[99] 卢秀山,黄磊. 基于激光扫描数据的建筑物信息格网化提取方法[J]. 武汉大学学报(信息科学版),2007.

[100] 卢秀山,李清泉,冯文灏,等. 车载式城市信息采集与三维建模系统[J]. 武汉大学学报(工学版),2003,36(3):76-80.

[101] 罗德安,朱光,陆立,等. 基于三维激光影像扫描技术的整体变形监测[J],测绘通报,2005(7):40-42.

[102] 麦照秋,陈雨,郑讳,等. IP-S2 移动测量系统在高速公路测量中的应用[J]. 测绘通报,2010(12):23-26.

[103] 邱赞富,阳德胜. 机载激光扫描数码摄影测量系统在公路勘测设计中的应用[J]. 公路工程,2008,33(1):93-96.

[104] 石波,卢秀山,陈允芳. 基于 kd-tree 的建筑物散乱点云平面分割[J]. 测绘科学,2008.

[105] 史文中,李必军,李清泉. 基于投影点密度的车载激光扫描距离图像分割方法[J]. 测绘学报,2005,34(2):95-100.

[106] 隋立春,张熠斌,张硕,等. 基于渐进三角网的机载 LiDAR 点云数据滤波[J]. 武汉大学学报(信息科学版),2011,36(10):1159-1163.

[107] 汤国安,刘学军,闾国年. 数字高程模型及地学分析的原理与方法[M]. 北京:科学出版社,2005.

[108] 王成,Menenti M., Stoll M. P.,等. 机载激光雷达数据的误差分析及校正[J]. 遥感学报,2007,11(3):390-397.

[109] 王国锋,许振辉. 机载激光扫描技术在公路测设中的应用研究[J]. 公路,2011,5(3):156-160.

[110]王健,靳奉祥,吕海彦,等. 基于车载激光扫描测距的建筑物立面信息提取[J]. 山东科技大学学报(自然科学版),2004,23(4):8-11.

[111] 王永波. 基于点云的空间对象表面重建及其多分辨率表达方法研究[D]. 南京:南京师范大学,2008.

[112] 王永波,盛业华. 一种基于曲率极值法的 LiDAR 点云特征提取算法[J]. 中国矿业大学学报. 2011,40(4):640-646.

[113] 魏富朝,王洪峰. 利用 LiDAR 技术获取大比例尺 DEM 应用实践[J]. 山西建筑,2007,33(19):359-360.

[114] 吴芬芳,李清泉,熊卿. 基于车载激光扫描数据的目标分类方法[J]. 测绘科学,2007.

[115] 邬建伟. 机载 LiDAR 系统检校和航带平差方法研究[D]. 武汉:武汉大学,2008.

[116] 谢宏全,侯坤. 地面三维激光扫描技术与工程应用[M]. 武汉:武汉大学出版社,2013.

[117] 谢瑞,胡敏捷,程效军,等. 三维激光 HDS3000 扫描仪点位精度分析与研究[J]. 遥感信息,2008(6):53-84.

[118] 叶泽田,杨勇,赵文吉,等. 车载 GPS/IMU/LS 激光成像系统外方位元素的动态标定

[J]. 测绘学报,2011,40(3):345-350.

[119] 于明旭,纪志浩,黄国斌,等. 地面激光扫描和数码相机在化石重建中的应用[J]. 交通科技与经济,2013,15(4):124-126.

[120] 张爱武,孙卫东,李风亭. 基于激光扫描数据的室外场景表面重建方法[J]. 系统仿真学报,2005,17(2):384-387.

[121] 张卡,盛业华,叶春,等. 车载三维数据采集系统的绝对标定及精度分析[J]. 武汉大学学报(信息科学版),2008,33(1):55-59.

[122] 张熙,刘晓东,孙伟,等. 车载激光扫描技术在西藏公路改扩建中的应用[J]. 公路交通科技(应用技术版),2011(10):155-157.

[123] 张小红. 机载激光雷达测量技术理论与方法[M]. 武汉:武汉大学出版社,2007.

[124] 张小红,李征航,蔡昌盛. 用双频 GPS 观测值建立小区域电离层延迟模型研究[J]. 武汉大学学报信息科学版,2001,26(2):140-143.

[125] 郑德华,沈云中,刘春. 三维激光扫描仪及其测量误差影响因素分析[J]. 测绘工程,2005(6):33-34.

[126] 左小清,李清泉,唐炉亮. 公路三维模型建立与数据组织[J]. 武汉大学学报(信息科学版),2004,29(2):179-183.